August Zeune

Hartmut Mehlitz

Johann August Zeune

Berlins Blindenvater und seine Zeit

Mit einem Vorwort
von Heinz Ohff

B&S

BOSTELMANN & SIEBENHAAR

1. Auflage 2003

© BOSTELMANN & SIEBENHAAR Verlag
Alle Rechte vorbehalten

Layout und Satz: Bostelmann & Siebenhaar
Umschlagmotiv: Portrait Johann August Zeune, Archiv Blinden-Museum Berlin.
Abbildungen: S. 10, aus: 50 Arbeitsjahre im Dienste der Blinden. Festschrift der Staatlichen Blindenanstalt zum fünfzigjährigen Ortsjubiläum, Berlin 1927, S. 4; S. 127: Hartmut Mehlitz; alle übrigen Abbildungen: Archiv Blinden-Museum Berlin.
Lithographie: LVD GmbH, Berlin
Druck und Bindung: Druckhaus Köthen

ISBN 3-936962-05-7

Inhalt

9 Heinz Ohff
Ein großer, vergessener Deutscher.
Und ein Augenarzt wurde Schriftsteller

11 Erstes Kapitel
Paris: Blindenturniere und Narrenspiele • Das »Hôpital« Ludwig IX. •
«Lettre« des Monsieur Diderot • Maria Theresia von Paradis und
Valentin Haüy • Haüys Blindeninstitut • Wirkung und Folgen

16 Zweites Kapitel
Berliner Armenaugenärzte: Grapengießer und Flemming • Plan für
eine Blindenanstalt • Berliner Geistesleben nach 1800 • Zeunes Jugend
und Studium in Wittenberg • Graues Kloster • Start in Berlin

26 Drittes Kapitel
Zeune als Privatgelehrter • Geologische Studien • Gottlob Abraham
Werner • Johann Friedrich Blumenbach • «Afrikanische Pläne»

28 Viertes Kapitel
Salon der Henriette Herz • Haüy in Berlin • Gründung der Berliner
Blindenanstalt • Jena und die Folgen • Heirat Zeunes

33 Fünftes Kapitel
Französische Besetzung • Kollaborateure und Patrioten • Fichtes
Reden • Zeunes »Gea« und »Belisar« • Abzug der Franzosen

39 Sechstes Kapitel
Wilhelm von Humboldt • Schulreform • Neuorganisation der Anstalt
• Wissenschaftliche Arbeiten Zeunes

42 Siebentes Kapitel
Universität • Teutscher Bund • Erster Turnplatz • Sprachreiniger

48 Achtes Kapitel
Neues »Lokal« für das Blindeninstitut • Rückkehr der Franzosen •
Widerstandsbewegungen • Zeunes Nibelungenvorlesungen

52 Neuntes Kapitel
Aufbruch • Freiheitskriege • »Gelehrtenkohorte« • Kriegsfolgen

56 Zehntes Kapitel
Neues Anstaltsreglement • Zensur • Beginnende Restauration •
Probleme Zeunes mit der Obrigkeit • Sprachgesellschaft

62 Elftes Kapitel
Blücher • Versorgung der Kriegsopfer • Waterloo-Fonds

64 Zwölftes Kapitel
Wartburgfest • Reformationsjubiläum • Karlsbader Beschlüsse • Demagogenverfolgung • Untersuchungen gegen Jahn • Assassinenstreit

70 Dreizehntes Kapitel
Zeunes Dienstreise 1820 (England, Holland, Frankreich) •
Ideen zu Sozialreformen

74 Vierzehntes Kapitel
Ende des Reformzeitalters • Pläne einer Blindenversorgungsanstalt • Reisen Zeunes

82 Fünfzehntes Kapitel
Zeunes Kommentare zum Zeitgeschehen (Silvestergedichte 1823-1830) • Wiederaufnahme der Vorlesungen • Karl Ritters Berufung an die Berliner Universität

88 Sechzehntes Kapitel
Reise nach Wien • Treffen mit Klein • Schwimmlieder • von Pfuel •
Felix Mendelssohn-Bartholdy • Erdkundliche Gesellschaft • Weimar •
Dornburg • Goethe • Manzonis Napoleon Ode • Naturforscherversammlung in Berlin 1828

95 Siebzehntes Kapitel
1830: Revolutionen in Europa • Cholera 1831 • Silberne Hochzeit
Zeunes • Reise nach Wien 1832

99 Achtzehntes Kapitel
Reisen • Wissenschaftliche Interessen • Naturforscherversammlungen
• Rothenburgsche Erbschaft • Tod Rudolfs

107 Neunzehntes Kapitel
Regierungsantritt Friedrich Wilhelms IV. • Rehabilitierungen und Reformen • Oratorium Huß und Karl Loewe • Naturforscherversammlung in Bremen 1844 • »Arbeiternot« • Tod Auguste Zeunes

114 Zwanzigstes Kapitel
Alltag in der Wilhelmstraße • Schulunterricht • Kantor Schmidt und die Musik • »Über Schädelbildung« • Fortschreitende Erblindung und Pensionierung Zeunes

122 Einundzwanzigstes Kapitel
»Un«-Ruhestand • 48er Revolution • Preußische Nationalversammlung • Pfuel Ministerpräsident • Vermittlungsversuch Zeunes • Völlige Erblindung • Letzte Tage und Tod Zeunes

128 Zweiundzwanzigstes Kapitel (Epilog)
Epilog • Probleme der sozialen und beruflichen Eingliederung Blinder • Kritische Würdigung Zeunes

135 Anmerkungen
151 Literaturverzeichnis
154 Zeunes Lebensdaten
157 Dank
157 Zum Autor
158 Personenregister

Heinz Ohff
Ein großer, vergessener Deutscher.
Und ein Augenarzt wurde Schriftsteller.

Seine Praxis in Steglitz war fast immer voll bis überfüllt, denn er war beliebt. Seinen Beruf nahm er sehr ernst, aber er lachte auch gern, erzählte gern, hörte gern den Erzählungen anderer zu. Im Mittelpunkt stand jedoch immer das, was ihm das Wichtigste war, wofür er die Verantwortung übernommen hatte, die Augen seiner Patienten; so fühlte man sich bei ihm in den besten Händen. Als Hartmut Mehlitz eines Tages – weit vor Erreichen der Pensionsgrenze – die Praxis einem jungen adäquaten Kollegen übergab, zog er sich zurück, widmete sich der Familie, den Reisen, den Studien, wobei er jedoch seine früheren Patienten, vor allem die von Blindheit bedrohten, nie vergaß; im Gegenteil: Er begann sich intensiv mit der Geschichte der Augenheilkunde und den Opfern früher unheilbarer Augenleiden, den Blinden, zu befassen. Er unternahm Streifzüge durch die Vergangenheit, forschte in Bibliotheken und Archiven, in Berlin, Potsdam, Wien und Paris, stieß auf eine Fülle kulturhistorischer Entwicklungen und schließlich auf eine ungewöhnliche Persönlichkeit, einen Mann, der, obwohl selbst kein Augenarzt, sich als erster in Berlin der armen Blinden angenommen hatte, die damals in der Öffentlichkeit verlacht und verspottet, kurz als komische Figuren angesehen wurden. Dieser Mann war Johann August Zeune.
Zeune, der anfangs Theologie studiert hatte, dann zur Geographie übergewechselt war, eröffnete im Jahr 1806 auf Wunsch König Friedrich Wilhelms III. in Berlin die erste Preußische Blindenanstalt. Da er aus angesehenen Kreisen stammte, fand er Hilfe und Unterstützung bei einer Reihe von Intellektuellen und Staatspersonen, unter ihnen Wilhelm und Alexander von Humboldt.
Obwohl er zum Pionier der Blindenbildung in Preußen wurde, scheint Zeune so gut wie vergessen. In die »Großen Deutschen«, die am Ende des Zweiten Weltkrieges neu herausgegeben wurden, unter anderem von Theodor Heuß, wurde er nicht aufgenommen. Und in meinem 24-bändigen Lexikon finden sich über ihn ganze sieben Zeilen.
Unser oben vorgestellter Augenarzt wurde durch ihn zum Schriftsteller. Er schildert Johann August Zeune als interessanten und großen Menschenfreund, Schriftsteller, Geographen, Preußen und, ja, auch als großen Deutschen. Der 1853 in Berlin 75-jährig Gestorbene hat es, wie dieses Buch beweist, verdient.

Berlin, im Oktober 2003

Erster Sitz der Blindenanstalt 1812-1838, Auf dem Georgenfriedhof 19 (o.), zweites Anstaltsgebäude seit 1838 in der Wilhelmstraße 139 (u.).

Erstes Kapitel

Paris: Blindenturniere und Narrenspiele • Das »Hôpital« Ludwig IX. •
«Lettre« des M. Diderot • Maria Theresia von Paradis und Valentin
Haüy • Haüys Blindeninstitut • Wirkung und Folgen

Den Bürgern von Paris bot sich im August 1420 ein außergewöhnliches Spektakel. Die Höflinge hatten im Auftrag ihres schon seit vielen Jahren dem Wahnsinn verfallenen Königs, Karls VI. von Frankreich, zum Turnier geladen. Trompetenfanfaren riefen die Teilnehmer auf den Kampfplatz. Es traten an: Ein Trupp Blinder in rostigen Harnischen, mit kräftigen Knüppeln bewaffnet, und – ein großes wildes Schwein. Das Signal zum Kampfbeginn ertönte und der blinde Haufen stürzte sich zur hellen Freude der Zuschauer in die Schlacht, um das Schwein mit Knüppelhieben zu erlegen. Nur der Schutz ihrer Rüstungen hinderte die wildentschlossenen Kämpfer daran, sich in der Hitze des Gefechtes gegenseitig zu erschlagen.[1]
Wenige Generationen zuvor hatte man Blinde in Paris wesentlich menschlicher behandelt, denn Ludwig IX., später der Heilige genannt, rief 1254 eine für Europa völlig neue Einrichtung ins Leben: Den von seinem gescheiterten ersten Kreuzzug aus Ägypten zurückgekehrten König begleiteten zahlreiche erblindete Ritter. Die Chroniken sprechen von 300 durch die Sarazenen Geblendeten, doch werden viele seiner Gefolgsleute an den Folgen von Verletzungen, der ägyptischen Augenkrankheit oder anderen exotischen Krankheiten erblindet sein. Die Sorge um die Hilflosen bewog den König, nach arabischen Vorbildern ein Hospital für 300 Blinde, das »Hôpital des Quinze-Vingts«, zu gründen. Diese erste Blindenanstalt Europas überdauerte die Jahrhunderte bis in die Neuzeit[2], doch blieb die menschenfreundliche Stiftung des Heiligen Ludwig eine Ausnahme.
Bis ins 18. Jahrhundert wurden Blinde öffentlich verspottet und verhöhnt. Aus dem Jahr 1771 ist folgende groteske Szene überliefert: »In einem Kaffeehaus auf dem Marché de Saint-Ovide zu Paris spielte eine Blindenkapelle auf. Um die Gäste anzulocken, entwürdigte der gewissenlose Wirt die blinden Musikanten in rohester Weise. Der Kapellmeister schwebte als König Midas mit Eselsohren auf einem Pfau in der Luft und sang, die anderen Mitglieder begleiteten ihn auf der Geige in einer Symphonie von Dissonanzen. Alle waren possenhaft aufgeputzt, trugen rote Kleider, hohe Mützen, Holzschuhe und auf der Nase Brillen von Pappe. Die Notenblätter lagen verkehrt auf den Pulten. Der Zulauf des Publikums war so groß, daß man sich genötigt sah, Wachen vor die

Eingänge des Gartenhauses zu stellen (...). Es wurden auch Bilder der blinden Musiker mit den Überschriften »Die Troubadoure des 18. Jahrhunderts« oder »Der moderne Ossian« verkauft. Allerlei aufgedruckte Spottverse belebten die unwürdige Szene.«[3]
Das Bild des tumben Blinden, der anderen bestenfalls zur Belustigung dienen konnte, der, dem erbarmungslosen Spott seiner Mitmenschen ausgeliefert, weder als bildungsfähig noch bildungswürdig galt und in der Regel dahinvegetierte, war noch fest in den Vorstellungen der Zeitgenossen verankert, obwohl bereits zwei Jahrzehnte zuvor ein Mann solchen Auffassungen mutig entgegengetreten war und sich damit in eine gefährliche Lage gebracht hatte.
Am 24. Juli des Jahres 1749 drangen zwei Pariser Polizeibeamte in die Wohnung eines Monsieur »Didrot« in der Rue de l'Estrapade ein. Der königliche Haftbefehl lautete kurz und bündig, »M. Didrot, den Verfasser des Buches über die Blinden nach Vincennes zu bringen«. Die Beamten durchstöberten die Räume, suchten nach verfänglichen Manuskripten, fanden jedoch nichts Verdächtiges außer dem Autor, den sie in eine Kutsche luden und in die nahe bei Paris gelegene mittelalterliche Festung von Vincennes verbrachten. Hier drohte ihm unbefristete Kerkerhaft, denn der lettre de cachet verschloß ihm den Weg, ein ordentliches Gericht anrufen zu können.[4]
Hinter »Didrot« verbarg sich der Philosoph und spätere Encyklopädist Denis Diderot, damals noch ein weitgehend unbekannter Literat, eine schillernde, und etwas dubiose Persönlichkeit im galanten, gärenden Paris Ludwigs XV., in den Augen seines Kollegen Voltaire eine »Kanaille der Literatur«. Diesen zweifelhaften Ruf verdankte er vor allem seinem 1748 erschienenen »orientalischen Märchen«, das den Titel »Die indiskreten Kleinode« trug. Das Werk bestand aus einer geschickten Mischung von aktueller in die höchsten Hofkreise (einschließlich des Königs) zielender Gesellschaftskritik mit stark pornographischen Zügen. Den »indiskreten Kleinoden« ließ er eine Arbeit völlig anderen Charakters folgen, den »Lettre sur les aveugles, à l'usage de ceux qui voient«, den Brief über die Blinden zum Gebrauch der Sehenden. Die in Amsterdam gedruckte Publikation erschien am 9. Juni 1749. Die Arbeit zeigte, daß sich ihr Verfasser hervorragend in aktuellen Fragen der Physiologie, der Optik und der Psychologie auskannte. Im »Lettre« schildert Diderot die Begegnung mit einem von Geburt an Blinden, dem »Blinden von Puisaux«, dessen Alltagsleben und Weltvorstellung er in ausführlichen Gesprächen erforscht hatte. Den eigentlichen Anlaß zur Veröffentlichung des Briefes über die Blinden bot jedoch die geplante Operation eines durch grauen Star von Geburt an blinden Mädchens in Paris. Diesen Eingriff, den erstaunlicherweise der bekannte Physiker

Réaumur ausführen sollte, löste bei Ärzten und Philosophen kontroverse Diskussionen darüber aus, welche psychologischen Folgen die erste Konfrontation einer ehemals Blinden mit der sichtbaren Umwelt zeitigen würde.
In seinem »Lettre«[5] setzte sich der Philosoph mit der Weltvorstellung Blinder auseinander, indem er über deren mögliche Veränderung durch eine erfolgreiche Operation spekulierte. Doch verknüpfte Diderot mit dieser Fragestellung ein weiteres, viel tiefer reichendes philosophisches Problem. Es betraf die Erkenntnisfähigkeit des Menschen überhaupt. Diderot griff auf ein Gespräch zurück, das der früh erblindete englische Mathematiker und Physiker Nicolas Saunderson (1682-1739) auf dem Sterbebett mit einem Geistlichen über die Existenz Gottes geführt haben soll und das Diderot mit dem nihilistisch gefärbten Ausspruch des blinden Wissenschaftlers, »Raum, Stoff und Größe sind vielleicht nur ein Nichts« enden ließ. Folgte man einer gängigen deistischen Vorstellung des 18. Jahrhunderts und nahm die Harmonie der Schöpfung als Gottesbeweis, konnte Gott dann die Blindgeborenen, denen es versagt blieb, die Schönheit der Schöpfung zu erfassen, der Möglichkeit berauben, an ihn zu glauben? Mit solchen gewagten Spekulationen über die Möglichkeit oder Unmöglichkeit des Gottesbeweises begab sich Diderot auf gefährliches Terrain. Die Obrigkeit witterte – nicht zu unrecht – atheistische Tendenzen und isolierte ihn vorerst in einer kleinen Zelle in Vincennes. Doch hatte Diderot mit dem »Lettre« nicht nur eine kritische Probe seines materialistischen Denkens abgelegt, sondern den Blick der Öffentlichkeit auf die Probleme einer ebenso isolierten wie hoffnungslosen Minderheit gelenkt und so den Weg für neue Entwicklungen freigemacht.
Ein anderer wichtiger Akt der Geschichte der Blindenbildung spielte sich ebenfalls in der französischen Hauptstadt – und zwar im wahrsten Sinne des Wortes auf der Pariser Bühne ab. 1784 gastierte hier im Rahmen einer europäischen Konzerttournée die überall bejubelte Pianistin und Komponistin Maria Theresia von Paradis, ein Patenkind der Kaiserin in Wien. Sie brillierte unter anderem in Mozarts Klavierkonzert Nr. 18, B-Dur, KV 456, das der Komponist ihr persönlich gewidmet hatte. Das Sensationelle an der hervorragenden Wiener Virtuosin: Sie war die erste reisende Konzertpianistin Europas, und sie war von Kindheit an blind. Ihre Fähigkeit, sich trotz ihrer Blindheit unter Sehenden beinahe normal bewegen zu können, setzte die Zeitgenossen in Erstaunen. Das Geheimnis lag in ihrer außergewöhnlichen Sensibilität, vor allem in praktischen Hilfsmitteln für den Alltag, einer einfachen Schreibmaschine in Form eines Handdruckapparates, die der »Mechanicus« Maria Theresias, Wolfgang von Kempelen[6], eigens für die

Künstlerin konstruiert hatte, oder speziellen Rechentafeln, einer Erfindung des ersten Blindenlehrers Deutschlands, Christian Niesen. Zur Verblüffung der Gesellschaft konnte sie sogar am Kartenspiel teilnehmen, wobei sie sich an feinen Perforationen der Spielkartenränder orientierte. Besondere zum Teil gestickte Landkarten halfen ihr, die ausgedehnten Konzertreisen zu planen und die Reiseroute zu verfolgen. Beim Komponieren und Notenlesen half ihr ein eigens für sie entwickeltes Notensystem.

In der Gesellschaft der französischen Hauptstadt stand die blinde Pianistin schon bald im Mittelpunkt, sie wurde ein »Star«. In dieser Zeit lernte sie Valentin Haüy, den späteren Gründer der Pariser Blindenanstalt, kennen. Die Begegnung sollte Haüys weiteren Lebenslauf entscheidend verändern, denn hier hatte er den schlagenden Beweis, daß sich Blinde in der »normalen« Welt gut behaupten und Sehende sogar übertreffen konnten. Die Künstlerin – von Haüy in seine Pläne, eine Blindenschule zu gründen, eingeweiht – gab ihm eine Fülle von Anregungen, überließ ihm viele praktische Hilfen für den Unterricht und stand ihm mit Rat und Tat zur Seite.

Wie kam Haüy, ein unbedeutender Dolmetscher im Außenministerium[7] und pädagogischer Autodidakt, zu seiner »Berufung«? Über viele Jahre, lange vor der folgenreichen Begegnung mit Maria Theresia von Paradis hatte ihn die Frage, wie Blinden geholfen werden könne, beschäftigt, spätestens seit er Zeuge des oben geschilderten menschenunwürdigen Blindenkonzerts von Saint-Ovide geworden war, das sich 1771 ereignet hatte. Die demoralisierenden Umstände, unter denen Blinde lebten, wollte Haüy beseitigen und mit der Gründung eines Blindeninstituts einen ersten Schritt in diese Richtung tun. Er startete das Projekt 1784, noch im Jahr der Begegnung mit Maria Theresia von Paradis. Der Anfang war bescheiden. Im ersten Jahr unterrichtete er nur einen Zögling, den 17-jährigen Betteljungen Lesueur; doch mit so nachhaltigem Erfolg, daß die Schülerzahl im darauffolgenden Jahr bereits auf elf anwuchs. Wohlwollend von der Philantrophischen Gesellschaft und vom Staat unterstützt, blühte das Unternehmen auf, überstand nicht nur die Revolutionswirren, sondern wurde zum Nationalinstitut erklärt. Die Schüler, die früher vor Ludwig XVI. gesungen hatten, traten nun bei den Sansculotten anläßlich der Feier des Höchsten Wesens auf, einem pseudoreligiösen Kult, den Robespierre kreiert hatte. Die unter der Herrschaft des Direktoriums günstige Entwicklung brach 1800 ab, als Bonaparte, damals noch erster Konsul auf Lebenszeit, per Dekret Haüys Anstalt zwangsweise mit dem Hôpital des Quinze-Vingts vereinigte, ein Schritt, der zwei Jahre später, anno 1802, zur Entlassung Haüys führen sollte. Der Unermüdliche richtete kurz

danach in Paris ein neues privates Institut ein, doch bot ihm Zar Alexander I. eine leitende Stelle in St. Petersburg an, wo eine Blindenschule aufgebaut werden sollte. Nach längerem Zögern ließ sich Haüy überreden und verließ Paris im Mai 1806, um über Metz, Berlin und Königsberg nach Rußland zu reisen.
Zu diesem Zeitpunkt war die Pariser Blindenanstalt bereits weit über die Grenzen Frankreichs bekannt. Sie zählte zu den Pariser Sehenswürdigkeiten und gehörte zum festen Programm der Bildungsreisenden, vergleichbar der Irrenanstalt von Charenton im vorrevolutionären Frankreich. Die öffentlichen Veranstaltungen und Examina der Blinden, über die in vielen Aufsätzen berichtet wurde, zogen ein breites Publikum an. Sehr früh erschienen auch in deutschen Blättern einige Artikel, der erste bereits 1785.[8] Eine beachtliche Wirkung erzielten auch Haüys Schriften. Zwei Jahre nach der Anstaltsgründung gab er den »Essai sur l'Education des Aveugles« heraus. Dies war das erste Buch, das auch in tastbarer Reliefschrift für Blinde gedruckt wurde und das noch im gleichen Jahr unter dem Titel »Abhandlung über die Erziehung blinder Kinder« in deutscher Übersetzung erschien. Das Druckverfahren für die Reliefschrift hatte Haüy mit Hilfe von Prägestempeln selbst für den Unterricht entwickelt. Neben handwerklichen Fähigkeiten sollten die Blinden Lesen, Schreiben, Rechnen, Sprachen und andere Wissenschaften erlernen.
Doch meldeten sich auch kritische Stimmen. Ein besonders hartes Urteil fällte der Schriftsteller August von Kotzebue in seinem Buch »Meine Flucht nach Paris im Winter 1790«. Er schildert darin einen Besuch in der Pariser Blindenanstalt. Zwar ist er von den Leistungen der Zöglinge zum Teil durchaus angetan, hält aber die Idee der Blindenbildung als solche für verfehlt. Er schreibt: »Ich gestehe aufrichtig, dass, ob ich gleich ihre Art zu lesen, zu schreiben, zu drucken usw. bewundere, ich es doch für eine blos unnütze Spielerei halte ...« Um Kotzebues ablehnende Haltung besser verstehen zu können, muß man sich vergegenwärtigen, daß im Frankreich um 1789 nur etwa 37 Prozent der Kinder überhaupt unterrichtet wurden und es auch in vielen anderen europäischen Ländern nicht besser aussah. Wenn der Autor auch Haüys Bildungsideal ablehnt, plädiert er nachhaltig für die praktische Ausbildung Blinder: »Jede Handarbeit, die sie in ziemlicher Vollkommenheit verfertigen ist nützlich, ernährt die armen Unglücklichen, und bewahrt sie vor Müssiggang.« Ähnliche Maximen wurden in den englischen Blindenanstalten zum Grundprinzip des Unterrichtes erhoben. In der kommenden Auseinandersetzung über Blindenbildung sollte Kotzebues Aufsatz den Gegnern Haüys und seiner Schule manches willkommene Argument liefern.

Im Gegensatz zu Kotzebue kam der Augenarzt Christian Rudolf Wiedemann aus Braunschweig, von den Herausgebern der »Ophthalmologischen Bibliothek«, Adam Schmidt und Karl Himly, 1801 nach Paris gesandt, zu einem gänzlich anderem Urteil. In seinem 1802 veröffentlichten Artikel »Über die Erziehungs- und Lehranstalt der Blinden zu Paris« äußert er sich geradezu begeistert über Haüys Institut: »Welche Freude ist es zu sehn, wie sich jedes einzelne Mitglied dieser dennoch mitleidswürdigen Gesellschaft für sich unterhalten kann; wie es vermöge seines zu höheren Zwecken und zum Ersatze des Gesichtssinns benutzten Gefühls, auch zur Unterhaltung mit seinen glücklichern Brüdern über Gegenstände fähig wird, welche sonst nur durch das Auge zur inneren Anschauung gelangen. Welchen Trieb zur Nachahmung erweckt nicht der offenbar in sich glückliche Fortgang des Unternehmens.« Wiedemanns Aufsatz und seine Anregung, weitere Blindenanstalten zu gründen, sollte weitreichende Folgen haben.

Haüys Pioniertat machte schnell Schule und leitete in den meisten europäischen Ländern eine neue Entwicklung ein, deren Zielsetzungen sich jedoch erheblich unterschieden, denn die Bildung und Erziehung Blinder zeigte von Anfang an zwei Gesichter: Einmal bot sich ihnen erstmals die Chance, neben praktischen Fähigkeiten eine für die damalige Zeit ungewöhnlich umfassende Schulbildung zu erwerben, so daß sie endlich ihre Jahrhunderte alte Isolation durchbrechen konnten; auf der anderen Seite wurden sie als letzte soziale Randgruppe – nach Arbeitsscheuen, Irren und Taubstummen – fest in die Gesellschaft eingebunden und zu kontrollierter nützlicher Beschäftigung angehalten.

Zweites Kapitel

Berliner Armenaugenärzte: Grapengießer und Flemming • Plan für eine Blindenanstalt • Berliner Geistesleben nach 1800 • Zeunes Jugend und Studium in Wittenberg • Graues Kloster • Start in Berlin

Wiedemanns Aufsatz über die Pariser Anstalt fand in Deutschland breite Resonanz. In Berlin wurden zwei mit dem täglichen Elend der Blinden vertraute Mediziner besonders angesprochen: Der Armenaugenarzt Johann Christian Grapengießer und sein Kollege Friedrich Ferdinand Flemming. Grapengießer hatte seit 1802 »die Versorgung armer Augenkranker, die in der Charité nicht aufgenommen werden können, unentgeltlich übernommen«, wobei ihm die Patienten, darunter auch

L. Boilly, Blinde Bettelmusikanten, 1825.

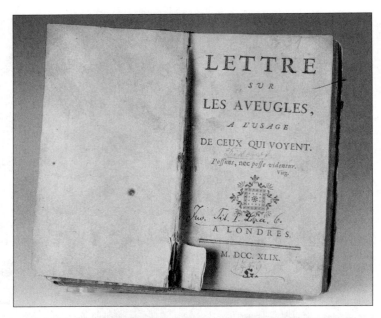
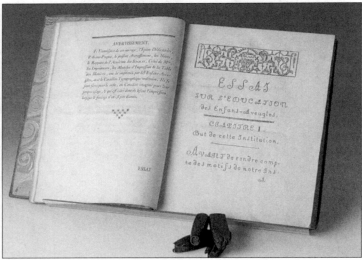

Denis Diderots »Lettre sur les aveugles à l'usage de ceux qui voyent« (»Brief über die Blinden zum Gebrauch derer, die sehen«), London 1749 (o.), Valentin Haüy, »Essai sur l'education des enfant(s)-aveugles« (»Versuch über die Erziehung blinder Kinder«), das erste für Blinde in Prägedruck gesetzte Buch, Paris 1786.

etliche unheilbar Blinde, direkt vom Armendirektorium zugewiesen wurden. Flemming, neben seiner ärztlichen Tätigkeit begabter Komponist und Sänger, war seit 1803 in Berlin als Augenarzt tätig; auch er kümmerte sich um bedürftige Augenpatienten, die er kostenlos behandelte. Flemming war es auch, der seinen langjährigen Freund Johann August Zeune, Lehrer am Berliner »Gymnasium zum Grauen Kloster«, auf Wiedemanns Artikel hinwies. In der Folgezeit nahm die Idee, auch in Berlin eine Blindenanstalt zu gründen, breiten Raum in der Diskussion der beiden Freunde ein.[9]
Die Mehrzahl der Berliner Blinden fiel der Armenfürsorge zur Last, doch bei 10.000 amtlich registrierten Armen in Berlin (um 1800), davon 3-4.000 Almosenempfänger, bildeten sie nur eine kleine Minderheit. Die traurige Existenz der von ihm betreuten Blinden schilderte Grapengießer drei Jahre nach Wiedemanns Artikel in einem Schreiben an König Friedrich Wilhelm III. im August 1805: »die durch totale unheilbare Blindheit höchst unglücklichen Menschen (...) sind durch diesen Halbtod unnütze Glieder der menschlichen Gesellschaft geworden, sind sich selbst und anderen zur Last, und werden so oft von ihren unmoralischen Nachbarn und Verwandten wegen ihrer großen Unthätigkeit und wegen der Menge ihrer Bedürfnisse gemißhandelt und verspottet. Noch bedauernswürdiger sind die Kinder, welche entweder blindgeboren sind, oder durch eine gewisse Art von Augenentzündung, die die Folge der Ausschweifung der Mütter ist, die Augen gleich nach der Geburt gänzlich verlieren und dies sind dann bey heranwachsendem Alter durch den in ihrem Stande nun gänzlichen Mangel an Erziehung und ganz unmöglichen Erlernung einer Kunstfertigkeit, die ihnen Unterhalt verschaffte, die Unglücklichsten von allen.«[10]
Dann kam Grapengießer auf die Pariser Blindenanstalt zu sprechen, die er seit 1798 aus eigener Anschauung kannte. Als Quintessenz seiner Ausführungen legte der Autor dem König nahe, auch in der preußischen Hauptstadt ein Institut für Blinde einzurichten. Ältere und Späterblindete sollten in einer Versorgungsanstalt untergebracht werden, für junge bzw. von Geburt an Blinde schlug er eine Erziehungsanstalt vor. Als Praktiker fügte Grapengießer gleich eine Liste von 64 blinden Aspiranten aus dem Kreis seiner Patienten bei. Die Vorschläge wurden trotz wohlwollender Resonanz zunächst auf Eis gelegt, gaben aber dennoch den Anstoß für eine Entwicklung, die im folgenden Jahr in Berlin mit der Gründung der ersten staatlichen Blindenanstalt Deutschlands ihren krönenden Abschluß finden sollte.
Es stellt sich die Frage, warum das noch ziemlich provinzielle Berlin Anfang des 19. Jahrhunderts Männer wie Grapengießer und Flemming neben zahlreichen anderen bedeutenden Akademikern und Wissen-

schaftlern anzog. Den Ausschlag gaben häufig die weit über die Grenzen bekannten renommierten Berliner Institutionen, an erster Stelle die Akademie der Wissenschaften, das Collegium medicum und die Charité; hinzu kamen die Militärakademie, die Bauakademie und ab 1805 das statistische Bureau sowie die landwirtschaftliche Lehranstalt. Eine Vielzahl derartiger Institutionen ersetzte de facto die Universität, welche erst 1810 gegründet werden sollte. So strebten Grapengießer und Flemming eine wissenschaftliche Laufbahn an; Grapengießer am Collegium medicum, wo er es schon 1804 zu einer Professur brachte, Flemming nach Gründung der Universität als Privatdozent und Leiter der Augenpoliklinik.

Zu einem Wechsel in die preußische Hauptstand entschlossen sich jedoch auch bekanntere Wissenschaftler: Der Mediziner Wilhelm Christoph Hufeland gab 1800 seine Jenaer Professur auf, um einem Ruf an die Berliner Charité zu folgen. Neben seinen Aufgaben an der Universität hatte Hufeland die Stelle eines »Leibmedicus« des Goethefreundes Carl August von Sachsen-Weimar bekleidet, sowie zum engeren Kreis um Schiller und Goethe gehört. Trotz seiner bedeutenden Stellung in Jena und Weimar zog Hufeland eine Stelle als Direktor am Collegium medicum vor, wobei die Honorarfrage eine nicht unerhebliche Rolle gespielt hatte. Als bedeutender, vor allem in sozialen Fragen engagierter Mediziner, Verfasser richtungweisender Schriften und nicht zuletzt als Leibarzt Friedrich Wilhelms III. und der Königin Luise nahm Hufeland bald einen wichtigen Platz in der Berliner Gesellschaft ein.

Ein Jahr zuvor war bereits ein anderes Mitglied der Jenaer Universität unter wesentlich ungünstigeren Begleitumständen nach Berlin gezogen. Im Juli 1799 hatte sich Johann Gottlieb Fichte entschlossen, seinen Lehrstuhl für Philosophie aufzugeben. Nach dem sogenannten »Atheismusstreit« war er vom Herzog Carl August, verschreckten Kirchenfürsten sowie der theologischen Fakultät, die ihn der »Gottlosigkeit« bezichtigt hatte, regelrecht aus dem Amt gedrängt worden. Fichte – vorerst ohne Amt – fand in Berlin Unterschlupf bei Friedrich Schlegel und Daniel Schleiermacher, dem Prediger an der Charité. In den ersten Jahren hielt Fichte sich und seine Familie nur mühsam mit Vorträgen und philosophischen Abhandlungen über Wasser.

Einige Jahre nach Hufeland und Fichte, 1804, konnte der Schweizer Historiker Johannes von Müller von Wien nach Berlin verpflichtet werden, um im Auftrag des Königs eine umfangreiche »Geschichte Friedrichs des Großen« zu verfassen.[11] Von Müller und Fichte sollten bald nach Zeunes Ankunft in Berlin zu dessen engerem Freundeskreis zählen. Auch der spätere »Desertion« Müllers ins französische Lager konnte das gute Verhältnis der Freunde nicht ernstlich trüben.

Zweites Kapitel

Im Gegensatz zu den Vorgenannten entschloß sich Johann August Zeune bereits zu Beginn seiner akademischen Laufbahn, nach Berlin zu wechseln. 1802 hatte er noch an der Dreihundertjahrfeier seiner Heimatuniversität Wittenberg teilgenommen, dann reifte der Entschluß, seine Geburtsstadt zu verlassen. Zwar hatte er nach seiner Dissertation »De historia Geographiae« den Titel eines Magister legens erhalten und als Dozent für Erdkunde auch Vorlesungen gehalten (in Wittenberg die ersten dieser Art überhaupt), doch schienen die Zukunftsaussichten wenig erfolgversprechend. Der alte Glanz der alma mater Leucorea war dahin, die großen Tage eines Luther, eines Melanchthon lagen weit zurück. Immerhin verschaffte ihm seine Dissertationsschrift eine Einladung, sich am »Gymnasium zum Grauen Kloster« als Seminarist fortzubilden und dort zu unterrichten. Mancher hohe Verwaltungsbeamte und spätere Dozent der Universität kam aus dem Kreis der Gymnasialprofessoren, der Seminaristen oder der ehemaligen Schüler des »Klosters«. Einer der Prominentesten dieser Zeit dürfte Karl Friedrich Schinkel gewesen sein.

In seinem Lebenslauf beschreibt Zeune seinen Wechsel nach Berlin knapp: »1803. Mit dem Neujahrstag beginne ich das neue Leben in Berlin als Lehrer am Grauen Kloster.«[12] Mit dem Eintritt ins Klosterkollegium fand Zeune bald Zugang zu wichtigen Zirkeln Berlins. Es gelang ihm erstaunlich schnell, Kontakte zu führenden Persönlichkeiten zu knüpfen. Seine vielseitigen Interessen dürften ihm, ungeachtet einer ausgeprägten Neigung, sich zu verzetteln, dabei sehr zugutegekommen sein. Daß er die Chancen gut zu nutzen verstand, beweist die Freundschaft mit Fichte, die sich bereits 1804 anbahnte, oder die Förderung durch Alexander von Humboldt Ende 1805, als dieser nach seiner epochalen Südamerikaexpedition für zwei Jahre nach Berlin zurückkehrte.

Dank seiner klassischen Bildung konnte sich Zeune in den intellektuellen Kreisen Berlins von Anfang an gut behaupten. Sein Vater, Johann Karl Zeune, Professor für Griechisch an der Universität Wittenberg, hatte ihn schon früh in den alten Sprachen unterrichtet. Nach dem Tod des Vaters 1788, versuchte die Mutter den Unterricht des Zehnjährigen fortzuführen, übertrug diese Aufgabe aber bald Hauslehrern.[13] Für die Hochschule nahm er sich, gemessen an der damals üblichen Studiendauer, mit fünf Jahren viel Zeit. Von 1795 bis 1800 absolvierte er Geschichte, Philosophie (ein Begriff den Zeune als begeisterter Sprachreiniger moniert hätte, da er grundsätzlich von »Weltweisheit« sprach), Logik, Geschichte der neueren Philosophie, alte Sprachen, Kunstgeschichte, Neues Testament, Hebräisch und christliche Moraltheologie. Mit dieser Fächerwahl sollte sich Zeune nach dem Wunsch der Mutter auf eine Theologenlaufbahn vorbereiten. Kaum war sie 1801 im Alter von nur 51 Jahren gestorben, verwarf er diesen Plan. Er schreibt dazu im Lebenslauf: »(...) und gab ich die der guten Mutter zu Gefallen noch getriebene Gottesgelehrsamkeit ganz auf«, eine im Rückblick irrtümliche Feststellung, war doch sein späterer »Beruf« dem des Pastors eng verwandt. Nach einem Intermezzo als Hauslehrer in der Familie des Wittenberger Professors Wiesand kehrte er, wenn auch nur für kurze Zeit, an die Wittenberger Universität zurück. Für den darauffolgenden Start in Berlin brachte der Professorensohn Zeune, gründlich gebildet, naturwissenschaftlich interessiert, polyglott und mit den niederen Weihen der Universität versehen, Voraussetzungen mit, die eine erfolgversprechende Zukunft erwarten ließen.

Die schöngeistigen und literarischen Salons der preußischen Hauptstadt, die zahlreichen wissenschaftlichen Veranstaltungen und Vorträge boten dem jungen Magister reiche Anregung.[14] Unter den Dozenten fanden sich einige der bedeutendsten Köpfe der Zeit wie A.W. Schlegel, Fichte, Hufeland oder Alexander von Humboldt. August Wilhelm Schlegel hielt 1803/04 Vorlesungen über schöne Literatur und Kunst, in deren Mittelpunkt er die deutsche Literatur des Mittelalters stellte.[15] Zu Schlegels Zuhörern gehörte neben Friedrich von der Hagen, der 1807 eine erste modernisierte Ausgabe des Nibelungenliedes herausgeben sollte[16], auch Zeune, dessen lebenslanges Interesse an mittelalterlich-altdeutschen Texten in dieser Zeit geweckt wurde.

Fichtes Vorlesungsreihen fanden regelmäßig im Sommer- und Winterhalbjahr statt. Er las anfangs in seiner Wohnung, später bei wachsender Zuhörerzahl in der Akademie. 1804 behandelte er das Thema »Anleitung zum seeligen Leben«, wofür jeder Teilnehmer einen Friedrichs d'or aufwenden mußte. Im Winterhalbjahr 1804/1805 referierte Fichte über »Grundzüge des gegenwärtigen Zeitalters«. Unter den Zuhörern fanden sich der spätere Großkanzler Karl Friedrich Beyme, sowie Altenstein, Preußens künftiger Finanz- und späterer Kultusminister, außerdem der damalige österreichische Gesandte in Berlin und nachmalige Staatskanzler in Wien, Fürst Metternich, und Zeune[17], dem sich zu dieser Zeit die Gelegenheit bot, Fichte persönlich kennenzulernen. Welch starkes überregionales Echo die Vorträge Fichtes auslösten, zeigt ein Brief Goethes an Zelter vom 19.4.1806, in dem er sich nach Fichtes Vorlesungen erkundigt. Auf medizinischem Gebiet standen Hufelands Ausführungen über Diätetik im Mittelpunkt des öffentlichen Interesses. Das gleiche Thema hatte Hufeland bereits in seinem *Bestseller* »Makrobiotik oder die Kunst das menschliche Leben zu verlängern« behandelt. Ungeheure Resonanz riefen die Vorträge Alexander von Humboldts über seine südamerikanische Forschungsreise hervor, zu der sich Hunderte von Zuhörern im Akademiesaal einfanden. Außerdem hielten bekannte auswärtige Wissenschaftler Vorlesungen, unter ihnen der ebenso berühmte wie umstrittene Schädel- und Hirnforscher Gall, der 1805 eine vielbesuchte phrenologische Vortragsreihe hielt.[18] Neben diesen herausragenden Veranstaltungen gab es eine Fülle von anderen akademischen Lesungen für Spezialisten wie für Laien. Hieran beteiligten sich Professoren des medizinisch-chirurgischen Collegiums, Beamte des Gerichts- und Verwaltungswesens, Kriegs- und Regierungsräte, praktische Ärzte und nicht zuletzt Lehrer der Gymnasien, unter ihnen die am »Grauen Kloster« tätigen Horn und Heinsius mit Vorträgen über Literatur und deutsche Sprache.

Der »Seminarist« Zeune stand hinter seinen Kollegen nicht zurück und nahm bereits im ersten Berliner Jahr seine Dozententätigkeit wieder auf. Er begann mit einer öffentlichen Vortragsreihe über Erdkunde.[19] Diese Vorträge machten ihn populär. Auch Alexander von Humboldt wurde bald nach seiner Rückkehr nach Berlin auf ihn aufmerksam. Unklar ist, ob er sich jemals unter den Zuhörern befunden hat, doch berichtet der Erzieher der Prinzen, Friedrich Wilhelms und Wilhelms, Friedrich Delbrück, Humboldt habe ihn im Februar 1806 bei einem Abendessen mit Zelter, von Müller und Grapengießer auf Zeune aufmerksam gemacht. Die Reliefkarten, die Delbrück für den Unterricht der Prinzen benutzte, sollten verbessert werden, und Humboldt schlug vor, sich an Zeune zu wenden. In der Folgezeit trafen sich Delbrück und Zeune häufiger, um gemeinsam zu dinieren und über Bergkarten, Gebirgsentstehung sowie verschiedene geologische Theorien zu diskutieren.[20] Die Verbindung mit Delbrück und Grapengießer verschaffte Zeune das Entrée zu sonst schwer zugänglichen gesellschaftlichen Zirkeln und schlug so eine Brücke zu Kreisen des königlichen Hofes.

Denis Diderot (1713-1784), Valentin Haüy (1745-1822), o.v.l., Maria Theresia von Paradis (1759-1824), u.l., Prägedruckstempel der Pariser Anstalt, von Haüy zum Druck des ersten Blindenbuchs verwendet, u.M., Stachelschrifttypen, wahrscheinlich Berlin (um 1835).

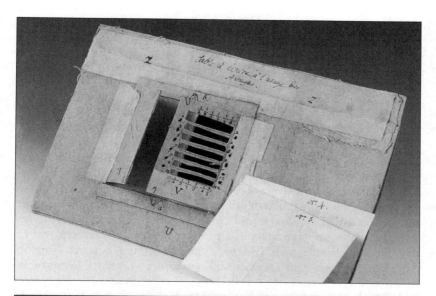

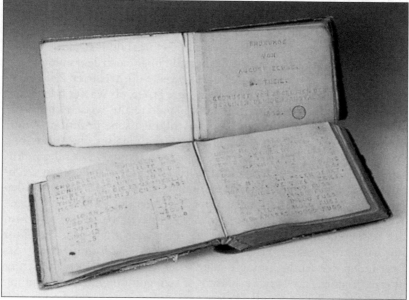

Schreibtafel mit Schriftprobe, Lehrmittel der Berliner Blindenanstalt, 1806, Geschenk Haüys an Zeune zur Gründung der Anstalt (o.), Zeunes Erdkunde in zwei Teilen, die 1836 von den Zöglingen der Berliner Blindenanstalt gedruckt wurde (u.).

Drittes Kapitel

Zeune als Privatgelehrter • Geologische Studien • Gottlob Abraham Werner • Johann Friedrich Blumenbach • »Afrikanische Pläne«

Nach zweijähriger Tätigkeit verließ Zeune das Graue Kloster, um »als Privatgelehrter zu leben«.[21] Im Mai trat er in Begleitung des Geologen von Mandelsloh eine sich über sechs Monate hinziehende erdkundliche Forschungsreise an, die ihn in die deutschen Mittelgebirge, den Harz, den Thüringer Wald sowie das Fichtel- und Erzgebirge führte. Bei seinen Exkursionen führte er geologische Untersuchungen, vor allem Messungen der Basaltpolarität durch (s. a. Kap. 6). Er suchte Kontakt mit bedeutenden Geologen und Naturwissenschaftlern, sicher in der Absicht, seine Universitätslaufbahn fortzusetzen. In Freiberg traf er den bekannten und von Goethe hochgeschätzten Bergrat Gottlob Abraham Werner (dem Thomas Mann in seiner »Lotte in Weimar« ein literarisches Denkmal setzen sollte). An Werners Bergakademie waren bedeutende Zeitgenossen wie Graf Hardenberg, besser bekannt als Novalis, Alexander von Humboldt und Leopold von Buch ausgebildet worden. Werner und Zeune diskutierten über grundsätzliche geologische Probleme wie Basaltpolarität und Gebirgsbildung, aktuelle wissenschaftliche Fragen, denn die Diskussion über die Erdentstehung, vor allem über die Formung der Gebirge, bewegte die gelehrten Zeitgenossen. Der von Goethe im »Faust« verewigte Streit, ob Wasser oder Feuer die Erde entscheidend geformt habe, spaltete die wissenschaftliche Welt in eine neptunistische und eine vulkanistische Fraktion. Zeune hing der neptunistischen Theorie an und teilte damit die Auffassung Goethes, der gewaltsame Veränderungen, ob geologischer oder politischer Natur, ein Leben lang abgelehnt hat. Humboldt dagegen wechselte unter dem Einfluß von Buchs, mit dem er einige Monate zuvor den feuerspeienden Vesuv bestiegen hatte, ins Lager der Vulkanisten über. Weiteres Ziel der Forschungsreise war Göttingen, wo Zeune mit einem der bedeutendsten Naturforscher der damaligen Zeit, dem Professor für Medizin Johann Friedrich Blumenbach[22], zusammentraf. Als Begründer der Anthropologie genoß der vielseitige Wissenschaftler internationales Ansehen. Berühmt war seine umfangreiche Sammlung menschlicher Schädel und Skelette, zu deren Erweiterung auch sein früherer Schüler Alexander von Humboldt mit südamerikanischen Mumien beigetragen hatte. Zeune hatte seine Aufmerksamkeit durch eine Erdkarte »Gea oder die Erde vom Monde aus gesehen« erregt, wie Zeunes Notiz vom 5. August 1805 belegt: »Besuch bei Blumenbach, keine Nachricht wegen Africa, meine Erdkarte hat viel Glück gemacht.« Bei der 1804 entworfenen Karte hatte Zeune versucht, Höhen- und Tiefenunterschiede der Erde durch abgestufte Farbintensität darzustellen. Eine derartige Höhenschichtenkarte der gesamten Erde war ein Novum und erregte gleich nach ihrem Erscheinen in Fachkreisen erhebliches Aufsehen. Blumenbach, der seit vielen Jahren gute Verbindungen zur »African Association« in England besaß (schließlich waren London und Hannover noch eng durch Personalunion verbunden), versuchte über Sir Joseph Banks, der einst Cook auf seiner ersten Reise in die Südsee begleitet hatte und nun der Afrikanischen Gesellschaft vorstand, Zeune nach London zu vermitteln, um ihm die Teilnahme an einer Expedition zu ermöglichen. Ziel des Unternehmens war es, die noch unbekannte Region der Nigermündung in Zentralafrika zu erforschen, wobei Zeune als Vermesser und Kartograph tätig werden sollte. Ähnliche Empfehlungen an die Londoner Gesellschaft hatte Blumenbach auch in früheren Jahren ausgesprochen und es deutschen Forscher ermöglicht, an Afrikaexpeditionen teilzunehmen, oft mit unglücklichem Ausgang.[23]

Die geplante Nigerexpedition kam dann 1806 – ohne Beteiligung Zeunes – als zweite Expedition des schottischen Arztes Mungo Park zustande; mit desaströsem Verlauf: Park und ein Teil seiner Begleiter verloren ihr Leben durch den Angriff feindlicher Stämme. 1808 merkt Zeune in der ersten Ausgabe seines »Belisar« an: »So vertauschte ich das Innere von Afrika mit der inneren Welt der Blinden, und Afrika, das eigentliche Vaterland der Blindheit, war mir nun in meinem geliebten Teutschland erschienen.« Doch im Sommer 1805 stand alles noch in der Schwebe. Zeune beschäftigte sich mit geologischen und zoologischen Fragen, unter anderem mit dem »Phänomen eines Korallenriffes auf dem Harze«.

Zur gleichen Zeit wurde er zum ordentlichen Mitglied der herzoglichen Societät für die gesamte Mineralogie in Jena ernannt. Das Diplom vom 21. August 1805 ist vom damaligen Präsidenten der Societät, Goethe, unterzeichnet, der hier die Schreibart »Göthe« bevorzugt. Auch bei dieser Auszeichnung muß die Erdkarte Zeunes eine entscheidende Rolle gespielt haben, da seine sonstigen geographischen und geologischen Arbeiten erst später veröffentlicht wurden.

Die intensiven Studien Zeunes, sein enger Kontakt mit führenden Wissenschaftlern seiner Zeit, die Bemühungen um eine Expeditionsteilnahme legen nahe, daß ihm zu dieser Zeit eine naturwissenschaftliche Laufbahn als Geograph, Kartograph oder Geologe vorschwebte. Obwohl die Weichen gestellt schienen, sollte sich Zeunes Zukunft ganz anders gestalten.

Viertes Kapitel

Salon der Henriette Herz • Haüy in Berlin • Gründung der Berliner
Blindenanstalt • Jena und die Folgen • Heirat Zeunes

Zeunes naturwissenschaftliche Ambitionen wurden im Jahr 1806 blockiert. »Schuld« war der Salon einer berühmten Berlinerin, Henriette Herz. Bei ihr trafen sich die Literaten und Schöngeister Berlins: Zelter und Schadow, Schleiermacher und die beiden Schlegels, Johannes von Müller und die Brüder von Humboldt, Hofmedicus Grapengießer und Delbrück, Ernst von Pfuel, Freund Heinrich von Kleists und Alexander von Humboldts, und nicht zuletzt Zeune, den Grapengießer in den Zirkel eingeführt hatte. Im Herzschen Salon begegneten sich Anfang Juli 1806 Haüy – kurz zuvor in Berlin eingetroffen – und Zeune. Dieses Zusammentreffen sollte Zeunes Leben von Grund auf verändern.
Haüy befand sich auf der Durchreise nach Petersburg und nutzte seinen Aufenthalt in Berlin, um auch in der preußischen Hauptstadt für die Sache der Blinden, für deren Bildung und Erziehung zu werben. Er begann seine Berliner Mission erfolgreich mit zwei Demonstrationen in der Akademie der Wissenschaften, bei denen die Fähigkeiten seines blinden Schülers Fournier vor allem im Lesen und Schreiben eindrucksvoll gezeigt werden konnten. Da jedermann zu diesen Darbietungen freien Zugang hatte, war die öffentliche Resonanz erheblich. Am 13. Juli folgte eine Einladung zum Prinzen Ferdinand. Dieser Besuch ging dem Höhepunkt des Berliner Aufenthaltes, der königlichen Audienz im Schloß Charlottenburg voraus. Sie fand am 14. Juli, wie es heißt: »im Beysein der Königl. Familie, insgleichen des Prinzen Heinrich« statt; (Königin Luise fehlte, da sie in Bad Pyrmont zur Kur weilte.) Haüys einführendem Vortrag schloß sich wiederum eine Reihe von Demonstrationen an. Der Erfolg bei Hofe war durchschlagend. Haüy bekam vom König eine wertvolle goldene Schnupftabaksdose, verziert mit dem Namenszug Friedrich Wilhelms III. in Brillianten, als Geschenk überreicht. Von größerer Bedeutung jedoch war der Entschluß des Königs, in Berlin eine Blindenanstalt einzurichten. Diese Entscheidung wurde in den »Gazetten« nicht zuletzt mit der Absicht, das Königshaus in günstigem Licht erscheinen zu lassen, umgehend publik gemacht. Aber Haüy erreichte noch mehr: Er trug dem König seinen Wunsch vor, Zeune zum Leiter der künftigen Blindenanstalt zu bestellen. Ob die starke Wesensverwandtschaft beider den Ausschlag gegeben hatte (Menschenliebe und eine durch Mitleid bestimmte aus-

geprägte Hilfsbereitschaft beeinflussten ihr Handeln ein Leben lang), ob das gemeinsame Interesse an der Kartographie mit eine Rolle spielte (auch Haüy arbeitete an Reliefkarten) oder ob Grapengießers Einfluß dahintersteckte, wissen wir nicht; verschiedene Faktoren dürften zusammengewirkt haben.

Ungeklärt bleibt auch die Frage, wann Zeunes Interesse für die Blinden geweckt wurde. Er selbst berichtete, ein Konzert des blinden Flötisten Dülon, dessen Spiel und Auftreten ergreifend gewesen sei, habe noch in seiner Studienzeit den ersten Anstoß gegeben, sich mit dem Schicksal blinder Menschen zu beschäftigen. Der Musiker, ein Schüler Carl Philipp Emanuel Bachs, hatte 1797 eine ausgedehnte Konzertreise durch eine Reihe deutscher Städte angetreten und unter anderem auch Jena – wo Goethe, Humboldt und Fichte der Aufführung beiwohnten – und Wittenberg besucht. Zeunes Behauptung, er habe schon damals beschlossen, eine Bildungsanstalt für Blinde zu gründen, hat die Forschung zu Recht immer bezweifelt. Sicher ist, daß die Leistungen Dülons die öffentliche Meinung über die Bildungsfähigkeit Blinder ähnlich günstig beeinflußt haben, wie die Konzerte der Paradis. Frühes Interesse an der Blindenbildung mag Friedrich Ludwig Dülons Auftritt bei Zeune geweckt haben, entscheidender aber wird der Kontakt mit den Armenaugenärzten Grapengießer und Flemming gewesen sein, die über reiche Erfahrungen in der Blindenbetreuung verfügten und sich früh Gedanken über eine lokale Blindenanstalt gemacht hatten.

Doch kann man das allgemeine Interesse Zeunes an Blindenfragen den plötzlichen Wandel vom privatisierenden Geographen zum prospektiven Leiter einer Blindenanstalt schlüssig erklären? Zweifelsohne haben andere Gründe dabei eine wichtige Rolle gespielt: Die Stelle als Seminarist am Grauen Kloster hatte Zeune im Vorjahr aufgegeben; seine Pläne, an der zentralafrikanischen Forschungsreise teilzunehmen, hatten sich im Juli 1806, gerade als sich Haüy in Berlin aufhielt, zerschlagen, worüber er selbst berichtet: »Um diese Zeit meldete Sir Joseph Banks aus London, daß die Africain Society nicht mehr als zwei Reisende nach dem Inneren Afrikas auf ihre Kosten reisen lasse.« Kam in dieser Situation, die ihn zwang, als Privatgelehrter von seinem schmalen Vermögen zu zehren, die Chance, in den Staatsdienst einzutreten, eine gesicherte und angesehene Position mit guter Dotierung zu erhalten, nicht äußerst gelegen? Denn wie ein Zeitgenosse damals feststellte: »Nach der Anstellung im Staatsdienst strebte fast alles in Deutschland, was auf Bildung Anspruch machte.« Immerhin brachte Zeune als Qualifikation eine gute Ausbildung als Gymnasiallehrer und eine entsprechende wissenschaftliche Schulung mit, während andere Pioniere des frühen Blindenwesens wie Haüy und der in Wien wirkende Klein aus

pädagogischer Sicht reine Autodidakten waren. Da der Leiter einer solchen Anstalt 1.000 Taler Jahreseinkommen bezog, was dem Jahresgehalt eines Ordinarius entsprach, war eine in der gehobenen Beamtenhierarchie gesuchte Position zu besetzen. Bei der Bewerbung kam Zeune die Förderung durch Grapengießer als königlichem Leibarzt und durch den Prinzenerzieher Delbrück mit besten Verbindungen zum Hof, insbesondere zu dem mit zentralen Machtbefugnissen ausgestatteten Geheimen Kabinettsrath Beyme, zugute. Dieser verfaßte am 22. Juli 1806 die Kabinettsordre zur Gründung der Berliner Blindenanstalt, die »Geburtsurkunde« des Instituts. Am 11. August folgte dann der formale Beschluß, die »offizielle« Gründungsurkunde der Anstalt; gleichzeitig wurde Zeune entsprechend Haüys Vorschlägen zu deren Leiter ernannt. Damit war – als Ableger des Pariser Institutes – die erste staatliche Blindenanstalt Deutschlands ins Leben gerufen worden.[24]
In einem begleitenden Kabinettsschreiben vom 22. Juli an Haüy hatte Beyme darum gebeten, Zeune Anweisungen für die Einrichtung des neuen Istituts zu geben. Diesem Wunsch kam Haüy mit zwei ausführlichen Briefen nach: Er stellt vier »parties de l'entreprise« (Arbeitsgebiete) in den Mittelpunkt des Unterrichts: »les traveaux manuels« (Handarbeiten), denen die erste Stelle wegen der großen Zahl Kinder aus sozial schwachen Schichten eingeräumt wird; dann folgen die »lettres«, worunter Lektüre, Schrift, Grammatik, Sprachen, Geographie, Geschichte, Mathematik, Sittenlehre und Religion zusammengefaßt sind; an dritter Stelle führt Haüy »l'imprimerie« (Druckwesen) an, mit dem Ziel, Blinde zu Schriftsetzern und Druckern auszubilden; das letzte Arbeitsgebiet ist »de la musique« überschrieben und behandelt den Musikunterricht, vom Gebrauch der Reliefnoten bis zu Aufführungsproben blinder Musiker, wobei er anregt, eine Komposition für Blinde bei Haydn in Auftrag zu geben. Der Brief endet mit der Empfehlung, nach sorgfältiger Vorbereitung eine Séance bei der Königin Luise abzuhalten, welcher Haüy beiwohnen möchte »pour vous aider à donner à cette Bonne Souveraine un spectacle fait pour son âme bienveillante« («Ihnen zu helfen, ein dem wohlwollenden Herzen dieser guten Herrscherin würdiges Schauspiel zu arrangieren«). Dazu sollte es infolge der schwierigen politischen Lage und drohender kriegerischer Auseinandersetzungen nicht mehr kommen, denn kurz nach Haüys Abreise machte Preußen gegen Frankreich mobil. Düstere Wolken begannen den politischen Horizont zu verdunkeln.
Das freundschaftliche Verhältnis der beiden wurde hierdurch nicht getrübt, was der herzliche Tenor des zweiten Briefes an Zeune beweist.[25] Zuerst bittet Haüy seinen Schützling, Grüße an Berliner Freunde und Bekannte auszurichten, unter ihnen Delbrück, Grapen-

gießer, Alexander von Humboldt und Jahn, der spätere Turnvater, dann tröstet er ihn wegen der geringe Stiftungssumme von 800 Talern und empfiehlt Geduld. Schließlich regt er – ganz modern – an, eine Erziehungsanstalt für sehende Kinder verbunden mit einem Gemeinschaftsunterricht Blinder und Sehender zu gründen. Der Brief endet mit dem wohlmeinenden Rat zu heiraten.
Zeune konnte bei der Einrichtung der Blindenanstalt nicht nur auf den reichen Erfahrungsschatz seines Mentors zurückgreifen, sondern auch dessen erprobte Lehrmittel vom Schreibstift bis zu Druckermaterialien und Reliefnoten für den praktischen Unterricht verwenden. Unter Haüys Leitung wurde ein dauerhaftes Konzept für das Berliner Blindeninstitut erarbeitet. Der väterliche Rat in seinem letzten Brief an Zeune unterstreicht die herzliche Beziehung beider: »Ich bin der Vater einer zahlreichen angenommenen Familie, liebkosen, kleiden, ernähren und trösten Sie sie; und Sie werden mir Freude bereiten.« Diesen Grundsätzen ist Zeune sein Leben lang treu gefolgt.
Die genaue Planung der Blindenanstalt stimmte Zeune mit dem Prediger der Nicolaikirche, Friedrich Gotthold Lettow, ab, dem der König die »Aufsicht auf das Institut« übertragen hatte. Zunächst sollten vier Zöglinge aufgenommen und für jeden 300 Rt. jährlich gezahlt werden. Zeunes Jahresgehalt wurde auf 1.000 Rt. festgesetzt. Der König behielt sich die Auswahl der Schüler vor und bekundete so sein unmittelbares Interesse am Institut. Als ersten und entgegen der ursprünglichen Planung vorerst einzigen Zögling wählte man den zwölfjährigen Wilhelm Engel aus, einen mit vier Jahren erblindeten Predigersohn aus Pommern, der bereits auf Grapengießers Liste gestanden hatte.
Nach dem er einige Tage zuvor in einem ausführlichen Inserat über den Stand der Vorbereitungen berichte hatte[26], eröffnet Zeune am 13. Oktober 1806 die Anstalt im Bettkoberschen Haus Gipsstaße 11, einem Gebäude, das die letzten 200 Jahre unbeschadet überstanden hatte. Das Gründungsdatum stand unter ungünstigen Vorzeichen. Der nächste Tag brachte die vernichtende Niederlage Preußens gegen die französischen Truppen bei Jena und Auerstedt, der erst die desaströse Auflösung des preußischen Heeres, dann die kampflose Übergabe der Festungen und schließlich die abenteuerliche Flucht der königlichen Familie und des Hofes bis nach Königsberg und Memel folgen sollte. Die Berliner Bürger kamen ihrer amtlich verordneten Pflicht, Ruhe zu halten, zwar nach, doch der König hatte nicht nur eine Bataille sondern – fast – sein Königreich verloren. Die Zukunft schien bedenklich, das Schicksal der kleinen Blindenanstalt völlig ungewiß.
Am 27. Oktober zog Napoleon durch das Brandenburger Tor, und etliche Berliner, auch wenn es die preußische Geschichtsschreibung gerne

bezweifelt hat, riefen: »Vive l' Empereur«. Zeune gehörte nicht dazu; er kommentierte das historische Ereignis so: »Der Einzug des grausamen Tyrannen durch das Brandenburger Tor kam mir wie ein Leichenzug vor und das Läuten der Glocken dazu wie ein Memento mori.« Diese Worte dokumentieren seine ausgeprägt antifranzösische Haltung, die sich in den kommenden Jahren ins Extreme, fast Pathologische steigern sollte. Schwere Zeiten folgten. Der Alltag war geprägt durch die Lasten der französischen Besatzung, die Einquartierung fremder Truppen und vor allem durch ständige Geldknappheit. Auch Zeunes Institut geriet in Nöte. Da von den insgesamt 3.000 Reichsthalern bis zur Gründung der Anstalt nur 1.800 Reichsthaler ausgezahlt worden waren, sah sich Zeune gezwungen, eigenes Vermögen aus seiner Erbschaft in Sachsen zuzuschießen, um die Blindenanstalt zu retten. Das gelang ihm mit preußischem Pflichteifer, ja er konnte 1806 neben Engel noch einen weiteren Schüler aufnehmen.

Am Schluß des Jahres unternahm Zeune einen wichtigen Schritt, den ihm Haüy bereits nahegelegt hatte: Er verheiratete sich trotz oder wegen der mißlichen Zeitumstände Silvester 1806 mit Auguste Hahn, die ihm ein Leben lang tätig zur Seite stehen sollte und ohne die er seine vor ihm liegenden Aufgaben schwerlich hätte bewältigen können. Sie war die Schwester seines Freundes Karl, eines engen Studienkollegen aus Wittenberger Tagen.[27] Zeune berichtet, er habe nach dem Tod der Mutter gemeinsam mit seinem Bruder eine größere Fußreise unternommen, »wo ich in Zeiz (sic!) von Auguste Hahn gefesselt wurde, die seitdem meine Frau geworden«. Die Auserwählte stammte aus kinderreicher Familie. Sie wurde als erste Tochter des Chursächsischen Steuerprocurators und späteren Rechtsconsulenten Ludwig August Hahn am 24. September 1773 in Zeitz geboren.[28] Bei ihrer Eheschließung war sie bereits 33 Jahre alt; nach damaligen Begriffen »ein spätes Mädchen«. Es ist auffällig, daß sich Zeune eine um fünf Jahre ältere Gefährtin aussuchte und diese Entscheidung kurz nach dem Tod der Mutter traf. Man darf wohl annehmen, daß der nach dem Urteil vieler Zeitgenossen weltfremde Mann bewußt oder unbewußt eine Ergänzung durch eine ältere, zupackende Partnerin suchte, die nun die Stelle seiner 1801 verstorbenen, beherrschenden Mutter einnahm. Rückblickend erwies sich die Wahl als glücklich, und es kann bezweifelt werden, ob sich das Institut ohne die tatkräftige Hilfe seiner Ehefrau so erfolgreich entwickelt hätte. Möglicherweise hatte auch Haüy Zeunes »schwache Seite« erkannt, als er ihm einige Monate zuvor zur Eheschließung geraten hatte.

Fünftes Kapitel

Französische Besetzung • Kollaborateure und Patrioten • Fichtes
Reden • Zeunes »Gea« und »Belisar« • Abzug der Franzosen

Durch gewaltige Kontributions- und Reparationszahlungen ausgepreßt gingen die Berliner harten Zeiten entgegen. Die Sieger inszenierten einen Kunstraub größten Ausmaßes. Eröffnet hatte ihn der Kaiser persönlich, als er sich am 25. Oktober 1806 beim Besuch der Gruft Friedrichs des Großen in der Potsdamer Garnisonskirche dessen Degen, Schärpe und Orden »angeeignet« hatte. Nach diesem bescheidenen Anfang erreichte die Ausplünderung bald andere Dimensionen. Ende 1806 hatte das erste, mit 96 Kisten beladene Schiff Berlin über Hamburg in Richtung Frankreich verlassen. Die Fracht enthielt eine Fülle von Kunstgegenständen aus den Berliner und Potsdamer Schlössern, darunter auch die »westindischen Merkwürdigkeiten«, ein Geschenk Alexander von Humboldts an die Kunstkammer. Als »brennende Schmach« und als »Symbol der Schande« empfanden die Berliner den Verlust der Schadowschen Quadriga, die der Feind vom Brandenburger Tor abmontiert hatte. Auch sie befand sich auf dem Wege nach Paris. Neben diesen Demütigungen plagten die Bevölkerung eine wachsende Abgabenlast, steigende Steuern, zunehmende Stagnation in Handel und Gewerbe mit Entlassungen und Schließung von Manufakturen. In den folgenden Jahren kam es zu einer stetig wachsenden allgemeinen Verelendung. Arbeitslosigkeit, Bettelei und Hunger griffen um sich. Die Zahl der Selbstmorde stieg.[29]
Mancher diente sich der Besatzungsmacht an. An der Spitze der Kollaborateure stand der Journalist Alexander Daveson, alias Karl Ludwig Lange, der die Zeitung »Der Telegraph« herausgab. Die erste Ausgabe des Blattes erschien – wahrscheinlich mit direkter französischer Unterstützung – bereits am 17. Oktober, nur drei Tage nach der katastrophalen Niederlage. Schmähungen der Anhänger Preußens waren an der Tagesordnung. Die Redakteure verunglimpften selbst Königin Luise. Anlaß war der schwärmerische Briefwechsel Luises mit dem Zaren Alexander I. Diese Schriftstücke waren dem Kaiser im Charlottenburger Schloß in die Hände gefallen und wurden nun von der franzosenhörigen Presse übel ausgeschlachtet. Zeune, hierüber zutiefst empört, ergriff beherzt die Initiative: Seine Freunde berichten, daß er einen Brief an Napoleon verfaßt und dem Adjudanten des Kaisers folgende Zeilen persönlich übergeben habe: »Es sei nicht edel noch klug gehandelt, daß in einer Zeitung, die unter französischem Einfluß stände, eine Königin,

die allgemein vom Volk geliebt und geachtet werde, mit nichtswürdigen Verläumdungen verfolgt werde.« Nach diesem wagemutigen Schritt zitterten die Freunde um ihn.[30] Die Angelegenheit blieb jedoch, wie es Johannes von Müller bereits vorausgesagt hatte, für den Verfasser folgenlos. Weitere Schmähungen der Königin seien danach unterblieben. Zwar behaupteten später auch andere Zeitgenossen, Verfasser dieses Briefes gewesen zu sein, doch trägt das Geschehen, gemischt aus Zivilcourage, Patriotismus und Naivität die typische Handschrift Zeunes. Zeune gab oft eine weitere Episode aus der »Franzosenzeit« zum besten, die uns sein Schüler Freudenberg so überliefert hat: Begleitet von seinem Schwager, ging er über die Lange Brücke, um das Denkmal des Großen Kurfürsten zu betrachten. Das erweckte den Unwillen des wachhabenden französischen Soldaten. Zeune dadurch aufgebracht ließ sich zu einer so heftigen Reaktion hinreißen, daß man beide daraufhin ergriff und sie im Schilderhaus der Wache arretierte. Da der Posten durch die herbeiströmende neugierige Menge abgelenkt wurde, konnte Zeunes Begleiter auf dessen Wink das Weite suchen. Während die Zuschauer auf die Wache eindrängten, gelang es Zeune, der jede Minute die Rückkehr der Wachablösung fürchten mußte, den Posten beiseite zu stoßen und bevor dieser das Gewehr anlegen konnte, in der jubelnden Menge zu verschwinden.

Wie stark der ebenso empfindsame wie labile Zeune physisch und psychisch unter der französischen Besetzung litt, belegt eine Stelle aus seinem Reisebericht von 1807 (»Reise nach dem Baltischen Meere«). Er schreibt: »Ein vierfaches Weh, des Vaterlandes, des Institutes, des Freundes, des Körpers, trieben mich schnell fort ohne selbst Flemming[31] mündlich davon zu benachrichtigen. In der großen Hitze lief ich mit Fritz (vermutlich Zeunes Bruder, der Mediziner Johann Friedrich, der Verf.) nach Weißensee«, eine Flucht, die einer Kurzschlußhandlung gleicht. Bald kamen die Dinge wieder ins Lot. Der »Fahnenflüchtige« kehrte am 16. September nach Besuchen beim Dichter und Prediger Schmidt in Werneuchen (Zeunes Kommentar: »märkische Musen«) und bei der Familie von Arnim, wo er politische Gespräche geführt hatte, wieder nach Berlin zurück.

Vier Tage später verfaßte er ein Schreiben an den Kabinettsrat Beyme, den es mit dem königlichen Hof an den äußersten nordöstlichen Zipfel Preußens verschlagen hatte. Zeune erbat dringend finanzielle Hilfe, um das Blindeninstitut aus einer existenzbedrohenden Krise zu retten. Nach vier Wochen erreichte Zeunes Hilferuf endlich den Adressaten. Beyme reagierte prompt und beauftragte die »Friedensvollziehungs-Commission«, Zeune 500 Reichsthaler auszuzahlen. Im Rückblick ein erstaunliches Phänomen: Preußen besetzt, der König vertrieben, an der äußersten Grenze seines ehemaligen Reiches, fast in Rußland und die Klagen Zeunes, Leiter eines (noch) unbedeutenden Instituts mit nur zwei Zöglingen fanden Gehör. Trotz der existentiellen Krise des Staates funktionierte die vielgescholtene preußische Bürokratie noch hervorragend. Beymes Schreiben endet mit der Bitte, »dem menschenfreundlichen Könige die Keime einer Anstalt, deren Gedeihen ihm sehr am Herzen liegt, zu erhalten«. Diesem Wunsch ist der Sachse Zeune allen Widerständen zum Trotz in »preußischer Pflichterfüllung« treu gefolgt.

Unter dem Eindruck der katastrophalen Lage, der andauernden französischen Besetzung, der Umwälzungen in anderen deutschen Ländern kam es vor allem in den bürgerlichen Schichten der preußischen Hauptstadt zu einem grundsätzlichem Wandel politischer Ansichten. Die Idee der Nation, die auch Zeune erfaßte, stieg zum neuen Idealbild auf oder wie es Golo Mann formuliert hat: »Das Elend von Staat und Nation ließ sie zu Staat und Nation finden.«[32] Spiritus rector der neuen Richtung wurde Fichte. Sein Einfluß auf Zeune nahm neben dem Johannes von Müllers in diesen Tagen deutlich zu. Die Aufzeichnungen von Müllers und des Fichtesohnes Immanuel dokumentieren die sehr engen persönlichen Beziehungen.[33] Letzterer berichtet in seinen Erinnerungen, Zeune habe seinen Vater 1807 im Italienischen, Spanischen und Portugiesischen unterrichtet. Frucht der Bemühungen seien gemeinsame Übersetzungen »von Teilen der divina commedia Dantes und Macchiavells Werken« gewesen. Daneben habe man sich auch intensiv mit Tacitus beschäftigt und Parallelen zwischen dem Abwehrkampf der Germanen gegen die Römer und der aktuellen politischen Situation in Deutschland gezogen. Hier finden sich bereits Ansätze zu Fichtes künftigen »Reden an die deutsche Nation«, in denen dieser – frei nach Tacitus und im Rückgriff auf Ideen A.W.Schlegels – die Meinung vertrat, das deutsche Volk sei in einer verdorbenen Welt das einzig echte und ursprüngliche. Der engen nachbarschaftlichen Beziehungen von Müllers und Fichtes, in die auch Zeune einbezogen war, sollte sich Alexander von Humboldt noch in späten Jahren (1857) entsinnen.[34] Im Winter 1807 strömten die Berliner an den Sonntagvormittagen zu Fichtes Vorlesungen in den Saal der Akademie. Hinter der Vortragsreihe, den »Reden an die deutsche Nation«, stand der politisch hochbrisante Gedanke »Eine(r) gänzliche(n) Veränderung des Erziehungswesens«, damit »die gesunkene Nation sich aufrichte zu einem neuen Leben«. Fichtes Idee wurzelte in Pestalozzis »Elementarmethode des Unterrichts«; doch hatte auch der Pestalozzi-Jünger Zeune gemeinsam mit Jahn und seinen Anhängern einen wesentlichen Beitrag zum Konzept der »Reden« geleistet. Hierüber berichtet Bonnell: »Indeß Z.[eune]

arbeitete damals schon im Stillen im Vereine mit mehreren jüngeren Männern, wie Jahn, Friesen u.s.w. an dem Plane, durch eine große Ermannung sich selbst zu helfen; auch Fichte wurde mit in diesen Plan gezogen, und seine »Reden an die deutsche Nation« waren eine Frucht der in ihm geweckten Hoffnung« Fichte deutet im Brief vom 16. April 1807 an seine Frau ähnliches an: »Zeunen sage, daß ich nächstens öffentlich zeigen werde, was ich von ihm gelernt«, eine Bemerkung, die sich neben den Sprachstudien vor allem auf den »nationalen Gedankenaustausch« der beiden beziehen dürfte. In ihrem Urteil über die aktuellen politischen Verhältnisse und die Möglichkeiten, sie zu verändern, stimmten sie weitgehend überein, auch waren beide vom seit Vorzeiten unverfälschten deutschen (sprich germanischen) Nationalcharakter ebenso überzeugt wie von der »Verderbtheit« des romanischen. Zum Erstaunen der Zeitgenossen erregten Fichtes zum Teil sehr freie Ausführungen weder bei der preußischen Zensur und noch bei den Besatzern nennenswerten Argwohn. So äußerte sich F.A. Wolf, Professor für alte Sprachen, in einem Brief vom 13. Februar 1808 an Johannes von Müller: »Interessierten Ihre Neugierde hiesige Zustände, so würde ich Ihnen erzählen, wie vortrefflich unser Fichte jeden Sonntag eine Menge Unvorsichtigkeiten ausspricht vor einem ziemlich besetzten Auditorio«. Karl von Raumer, zeitweiliger preußischer Kultusminister, schrieb in seiner Autobiographie: »Fichtes Reden hatten auf mich den größten Einfluß. Von Franzosen umgeben, zeigte der tapfere Mann seinen Berliner Zuhörern, auf welche Weise sie das französische Joch abschütteln und ihre Nationalität erneuern und stark machen könnten«. Johann Wilhelm Heinrich Nolte, seines Zeichens Oberkonsistorialrat und neben Scheve für das Imprimatur der Reden verantwortlich, scheint mit seinem Zensorenamt überfordert, denn er äußerte sich über Fichtes Ausführungen Ende Dezember 1807 etwas hilflos: »So weit es mir möglich gewesen ist, in den Sinn der anliegenden, im Ganzen, dunklen dritten Rede des Herrn Professors Fichte einzudringen, halte ich den Druck desselben für unbedenklich.«
In diesen schwierigen Zeiten gelang es Zeune trotz drängender Probleme und drohender Existenzsorgen zwei wichtige Publikationen vorzubereiten, die 1808 im Erstdruck erschienen; eine davon sollte sein erdkundliches »opus magnum« werden. Es trug den Titel »Gea, Versuch einer wissenschaftlichen Erdbeschreibung« und basierte auf Zeunes Wittenberger Vorlesungen vom Sommer 1802 und seinen Berliner Vorträgen in den Wintersemestern 1803 bis 1808. Das Buch erlebte bis 1833 vier Auflagen und schwoll im Lauf der Jahre auf das Dreifache an, während sich die Erstausgabe von 1808 auf 224 Seiten beschränkte. Das grundlegend Neue war der Verzicht auf eine Staatengeographie,

wobei es im Bemühen, die althergebrachten Bahnen zu verlassen, in einigen Fällen zu skurrilen Wortneuschöpfungen kam; so verwandelte sich Tibet in Nordbrumapturland, Deutschland zum Hercinialand, wozu Zeune ausführt: »Die wichtigsten Erfindungen (...) entstiegen Teutschlands Boden, von denen ich nur die drei vorzüglichen das Schießpulver, das Buchdrucken und die Taschenuhr erwähne (...). Das wichtigste Zeugnis deutscher Kraft ist die Reformazion und in neuerer Zeit die ergründete Urerziehung.« Zeune, der sich im Vorwort als »perturbator scientiarum« bezeichnet, begründete sein Konzept auf Staatsgrenzen zu verzichten, mit der schnellen Veränderung der politischen Landschaft Europas. Trotz mancher Ungereimtheiten (die in späteren Auflagen teilweise korrigiert wurden) blieb die »Gea« über viele Jahre das Standardlehrbuch des Geographieunterrichts und wurde erst spät durch Publikationen Karl Ritters und durch den »Kosmos« Alexander von Humboldts abgelöst. Der »Kosmos« trug den Untertitel: »Entwurf einer physischen Weltbeschreibung«. Daß sich Humboldt bei der Wahl des Titels bewußt auf Zeunes Publikation bezog und mit seinem Werk in Gegensatz zu bisher gängigen Auffassungen treten wollte, belegt sein Brief an Varnhagen vom 24.10.1834[35]: »Ich weiß, daß Kosmos sehr vornehm ist und nicht ohne gewisse Afféterie, aber der Titel sagt mit einem Schlagworte *Himmel und Erde*, und steht der Gäa (dem etwas schlechten Erdbuche von Prof. Zeune, einer wahren Erdbeschreibung) entgegen.« Trotz Humboldts abfälligem Urteil, sah er den »Kosmos« als Nachfolger der »Gea«, wenn auch zwischen beiden Werken im wahrsten Sinne des Wortes Welten lagen. Die erste Auflage der »Gea« eroberte schnell ihren Platz und wurde bald überregional bekannt. Delbrück benutzte das Buch für den Prinzenunterricht; ebenso wie Tinius, der Erzieher am russischen Zarenhof. Pestalozzi bestellte es schon wenige Monate nach seinem Erscheinen bei seinem Aarauer Verlagsbuchhändler zur Ansicht.

Die zweite Publikation Zeunes, ein in der Geschichte der Blindenbildung wichtiges Werk, erschien Ende 1808 unter dem Titel »Belisar. Über den Unterricht der Blinden«.[36] Der Titel leitete sich vom byzantinischen Feldherrn Belisar her, der auf Befehl des Kaisers Justinian geblendet worden sein soll. Der Stoff war in der Literatur und Malerei der Zeit verbreitet und dem an klassischer Literatur geschulten Zeune ebenso wie dem gebildeten Publikum vertraut.[37] Der Autor geht von seiner früheren, Anfang 1808 erschienenen Arbeit »Über Blindenunterricht« aus. In der Vorrede verweist er auf vier unterschiedliche Zielsetzungen seiner Arbeit: An erster Stelle beabsichtigte er das Publikum mit den Zielen der Anstalt und der Art des Unterrichts bekannt zu machen, des weiteren sollte der Ertrag des Werkes der Erhaltung der

Anstalt zufließen – die finanziellen Mittel waren trotz sporadischer Zuwendungen knapp und unterlagen bis zur Reorganisation durch Wilhelm von Humboldt 1809 keiner festen Regelung. Mit der Auswahl mehrsprachiger Aufsätze wollte Zeune den Sprachunterricht fördern und der letzte Punkt, die Auseinandersetzung mit Diderots »Lettre« lag ihm besonders am Herzen, da er hier seinen antifranzösischen Ressentiments freien Lauf lassen konnte. Im Gegensatz zu späteren Auflagen druckte Zeune als Eingangskapitel den »Lettre« ungekürzt und im Original ab, der damit zwei Drittel des Werkes ausmacht. Dann folgt der englisch abgefaßte Artikel eines Londoner Chirurgen, ein Bericht über die erfolgreiche Operation an einem 13-jährigen Blinden und (dem Vorbild Diderot folgend) die sich hieraus ergebenden Veränderungen in dessen Weltvorstellung. Anschließend legt Zeune detailliert und programmatisch die Ziele des Blindenunterrichts in seiner Anstalt dar, an der inzwischen drei Stipendiaten des Königs und acht arme Blinde erzogen wurden. Unter dem Titel »Eigene Beobachtungen« stellt er seine Verfahrensweisen bei der Blindenbildung dar. Dabei orientierte er sich generell an den Grundsätzen Haüys, jedoch nicht ohne eigene Ideen zu ergänzen. Sein spezielles Interesse richtete sich besonders auf körperliche Übungen der Blinden, die im Turnen, aber auch im Reiten und Schwimmen unterrichtet werden; Zeune wurde zum Vorläufer des modernen Behindertensports, wenn er nach eigenem Bekunden »die Blinden (...) ein Bad im »lebenden« Strom nehmen und sie bisweilen auf einem gutmütigen Pferd reiten läßt«. Für den Blindenunterricht schwebte ihm – der Humanist läßt sich nicht verleugnen – ein an den Griechen orientiertes Bildungsideal vor, an dem er allen Widerständen zum Trotz ein Leben lang festhalten wird: »harmonische Entwicklung aller geistigen und körperlichen Anlagen, oder wie die Griechen es ausdrückten, Gymnastik und Musik«. Die Orientierung an griechischen Idealen wird bewußt in Gegensatz zur französisch-romanischen Welt gestellt, Töne, die auch Fichte in seinen »Reden an die deutsche Nation« anklingen ließ.
Der politische Horizont hellte sich am Ende des Jahres 1808 endlich auf, denn die französischen Truppen rückten ab. Langsam begann das Leben der Berliner sich zu normalisieren, wenn auch Hof und Staatsregierung vorerst in Königsberg verblieben. Sichtbares Zeichen der neuen Freiheit war der von der Bevölkerung bejubelte Einzug preußischer Husaren unter Major von Schill. Gravierende Veränderungen ergaben sich für die Einwohner Berlins aus der neuen Städteordnung, wodurch ihnen ungewohnte Aufgaben und Lasten zufielen. Sie hatten sich nun um bisher ungekannte Belange wie Polizeiangelegenheiten, Armenwesen, Stadtreinigung ebenso zu kümmern, wie um die Wahl von Stadt-

verordneten und Stadträten. Vielfach regte sich Widerstand, so daß der »Kommissar für die Einführung der Städteordnung«, Justus Gruner, der gleichzeitig den neugeschaffenen Posten eines Polizeipräsidenten bekleidete, kurzerhand die umgehende Ausführung der neuen Verordnungen befahl.

Sechstes Kapitel

Wilhelm von Humboldt • Schulreform • Neuorganisation der Anstalt
• Wissenschaftliche Arbeiten Zeunes

Gravierende Veränderungen gab es auch in der preußischen Kulturpolitik. Wilhelm von Humboldts Einfluß auf Preußens künftige Bildungspolitik war nachhaltig und wirkte fast zwei Jahrhunderte fort. Seine Reformen betrafen das Elementarschulwesen, die Neugestaltung der Gymnasien und die endgültige Planung und Ausgestaltung der Berliner Universität, doch galt seine Sorge nicht zuletzt der Erziehung und Bildung behinderter Menschen, insbesondere Taubstummer und Blinder. Humboldt, der seit 1802 als preußischer Resident am päpstlichen Hof in Rom gewirkt hatte, mehr mit dem Studien der Antike und der Ausarbeitung einer Theorie der Menschenbildung als mit praktischer Politik befaßt, verließ die inzwischen von den Franzosen besetzte Ewige Stadt im Oktober 1808. Kaum nach Deutschland zurückgekehrt erfuhr er, daß Stein ihn zum Leiter des preußischen Unterrichtswesen ausersehen hatte. Zwar hatte Stein bei Amtsantritt Humboldts auf Drängen Napoleons seinen Posten als Staatsminister bereits wieder verloren, doch standen etliche Mitarbeiter zur Verfügung, die weiter im Sinne der Steinschen Reformen wirkten. Hierzu zählten Ludwig Nicolovius, Johann Wilhelm Süvern und Johann Daniel Wilhelm Otto Uhden, deren Namen in den Annalen der Blindenanstalt häufiger auftauchen. Von der Reform des Schulwesens waren Zeune und sein Institut unmittelbar betroffen. Die Blindenanstalt wurde der kirchlichen Kontrolle entzogen und der kurmärkischen Regierung unterstellt, ein entscheidender Schritt auf dem Weg zur Trennung von Staat und Kirche, die Humboldt im Rahmen der Bildungsreform anstrebte. Humboldt definierte klar die Doppelfunktion der Anstalt als Bildungs- und Fürsorgeeinrichtung. Auf Grund dieses Zwitterstatus unterstand Zeunes Institut nun der neueingerichteten Sektion für Kultus und Unterricht und dem Innenministerium.

Da das Blindeninstitut in eine äußerst prekäre finanzielle Lage geraten war, bat Zeune kurz nach Humboldts Amtsantritt dringend um Hilfe, außerdem wiederholte er den Wunsch nach einem »eigenen Local« für sein Institut. Humboldt, der sich bereits früher mit den Problemen der Blindenbildung befaßt hatte und sogar seit seinem Parisbesuch im Revolutionsjahr 1789 das Haüysche Institut aus eigener Anschauung kannte, reagierte ohne Verzug, indem er nicht nur Zeunes Gesuch stattgab, sondern beim damaligen Finanzminister Altenstein für schnelle Auszahlung der Gelder sorgte. In den nächsten Monaten traf man dauerhafte Regelungen für die Zukunft: Humboldt schlug dem König vor, Zeunes Jahresgehalt bei 1.000 Talern zu belassen. Für eine Vergütung von 500 Talern sollten drei blinde Zöglinge versorgt werden. Außerdem waren 25-30 externe Schüler kostenlos zu unterrichten. Im Gegenzug bot Zeune dem Kultusministerium an, den neuen Lehrstuhl für Geographie – vorerst unentgeltlich – zu übernehmen und verwies als Referenz auf sein neues Lehrbuch, die »Gea«.

Die finanziellen Angelegenheiten konnten befriedigend geregelt werden, das Problem eines »neuen Locals« blieb weiterhin ungelöst, ein Zustand, an dem sich in den nächsten drei Jahren nichts ändern sollte. Auf Anordnung der Vorgesetzten hatte Zeune einen genauen Lehrplan zu erstellen. Der erste Plan mußte nach eingehender Prüfung gründlich revidiert werden, da etliche Unstimmigkeiten vor allem in Fragen des Religionsunterrichtes zu Tage kamen.[38] Daraufhin reichte Zeune im November 1809 eine neue, wesentlich detailliertere Fassung ein. Der zuständige Oberkonsistorialrat Nolte, der später noch oft seine schützende Hand über Zeune und sein Institut halten sollte, leitete den zweiten Entwurf zusammen mit einem Exemplar des »Belisar« an den König weiter.

Nach dem revidierten Plan wurde vormittags Unterricht in Glaubens- und Tonlehre, nachmittags in Form- und Sprachlehre erteilt. Im einzelnen richtete man sich nach den jeweiligen Schülergruppen. Die Externen erhielten eine mehr handwerkliche Ausbildung, eine Aufgabe, die Zeunes Frau weitgehend übernahm und so zur ersten Blindenlehrerin Deutschlands avancierte. Für die internen Schüler stand der allgemeinbildende Unterricht im Vordergrund. Eine dritte Gruppe erwachsener Blinder wurde ausschließlich im Handwerk geschult, mit dem Ziel, sie damit vom Betteln auf der Straße abzuhalten.

Wie schwer der Neuanfang sich gestaltete, schildert Zeune in seinem Artikel »Über Blindenanstalten«.[39] Er schreibt 1809, daß bisher nur 11 Kinder vom kostenlosen Unterricht Gebrauch gemacht hätten, da »die meisten Eltern von Blinden, ihre Kinder lieber an Kreuzwegen und Marktplätzen zum Betteln ausstellen«, statt sie in die Anstalt zu geben,

obwohl er und seine Frau die Kinder öfter zum Essen eingeladen oder ihnen kleine Geschenke gemacht hätten.
Die Qualität des am klassischen Bildungsideal orientierten Zeunischen Unterrichts belegen die Leistungen einiger »königlicher Stipendiaten«, von denen zwei – Wilhelm Engel und Heinrich Grothe – später am Blindeninstitut selbst unterrichteten; noch weiter brachte es der hochbegabte Johann Knie, der in Breslau studieren und es zum leitenden Lehrer der Breslauer Blindenanstalt bringen konnte. Als erster blinder Blindenlehrer wurde er so zu einem Pionier des Blindenunterrichts.
Im Zuge der Neuorganisation schlug Zeune vor, den Armenaugenarzt Friedrich Ferdinand Flemming, der die Anstalt als Nachfolger Grapengießers bereits in den letzten zwei Jahren betreut hatte, nunmehr fest anzustellen, um seine Schützlinge medizinisch, vor allem augenärztlich besser versorgt zu wissen. Die Bestallung Flemmings mit einem jährlichen Gehalt von 50 Talern – Zeune hatte die doppelte Summe ins Gespräch gebracht – erfolgte im Sommer 1809. Die Zusammenarbeit der beiden Freunde sollte beachtliche Früchte tragen. Sie führte zur Gründung der ersten Augenpoliklinik Preußens im Herbst des Jahres, die zunächst einmal wöchentlich in der Blindenanstalt abgehalten wurde.[40] Auch hier waren Zeune und Flemming ihrer Zeit weit voraus. Die Aufgabe der Poliklinik, in der alle armen Patienten kostenlos behandelt wurden, bestand zum einen darin, Blinde für den Unterricht oder die Ausbildung in einem Handwerk zu interessieren, zum anderen, bedürftige Augenkranke medizinisch zu versorgen. Ein weiterer Plan, dem Blindeninstitut nach dem Vorbild der Prager Anstalt eine »Staroperationsanstalt« anzugliedern, zerschlug sich.
Mit Blick auf die geplante Lehrstuhlübernahme ließ Zeune der »Gea« im darauffolgenden Jahr noch eine geologische Abhandlung »Über Basaltpolarität« folgen. Alexander von Humboldts Entdeckung aus dem Jahre 1797, daß die Kraftfelder von Urgesteinen wie Granit, Serpentin und Basalt den magnetischen Erdpolen zuwiderlaufen, hatte Zeune bei seinen Forschungen 1805 nicht nur eingehend untersucht, sondern mit Blumenbach und Werner ausführlich diskutiert.[41] Wesentlich neue Erkenntnisse wurden zwar nicht gewonnen, da Zeune sich weitgehend dem Urteil seiner Vorgänger anschloß, doch steigerte die Publikation seine Popularität in der wissenschaftlichen Welt und verbesserte seine Chance, die Geographieprofessur übernehmen zu können, ein Maßstab, der auch für manche moderne wissenschaftliche Veröffentlichung gilt.
Dagegen sollten sich sich Zeunes Arbeiten am Reliefglobus, – von ihm selbst als »Tasterdball« bezeichnet – als bedeutender Schritt in der Geschichte der Kartographie erweisen. Bereits 1806 hatte er ein erstes

Modell mit aufgetragener Gipsmasse entworfen. Doch war er mit dem Ergebnis wenig zufrieden und setzte in den kommenden Jahren alles daran, das Modell zu verbessern. Im September 1809 entschied er sich für Globen aus Pappe. Ab 1810 ließ er in größerem Umfang Erdkugelmodelle herstellen, die nach einer Gipsform aus Holzbrei gepreßt wurden. Der Durchmesser dieser Kugeln betrug 1 1/2 Fuß, der Preis sechs Taler.[42] Da sich das Material als sehr zerbrechlich erwies, kehrte er später in Zusammenarbeit mit dem Geographen Karl Ritter zur Pappe zurück. Zeunes »Tasterdbälle« waren in der ersten Hälfte des 19. Jahrhunderts ebenso wie seine Reliefkarten weit verbreitet. Wie beim Globus bemühte er sich auch bei den Karten ständig um Verbesserungen. Einen Teil der für den herkömmlichen Geographieunterricht bestimmten großen Reliefwandkarten stellte er selbst mit Hilfe seiner Lehrer und der Familie her. Großen Erfolg hatte Zeune vor allem mit seinen Reliefgloben, die sich bald internationaler Beliebtheit erfreuten und eine weite Verbreitung fanden. Zeune berichtete 1820 über insgesamt 150 verkaufte Exemplare. Viele Kollegen arbeiteten mit Zeunes Reliefgloben, beispielsweise Haüy in Petersburg, der Pariser Dufau und Howe an der 1832 gegründeten Bostoner Anstalt.

1809 wurden – dank Humboldts Neuorganisation – das Weiterbestehen der Blindenanstalt und die Stellung ihres Leiters dauerhaft gesichert. Dieses so wichtige Jahr wurde am Schluß durch ein besonderes Ereignis gekrönt. Am 23. Dezember fuhr die Kolonne der königlichen Wagen in Berlin ein. Der Jubel hielt sich – auch auf Wunsch des Königs – in Grenzen, aber die Rückkehr des Hofes führte zu einer Neubelebung des kulturellen, gesellschaftlichen und geistigen Lebens der Stadt.

Siebentes Kapitel

Universität • Teutscher Bund • Erster Turnplatz • Sprachreiniger

Trotz der Rückkehr des Königs nach Berlin mußte die offizielle Eröffnung der Universität mehrmals verschoben werden. Dessen ungeachtet begannen etliche Professoren bereits im Wintersemester 1809/1810 mit ihren Vorlesungen. Auch die von Hufeland »zur Feier der Rückkehr des Königs« gegründete Poliklinik nahm bereits im Februar 1810 im Untergeschoß des ehemaligen Prinz-Heinrich-Palais (der heutigen Humboldt Universität) ihre Tätigkeit auf. Dieser Klinik, unterteilt in einen allgemeinmedizinischen und einen chirurgischen Bereich, wurde

die Augenpoliklinik als selbständige Abteilung angegliedert, eine Regelung, die es Flemming ermöglichte nicht nur einen größeren Kreis von Patienten zu versorgen, sondern vor allem Vorlesungen und Practica für Studenten und Ärzte abzuhalten.
Die neue Universität konnte zum einen auf in Berlin ansässige Wissenschaftler zurückgreifen; hierzu zählten Fichte, der erste gewählte Rektor und der 1809 mit der Königsfamilie zurückgekehrte Hufeland, nun Dekan der medizinischen Fakultät. Ebenso Schleiermacher, der neben seinem Hofpredigeramt mit dem theologischen Dekanat betraut wurde. Darüber hinaus gelang es, einige hervorragende Köpfe von anderen Universitäten abzuwerben. So wechselte der Mediziner Reil, eine Koryphäe seiner Zeit, von Halle nach Berlin. Ebenso konnte Humboldt den damals schon berühmten Rechtslehrer Savigny, Schwager Bettina von Arnims, hierher verpflichten.
Die feierliche Universitätseröffnung erfolgte schließlich im Oktober 1810. Zu diesem Zeitpunkt lag Humboldts Demission bereits über ein Vierteljahr zurück. Obwohl der äußerst konservative Jurist Kaspar Friedrich von Schuckmann die Nachfolge angetreten hatte, – ein Mann der Zeune in der Folgezeit manche Schwierigkeiten bereiten sollte –, gelang es den bereits erwähnten Staatsräten Nicolovius, Uhden und Süvern, die Arbeit im Sinne Humboldts weiterzuführen, vor allem seine Idee einer »allgemeinen Lehranstalt« mit enger Verbindung von Forschung und Lehre in die Praxis umzusetzen. So erfüllte sich im universitären Bereich der Ausspruch Friedrich Wilhelms III., daß »der Staat durch geistige Kräfte ersetzen müsse, was er an physischen verloren habe«.
Im ersten Semester boten 53 Dozenten insgesamt 116 Vorlesungen an, unter ihnen als Lehrstuhlinhaber für Geographie Zeune, der am 23. September 1810 zum außerordentlichen Professor ernannt worden war. Er trat sein Amt gleichzeitig mit den Freunden Fichte, Flemming und von der Hagen an. Letzterer wechselte im darauffolgenden Jahr an die neugegründete Breslauer Universität, da er ohne Gehalt oder sonstige Nebeneinkünfte von der Berliner Stelle schwerlich leben konnte. Nach Hagens Weggang übernahm Zeune auch dessen Professur für einige Jahre.
Doch erneuerten sich in dieser Zeit die *geistigen Kräfte* nicht nur im positiven Sinne, denn infolge der demütigenden Stellung Preußens, des Verlustes großer Landesteile, seiner schwachen Position als Zwangsverbündeter Frankreichs gewannen extrem patriotische Bestrebungen sowohl in Kreisen der Politiker als auch bei Schriftstellern weiter an Bedeutung. Vaterländische Bekenntnisse wurden von der Obrigkeit teils geduldet, teils von der Zensur mißtrauisch beobachtet und nicht

selten von der offiziell profranzösischen königlichen Regierung verboten. Die nationalen Intentionen gipfelten im militärischen Bereich in einer Aktion des populären Husarenoffiziers Ferdinand von Schill, als dieser, getragen von der Hoffnung damit in Preußen das Signal für einen allgemeinen Aufstand zu geben, mit seinen Anhängern Stralsund zu befreien versuchte. Das Unternehmen schlug fehl. Schill und viele seiner Kameraden fielen. Elf Offiziere ließ Napoleon standrechtlich erschießen, etliche hundert Mann kamen auf die Galeeren. Einer der von solchem Schicksal verschonten Mitstreiter war der später in den Freiheitskriegen berühmt gewordene Dichter Theodor Körner, dessen Freiheitslieder und Gedichte auch Zeune besonders schätzte. Trotz ihres desaströsen Ausganges gab die Stralsunder Aktion der nationalen und antifranzösischen Bewegung erheblichen Auftrieb.

Noch stärkere patriotische Empfindungen löste der überraschende Tod der nur vierunddreißigjährigen Königin Luise im Sommer 1810 aus. Es entstand der Kult der »Preußenmadonna«, dessen Nachwirkungen noch bis in unsere Tage zu spüren sind. Ein Zeitgenosse dichtete: »Luisa, Du die Reine. Wie mehr wie Du wohl keine; der Himmelskönigin. An Huld und Qualen gleich«.[43] Für die damaligen Zeitgenossen keine ungewohnten Klänge, gab es doch zur gleichen Zeit Darstellungen der Auffahrt Friedrichs des Großen in den Himmel, wo ihn Voltaire und seine Kollegen als Stellvertreter Gottes, freudig empfangen.

Patriotische Schriften und Dichtungen schossen wie Pilze aus dem Boden. Zeune und seine Freunde beteiligten sich eifrig daran. Friedrich Jahn, zu dieser Zeit Lehrer am Grauen Kloster, veröffentlichte das Buch »Deutsches Volksthum«, in dem er nicht nur für ein einiges Deutschland unter Führung Preußens eintrat, sondern sich auch für Leibesübungen zur »Kräftigung der Nation« und zu »sittlich patriotischen Zwecken« stark machte. Von der Hagen publizierte im gleichen Jahr eine Bearbeitung des Nibelungenliedes, auf die später noch Richard Wagner teilweise zurückgegriffen hat[44], und behandelte parallel das Thema in seinen Vorlesungen. Zeunes Freund Friedrich de la Motte-Fouqué nahm sich ebenfalls des Nibelungenstoffes an und publizierte »Held des Nordens«, nachdem er bereits 1808 mit dem Heldenspiel »Sigurd, der Schlangentödter« an die Öffentlichkeit getreten war.

Auch Zeune lieferte seinen national patriotischen Beitrag. Er gab das Werk »Thuiskon; Über Deutschlands Einheit« heraus. In dieser Schrift plädierte er – getreu seinen bereits in der »Gea« vertretenen Auffassungen – für ein deutsches Reich in »natürlichen Grenzen« vom Skagerrak bis zu den Alpen, vom R(h)ein bis zur Donau, also für ein »großdeutsches« Staatengebilde unter Einschluß Böhmens und Mährens sowie Teilen der Niederlande. Neben geographischen ließ sich Zeune von linguistischen Aspekten eines deutsch-germanischen Sprachraumes leiten, dem mancher Zeitgenosse noch die Niederlande und Dänemark zurechnete. Sein weiterer Vorschlag gleichzeitig Teile Preußens im Osten aufzugeben und einen polnischen Staat zu errichten, bestätigt diese Vermutung. Solche Vorstellungen dürften »höheren Orts« wenig Zustimmung gefunden haben; vor allem da Zeune sich – fast revolutionär – für die Beseitigung der Kleinstaaterei, einheitliche Maße und Gewichte, den Verzicht der Fürsten auf ihre unmittelbare Landeshoheit und die Abschaffung bestehender Heere aussprach. Weitere Ideen Zeunes, die Einheit der Kirche wiederherzustellen und den Katechismusunterricht abzuschaffen, werden in konservativen Kirchenkreisen kaum breite Zustimmung gefunden haben.[45] Wie Bonnell im Nachruf berichtet, sandte Zeune seine Schrift an alle bedeutenden Fürsten Deutschlands; das Echo war gering. Als einziger würdigte der Freiherr von Dalberg, Großherzog von Frankfurt, den Verfasser einer Antwort. Was bewog Zeune zu diesem Schritt? War es politische Naivität oder ein Löcken gegen den Stachel, den Fürsten einen Verzicht auf militärische Macht und Souveränität anzutragen.

Neben »Thuiskon« veröffentlichte Zeune etliche Artikel in patriotischen Blättern, die sich vor allem durch eine Hinwendung zum Altdeutschen auszeichneten, unter anderem in der von Hagen und Büsching herausgegebenen Zeitschrift mit dem Titel »Museum für altdeutsche Literatur und Kunst«, für die auch Jacob Grimm einige Beiträge lieferte.[46] Zwischen 1812 und 1814 arbeitete er mit Fouqué, der neben Neumann auch als Herausgeber fungierte, Varnhagen, Giesebrecht und anderen an der »Zeitschrift der Musen« mit, die in diesem Zeitraum einen fundamentalen Wandel vom Neutralen bis zum ausgeprägt Patriotischen erfuhr.

Einen Stich ins Altdeutsche hatte auch der antinapoleonische »Teutsche Bund«, zu dem sich Jahn, Zeune und Harnisch[47], allesamt Pädagogen, im Herbst 1810 zusammengefunden hatten. Zu den Verschworenen zählten auch Zeunes Freund Friesen[48], Gründer des Berliner Fechtbodens, und der Gymnasialprofessor Friedrich Lange, bekannt durch seine Herodotübersetzungen. Sie alle verpflichteten sich zur »Befreiung des Vaterlandes in Wort und Tat«. Als Mittel zum Zweck dienten – wie von Jahn bereits in seiner Schrift vom »Deutschen Volksthum« propagiert – paramilitärische Übungen im Turnen, Fechten und Schwimmen, die ein knappes Jahrzehnt später mit den Begriffen demagogisch, liberal, demokratisch belegt, geächtet und verfolgt wurden. Das Selbstverständnis der »Teutschbündler« liest sich so: »Erhaltung des deutschen Volkes in seiner Ursprünglichkeit und Selbständigkeit, Neubelebung der Deutschheit und aller schlummernden Kräfte, Bewahrung unseres

Volksthums, (...) Hinwirken zur endlichen Einheit unseres zersplitterten, getheilten und getrennten Volks.« Ihre Aktivitäten im »Teutschen Bund« sollten für Jahn, Zeune und viele Mitstreiter später negative Folgen haben.

Zeunes Bedeutung als Geograph wurde im Sommer 1810 besonders herausgehoben, als ihn Wilhelm Jungius, seit seiner »Luftreise« im September 1805 erster deutscher Luftschiffer, zum Begleiter seiner dritten Ballonfahrt am 19. August auswählte. Jungius war Professor für Physik und Mathematik am Friedrich Wilhelm Gymnasium zu Berlin. Sein Bericht über das nicht ungefährliche Unternehmen, das die Luftpioniere bis in die Nähe von Magdebug beförderte, wurde noch im gleichen Jahr mit einem von Zeune verfaßten Anhang veröffentlicht.

Auch das auf den nächsten Tag fallende wichtige familiäre Ereignis soll hier nicht unerwähnt bleiben. Am 20. August kam das erste Kind der Zeunes, die Tochter Emma Auguste, zur Welt. Die Mutter war – für damalige Verhältnisse außergewöhnlich – bei der Geburt bereits 37 Jahre alt, selbst nach heutigen Maßstäben schon eine späte Erstgebärende, bedenkt man, daß mit 40 nicht selten ein großmütterliches Alter erreicht war. So hatte beispielsweise Königin Luise die ihr erstes Kind bereits mit 18 bekommen und mit 33 Jahren zehn Kinder zur Welt gebracht.

1811 verstärkten sich die deutschnationalen Tendenzen; typisch für die neue Entwicklung waren zwei Ereignisse: Die Einweihung des ersten deutschen Turnplatzes auf der Berliner Hasenheide und die Eröffnung der ersten Schwimmanstalt Berlins. Beide Einrichtungen sollten nach dem Willen ihrer Gründer, zweier prominenter Mitglieder des »Teutschen Bundes«, Jahn und Friesen, regelmäßigen Übungen im Sinne einer paramilitärischer Erziehung dienen.

Jahn hatte 1810 mit seinen Schülern ausgedehnte Wanderungen unternommen, bei denen gleichzeitig kräftig geturnt wurde. Dabei reifte der Plan, einen festen Turnplatz einzurichten. Im Frühjahr 1811 waren die Vorbereitungen abgeschlossen. Einige Turngeräte wie Barren, Reck und Kletterbäume hatte Jahn nach eigenen Entwürfen bauen lassen. Zur Eröffnung – der eigentlichen Geburtsstunde des modernen Massensports – strömte »ganz Berlin«. Der stark kurzsichtige Zeune fand sich mit erheblicher Verspätung ein, da er den Weg verfehlt hatte, und erhielt vom Turnvater einen strengen Verweis, der sich auf Zeunes Profession als Geograph bezog (wobei nicht sicher feststeht, ob sich diese Episode bei der Eröffnung oder einem späteren Turnfest zugetragen hat). Jahn unterwarf seine Turner einem strengen Reglement. Selbst die Nahrung glich einem politischen Programm: Brot, Wasser, Kartoffeln und Salz. Die Leibesübungen zielten auf »Wehrertüchtigung«, die ideologische Stoßrichtung auf eine Verbindung von antifranzösischen, altdeutschtümelnden, sprachreinigenden und spartanischen Elementen. Die Saat fiel auf fruchtbaren Boden, bildete doch die Jahnsche Turnerschar die Kerntruppe der späteren Freicorps, wenn auch deren militärische Bedeutung oft überschätzt worden ist. Turnplätze nach Berliner Vorbild kamen bald auch in anderen deutschen Staaten in Mode. Zeune ließ auf seinen Reisen kaum eine Gelegenheit aus, diese Plätze zu besuchen. In Preußen fielen die in den Geruch von Demagogen geratenen Turner 1819 in Ungnade; ihre Turnplätze wurden für viele Jahre geschlossen.

Mit den politischen Zielen Jahns und Friesens und ihren pädagogische Ideen stimmte Zeune weitgehend überein. So hatten bei der Erziehung der Blinden »Leibesübungen«, vor allem Gymnastik und Schwimmen einen besonderen Stellenwert. Mit Begeisterung teilte Zeune die extrem nationalistische Haltung Jahns und seiner Schar, wobei das Bestreben, die deutsche Sprache von fremden Elementen radikal zu säubern, an erster Stelle stand. Antifranzösische und antinapoleonische Ressentiments wurden zur treibenden Kraft der Sprachreiniger. Doch gerieten neben den französischen auch Wörter mit griechischen, lateinischen oder anderen »fremdländischen« Wurzeln ins Visier. Häufig verstieg man sich zu absurden Ersatzlösungen. Der Begriff »Lexikon« etwa sollte durch »Sprachnachschläger«, »Nase« durch »Gesichtserker« oder »Paroxysmus« durch »Saufbrausesturm« ersetzt werden. Zeune wollte statt »Trompete« den Begriff »Schmetterblech« verwendet wissen. Wie weit solche Bestrebungen gehen konnten, zeigen Zeunes Bemühungen, seinen Freund Fouqué frühzeitig zur Eindeutschung seines Namens zu bewegen. Diese Art der Sprachreinigung trieb manch' seltsame Blüten, so beispielsweise in einem Brief Fouqués von 1811, in dem er seinen Nachnamen nachträglich durchgestrichen und durch Volker ersetzt hat, sowie seinen Briefpartner Zeune mit »Erntemond« statt August tituliert. Der Zeitströmung folgend veröffentlichte Zeune eine »Einfache teutsche Sprachlehre«. Gleichzeitig konnte er die zweite Auflage der »Gea« erscheinen lassen; jetzt unter dem Namen »Goea«, einer etwas zweifelhaften germanischen Gottheit, die er ausgesucht hatte und deren Darstellung als Titelkupfer die Ausgabe schmückte.

Daß die Bemühungen um Sprachreinigung nicht überall durchschlagenden Erfolg hatten, beweist die Anprache General Blüchers auf dem geheiligten Boden des Turnplatzes, in der er die versammelten Adepten Jahns – horribile dictu – nicht nur mit »Messieurs« anredete, sondern zum allgemeinen Befremden auch noch von den bevorstehenden »Fatiguen« sprach. Manch anderer stand der »Bewegung« ebenfalls skeptisch gegenüber, nicht zuletzt Goethe, dessen Gedicht »Die Sprachreiniger« sich direkt mit den Bestrebungen der »Gesellschaft zur Reinigung der deutschen Sprache«, die Heinrich Wolke 1815 mit Heinsius, Jahn, Zeune und anderen gegründet hatte, auseinandersetzt: »Deutschland soll rein sich isolieren, einen Pestkordon um die Grenze führen, daß nicht einschleiche fort und fort – Kopf, Körper und Schwanz von fremden Wort«.[49] Aus den Versen spricht seine ironisch abwertende Haltung, wobei der »Sprachapostel« Wolke – Freund Zeunes und Förderer der Blindenanstalt – der 1812 einen »Anleit zur deutschen Gesamtsprache« veröffentlicht hatte, sich des besonderen Spottes des Dichterfürsten erfreute.

Achtes Kapitel

Neues »Lokal« für das Blindeninstitut • Rückkehr der Franzosen •
Widerstandsbewegungen • Zeunes Nibelungenvorlesungen

Trotz einer Fülle patriotischer Verpflichtungen verlor Zeune die immer noch ungelöste Gebäudefrage nicht aus den Augen. Über drei Jahre hatte man das Problem verschleppt. Jetzt drohte das Institut, inzwischen in der Alexanderstaße 10, im Westphalschen Haus ansässig, aus den Nähten zu platzen. Nachdem auch dringende Eingaben Zeunes nichts gefruchtet hatten, entschloß er sich am 19. Dezember 1811 zu einem Immediatgesuch an den König. Wie in der Vergangenheit reagierte Friedrich Wilhelm auch diesmal sofort und betraute einen Beamten des Innenministeriums, den Reformer Johann August Sack, mit der Lösung des Problems. Der König überging dabei von Schuckmann in der Kultusabteilung, der die Angelegenheit bisher mehr dilatorisch behandelt hatte. Es fand sich bald schon ein geeignetes Quartier für Zeunes Anstalt.

Am 15. Februar 1812 bestimmte eine königliche Ordre das ehemalige Winningsche Lazarett zum künftigen Sitz des Blindeninstituts. Es lag »Auf dem Georgenkirchhof Nr. 19« nicht weit von der Kottwitzschen Anstalt und dem Friedrichswaisenhaus entfernt, deren blinde Insassen als Tagesgäste des Institutes mitbetreut wurden. Für den Umbau wurden 2.500 Reichsthaler bewilligt, von denen nur 2.000 verbraucht wurden. Im Sommer bezog man das repräsentative zweistöckige Gebäude, das über zwei Jahrzehnte Zeunes kleine und große Familie beheimaten sollte.

Achtes Kapitel

Die politische Entwicklung zu Beginn des Jahres 1812 ließ nichts Gutes erwarten. Napoleon bereitete seinen Rußlandfeldzug vor und zwang Preußen, ein Hilfskorps von 20.000 Mann zu stellen. Gleichzeitig sollte das Land als Aufmarschgebiet für die Grande Armée dienen. Den im Februar 1812 geschlossenen Vertrag empfanden viele Berliner als weitere schmerzliche Demütigung ihres Landes. Empört quittierten Clausewitz und Gneisenau, die führenden Träger der Heeresreform, ihren Dienst. Als einziger der höheren preußischen Beamten demissionierte der Berliner Polizeipräsident Justus von Gruner. Er ging nach Prag ins Exil, um von dort aus mit dem alten Napoleongegner, dem Freiherrn vom Stein, eine antifranzösische Widerstandsbewegung aufzubauen. Als Begleiter hatten sich ihm Friedrich Lange und Otto Preuß, zwei besonders aktive Mitglieder des »Teutschen Bundes«, angeschlossen. Diese beiden wurden bald von den Österreichern »zu ihrer eigenen Sicherheit« arretiert, da die Aktivitäten der Prager Gruppe Repressalien von französischer Seite befürchten ließen.[50] Später übergab man sie den preußischen Behörden.

Als im März erneut französische Truppen in die Stadt einrückten, zeigten viele Berliner offen ihre feindliche Haltung. Es kam zu so heftigen Auseinandersetzungen, daß die Polizei eingreifen mußte. Bei der Geburtstagsparade des Empereurs flogen Steine. Hinter mancher Aktion stand der »Teutsche Bund«, der sich inzwischen zu einer geheimen Widerstandsgruppe entwickelt hatte und Angriffe auf französische Militäreinrichtungen plante. Enge Verbindungen bestanden mit einer weiteren antifranzösischen Gruppierung, dem Charlottenburger Bund, zu dem Gneisenau, Scharnhorst, Schleiermacher und den Berliner Buchhändler Reimer gehörten, dessen Haus nicht nur einem Waffenarsenal glich, sondern auch als Treffpunkt der Widerständler diente. Zu den Pragern um Gruner und den Freiherrn vom Stein hielt man ebenfalls engen Kontakt. Auch Zeune, Gründungsmitglied des »Teutschen Bundes«, wurde aktiv. So wird sein Abstecher nach Prag 1812 neben dem Besuch der dortigen Blindenanstalt wie die Reise seines Freundes Karl Müller auch einen konspirativen Hintergrund gehabt haben. In Berlin ersann Zeune einige bizarre antifranzösische Aktionen. So heckte man unter anderem den Plan aus, die Kanonen des Feindes mit Brettern zu vernageln, ein Unterfangen, für das im Blindeninstitut eifrig Nägel gesammelt wurden.

Napoleons Stern begann zu verblassen. Im Herbst verdichteten sich die Gerüchte über ein Scheitern des Feldzuges; im Dezember munkelte man, der Kaiser habe den russischen Kriegsschauplatz fluchtartig in Richtung Paris verlassen. Wenig später zogen die traurigen Reste der von den Russen weitgehend vernichteten Grande Armée in desolatem

Zustand in Berlin ein, von der Bevölkerung teils verspottet, teils bemitleidet. Der Umschwung lag in der Luft. Das Gedicht des Primaners Friedrich August »Mit Roß und Mann und Wagen hat sie der Herr geschlagen!« machte schnell die Runde.

Ende des Jahres schlug Zeunes große patriotische Stunde. Er begann mit seiner Vortragsreihe über das Nibelungenlied, einem Thema, für das von der Hagen bisher nur wenige Zuhörer hatte begeistern können. Am 5. November, kurz nach Beginn des Wintersemesters 1812/13, kündigte Zeune sein Vorhaben in der »Spenerschen Zeitung« unter dem biblischen Motto: »Die Stimme des Propheten in der Wüste« an. Er berief sich auf zwei Vorläufer, auf A.W. Schlegel, der die Nibelungen schon 1803 in seinen Vorlesungen behandelt hatte, und auf den inzwischen verstorbenen Johannes von Müller, der den Begriff der »Ilias des Nordens« für das im 18. Jahrhundert in der Schweiz wiederentdeckte Epos geprägt hatte.

Zeunes Vorlesungen wurden ein sensationeller Erfolg. Das Geheimnis lag in der ebenso neuen wie ungewöhnlichen Verknüpfung des Sagenstoffes mit der aktuellen politischen Situation, ein Konzept mit dem er den Nerv der Zeit genau traf. Zeune ermunterte zur Lektüre des alten Liedes und feuerte seine Zuhörer an, beherzt den Taten der Vorzeit nachzueifern; daneben forderte er, eine Idee Schlegels aufgreifend, das Lied im Schulunterricht durchzunehmen, um ganz im Sinne Fichtes einen »Beitrag zur deutschen Nationalerziehung« zu leisten. Zeunes Vorlesungen entwickelten sich zu einem Publikumsmagneten, der hunderte von Zuhörern anzog, unter ihnen die Jahnsche Turnerschar, Staatsrat Nicolovius, Mitanreger der Nibelungenvorlesungen, und der aus österreichischer Haft zurückgekehrte Friedrich Lange.

Mit den »Nibelungen«, die schnell zum Stadtgespräch wurden, erreichte die akademische und »vaterländische« Laufbahn Zeunes ihren Höhepunkt. Achim von Arnim schrieb bewundernd-ironisch im November 1812 an Jacob und Wilhelm Grimm: »Sonderbar ists, nachdem ich Euch in meinem vorigen Briefe die Frage aufwarf, ob die Nibelungen uns jetzt werden könnten, was den Griechen der Homer gewesen, fängt hier der Luftschiffer und Sprachreiniger Zeune ein Kollegium über die Nibelungen an, das nicht nur das größte Universitätsauditorium, sondern auch die Vorsäle füllt (...). Es zeigt sich, daß Hagen bei aller Kenntnis nicht vier Zuhörer bekam und dieser ohne gelehrten Vorkram zur Sache schreitet und rasch fortübersetzt, einer Menge den Genuß und die Einsicht dieses Gedichts verschafft.«

Von seinem großen Erfolg berichtet Zeune am 6. Dezember, drei Tage nach der Geburt seines Sohnes Rudolf, an von der Hagen in Breslau, hebt aber im Gegensatz zu Arnim die Systematik seiner Lesung hervor,

die er nach Alter, Verfasser (Zeune versteifte sich hier auf einen ominösen »Meister Klingsor vom Ungarland«), Ort des Ursprungs, ferner nach Inhalt, Handschriften und Bearbeitungen gegliedert habe. Mit einem Anflug von Eitelkeit schreibt er weiter: »Ich spreche nicht ohne Wirkung. So ist unter andern jetzt in allen Gesellschaften, bei Thees usw. wie ich so höre, ein Gelüsten nach diesem alten Lied erwacht.«[51] Eine andere Stelle beweist, daß Zeunes Franzosenhaß noch gewachsen war, denn er schreibt, daß seine Vorträge »wie geschleuderte Feuerbrände (...) wenigstens nicht ins eigene Vaterhaus geworfen, sondern gleich den Congreveschen Brandern nur auf feindliches Eigentum (d.h. gegen Frankreich, Anm. d. Verf.) gerichtet gewesen seien«.[52] In welche Richtung die politische (Um-) Deutung und Aktualisierung des alten Epos zielte, legt ein später Kommentar Simrocks zum Nibelungenlied aus der Zeit des deutsch-französischen Kriegs von 1870 offen: »Das ist Feld- und Zeltpoesie, damit kann man Armeen aus dem Boden stampfen, wenn es den Verwüstern des Reiches, den gallischen Mordbrennern, der römischen Anmaßung zu wehren gilt.«[53] In diesem Sinne ist auch Zeunes spätere »Feld- und Zeltausgabe« des Nibelungenepos zu werten, das mancher Krieger 1815 auf dem Marsch nach Waterloo in seinem Tornister mit sich führte.[54]
In früheren Zeiten hatte man den Wert altdeutscher Dichtung durchaus kritischer eingeschätzt. So urteilte Friedrich der Große, dem der erste Herausgeber des Liedes, der Schweizer Myller, einen Erstdruck mittelhochdeutscher Epen gewidmet hatte, daß »Diese Dinge nicht einen Schuß Pulvers wert seien«. Goethe vertrat nach der Lektüre von Fouqués »Sängerkrieg auf der Wartburg« gegenüber Eckermann die Meinung, daß »in der altdeutschen düsteren Zeit wenig für uns zu holen ist«; gleichzeitig sprach er von den »Dunkelheiten einer barbarischen Vorzeit.« Myllers auch an Goethe gesandtes Widmungsexemplar der Epen fand sich nach dessen Tod noch unaufgeschnitten. Dagegen schrieb Friedrich von der Hagen im Vorwort zu seiner Nibelungenausgabe von 1807: »Aber möchte einem deutschen Gemüthe wohl nichts mehr zum Trost und zur wahrhaften Erbauung vorgestellt werden können, als der unsterbliche alte Heldengesang, der hier aus langer Vergeßenheit lebendig und vergnügt wieder hervorgeht.« A.W. Schlegel äußerte sich gegenüber Fouqué ganz im Sinne einer romantischen Todessehnsucht: »Was im Homer, in den Nibelungen, im Dante, im Shakspeare(!) die Gemüter wie unwiderstehlich hinreißt, als jener Orakelspruch des Herzens, jene tiefen Ahnungen, worin das dunkle Räthsel unseres Daseins sich aufzulösen scheint.«[55]
Zeune blieb sein Leben lang dem Nibelungenlied treu. Er nahm in den kommenden Jahren jede Gelegenheit wahr, Vorträge über den geliebten

Stoff zu halten.[56] Wichtig scheint auch seine Idee, den Stoff als Drama auf die Bühne zu bringen, denn die Reihe der Künstler die sich später daran versucht haben, ist beachtlich: Uhland, Raupach, Hebbel, Geibel und Richard Wagner.[57]

Neuntes Kapitel

Aufbruch • Freiheitskriege • »Gelehrtenkohorte« • Kriegsfolgen

Mit einem Paukenschlag endete das Jahr 1812. General York schloß, ohne die Zustimmung des Königs eingeholt zu haben, am 30. Dezember 1812 mit den Russen die Konvention von Tauroggen, ein gewagter Schritt mit weitreichenden politischen und militärischen Folgen. Die mit Rußland vereinbarte Neutralität deutete bereits auf eine künftige Waffenbrüderschaft. Obwohl von höchster Stelle verurteilt, wurde das Abkommen allgemein als lang ersehnter Wendepunkt begrüßt. Ende Januar verließen König, Hof und Regierung Berlin in Richtung Breslau. Gleichzeitig wurde Scharnhorst in die Rüstungskomission berufen. Mit dieser Entscheidung begann die Aufrüstung Preußens. Begriffe wie Volksbewaffnung, Volksheer, Landwehr, Landsturm waren bald in aller Munde. Der Aufruf, freiwillige Jägerabteilungen zu bilden, fand breite Zustimmung. Zwar hatte sich Friedrich Wilhelm in bekanntem Telegrammstil skeptisch geäußert: »Freiwillige aufrufen, ganz gute Idee; aber keiner kommen.« Doch diese Einschätzung der Untertanen, vor allem seiner Berliner sollte sich als irrig erweisen. In Scharen folgten Studenten, Gymnasiasten, Handwerksgesellen dem Ruf. Innerhalb von drei Tagen meldeten sich 9.000 Freiwillige, davon in Berlin allein 6.000. Ganze Gymnasialklassen verpflichteten sich geschlossen.
Zahlreiche Bürger erboten sich in Zeitungsannoncen, einen armen Freiwilligen auf ihre Kosten auszurüsten, unter ihnen Zeune, der in der »Spenerschen« folgendes Inserat erscheinen ließ: »Sollte ein junger Mann, der sich zu den von Seiner Majestät angeordneten Freischützen stellen wolle, nicht bemittelt genug sein, um sich Waffen anzuschaffen, der melde sich bei mir: Zeune in der Blindenanstalt auf dem Georgenkirchhof.« Vermutlich wollte Zeune mit dem Inserat auch auf die Arbeit seines Instituts aufmerksam machen und nicht nur seinen Patriotismus, der sich auch in flammenden Ansprachen an die im Hof der Blindenanstalt versammelten Freiheitskämpfer niederschlug, unter Beweis stellen.

Als Ende Februar ein kleiner Trupp Kosaken in das von 10.000 Franzosen besetzte Berlin eindrang, kannte die Begeisterung der Berliner keine Grenzen. Mit Müh und Not konnte die Bürgergarde Straßenkämpfe zwischen der Bevölkerung und den französischen Truppen verhindern. Später stellte sich heraus, daß der größte Teil der »Kosaken« Preußen in russischen Diensten waren, einschließlich ihres Anführers, des späteren Generals von Pfuel.
Wochen des Zögerns verstrichen, bis sich der König endgültig zum Bruch mit Napoleon entschloß. Mit dem Aufruf vom 17. März 1813 »An mein Volk« waren die Fronten dann endgültig geklärt. Dieses Datum markiert den Beginn der Freiheitskriege. Anfang März hatten die Franzosen Berlin bereits verlassen, dabei die Vorstädte verwüstet und große Teile Spandaus in Schutt und Asche gelegt. Die nachrückenden russischen Truppen wurden von den Berlinern zumindest anfänglich begeistert begrüßt, während der Empfang für den preußischen König Ende März eher lau ausfiel.
Um für die kommenden militärischen Auseinandersetzungen gerüstet zu sein, wurden Sammlungen veranstaltet. Obwohl die Besatzer die Bevölkerung stark ausgeplündert hatten, spendeten die Berliner reichlich. Durch Kollekten, freiwillige Abgaben und nicht zuletzt die Aktion »Gold gab ich für Eisen« kam die beachtliche Summe von 1,6 Millionen Talern zusammen. Gleichzeitig wurden nach den Richtlinien der Scharnhorstschen Reform weitere militärische Kräfte rekrutiert. Anfang Mai trat die Verordnung über den Landsturm in Kraft. Die erste Einheiten formierten sich bereits am 12. Mai, wobei die Berliner ihren Witz vor allem an den zum Dienst einberufenen Akademikern, der »Gelehrtenkohorte«, ausließen.
Besonderen Spott ernteten die in der Wilhelmstraße versammelten »Fallstaffschen Rekruten« (nach Shakespeares »Heinrich IV.«), voran Zeune, der als zarter, zugleich sehschwacher Zeitgenosse »Schatte« tituliert wurde. Niebuhr, Professor für Geschichte, erhielt den Spitznamen »Schwächlich«, der kleine etwas verwachsene Schleiermacher den Ehrentitel »Warze«, während Buchhändler Reimer wegen seiner außerordentlichen Leibesfülle vom Volksmund als »Bullenkalb« bezeichnet wurde. Über diese »Truppe« berichtet der Schriftsteller Willibald Alexis in seinen Erinnerungen, daß einer der Gelehrten sich nach Homers Beschreibung einen Schild von dreifacher Rindshaut mit Buckeln und spitzem Nabel habe anfertigen lassen. Alexis schreibt dazu: »Zeune, den ich eben darum befrage, weist diesen Ruhm von sich und auf den seligen Fichte zurück. Er, als bei der Landsturm-Cavallerie, hatte sich nach Homer, nur einen eschenen Speer vom Tischler hobeln lassen«. Dichtung und Wahrheit dürften hier lebhaft ineinander über-

gehen. Auch Bettina von Arnim berichtet über den akademischen Landsturm: »stelle dir (...) vor der Philosoph Fichte mit einem eisernen Schild und langen Dolch, der Philolog Wolf (...) hatte einen Tyroler Gürtel mit Pistolen, Messern aller Art und Streitäxten angefüllt, (...) Pistor (...) trug einen Panzer von Elendsthierhaut mit vielen englischen resorts, einen Spieß und zwei Pistolen, dieser war auch Hauptmann und exerzierte seine compagnie alle Tage vor meinem Haußë.«
Aber ganz so harmlos, wie der Berliner Witz die Dinge darstellt, scheint es nicht gewesen zu sein. Während die meisten der gelehrten Rekruten nicht zum Einsatz kamen, wenn sie auch bei der Schlacht von Großbeeren kampfesmutig auf dem später so benannten Kreuzberg versammelt waren, hat Zeune 1813 – so wir seinen Aufzeichnungen Glauben schenken wollen, neben mehreren militärisch oder konspirativ motivierten Fahrten eine – wenn auch erfolglose – Militäraktion geleitet. Zeune schreibt hierzu: »Fahrt mit Jahn nach Dresden, Ritt mit Hollebeg(?) nach Leipzig, Fahrt mit Borgius (?) nach Dessau und heim, Landsturmhauptmannschaft über 500 Mann. Vergeblicher Versuch Wittenberg zu überrumpeln bei der Fahrt mit Stargart nach Blüchers Hauptlager zu Hofmeier(?), Übergang über die Saale.«[58] Dieser Kurzbericht zeigt weniger einen zerstreuten Professor, als einen wachen Kriegsteilnehmer, der, wie sein Besuch beim Blücherschen Heer wenige Tage vor der »Völkerschlacht« beweist, fast noch zum Schlachtenbummler geworden wäre.
Insgesamt kam der Landsturm jedoch wenig zum Einsatz. Er wurde zwar nach der Niederlage bei Großgörschen Anfang Mai zur Verteidigung Berlins bestimmt, doch beschränkte sich seine Hauptaufgabe auf Schanzarbeiten. Nach den ersten militärischen Auseinandersetzungen erwies sich die Versorgung der Verwundeten als äußerst problematisch. Es mußten in aller Eile Notlazarette eingerichtet werden. Auch Flemming, der sich bereits Anfang Mai freiwillig zum Lazarettdienst gemeldet hatte, betreute – neben Poliklinik und Praxis – 50 Verwundete. Bei dem aufreibenden Dienst infizierte er sich mit Typhus und starb nach wenigen Tagen. Das gleiche Schicksal sollte im selben Jahr seine Kollegen Grapengießer und Reil ereilen. Der Tod des Freundes verstörte den labilen Zeune so, daß er zeitweilig völlig verwirrt war.[59] Mit Flemming verlor Berlin einen Mann, der als Armenaugenarzt, Leiter der Augenpoliklinik und Dozent der Ophthalmologie Hervorragendes geleistet hatte, und der zusätzlich als Komponist und Freund Carl Maria von Webers Musikgeschichte schrieb. Zelter, der Goethe den Tod Flemmings mit den Worten: »Seinen Verlust betrauert ganz Berlin«[60] mitteilt, hat ihm in der Liedertafel ein dauerndes Gedächtnis bewahrt. Schinkel, der zu Flemmings Freundeskreis gehörte, entwarf ein Grab-

monument, für dessen Errichtung sich vor allem Zeune, Nolte und Carl Maria von Weber einsetzten. Unklar bleibt, ob ein solches Grabmal jemals errichtet worden ist. Flemmings Stelle am Blindeninstitut wurde nach mancher Verzögerung von seinem Freund und Studienkollegen Dr. Völker besetzt.

Doch zurück zum Kriegsschauplatz: Nach anfänglichen Verlusten wendete sich das Kriegsglück. Auf Großgörschen folgten zwei Siege Bülows. Danach wurde ein Waffenstillstand vereinbart, der bis August hielt. Die weiteren Schlachten von Großbeeren und Dennewitz entschied Bülow für Preußen. Damit war der französische Vormarsch auf Berlin beendet und die Stadt, die nach dem Willen französischer Militärs dem Erdboden gleichgemacht werden sollte, war gerettet. Bei einem der weiteren Gefechte fiel der freiwillige Lützower Jäger, der von Zeune verehrte Theodor Körner. Zeune verfaßte im gleichen Jahr eine Erinnerungsschrift an drei im Freiheitskrieg gefallene Freunde, Körner, von Blomberg und Kühnau mit dem Titel »Das Kleeblatt dreier gefallener Krieger«. Im darauffolgen Jahr erschien auch eine Liedersammlung Körners »vaterländischer Gesänge« unter dem Titel »Leyer und Schwerdt«, herausgegeben von seinem Vater.

Nach der Schlacht bei Dennewitz kam es zu erheblichen Differenzen mit dem Kronprinzen von Schweden, dem ehemaligen napoleonischen General Bernadotte, der inzwischen die Fronten gewechselt hatte und das Schlachtenglück für sich reklamierte. In seinen Nibelungenvorträgen nahm Zeune zu diesem Streit gegen Bernadotte Stellung, über den er sich ebenso heftig wie abfällig ausließ. Noch zwei Jahre später, im November 1815, erinnerte Schuckmann in einer für den König verfaßten Stellungnahme an diesen Vorfall: »Zeune habe sich in seinen Vorlesungen zum Nibelungenlied zu politischen Ausschweifungen und Beleidigungen des Kronprinzen von Schweden hinreißen lassen. Diplomatischen Verwicklungen sei man gerade noch zuvorgekommen und man habe Zeune die Vorlesungen untersagt.«[61] Auch diese Episode hing Zeune noch manches Jahr an.

Russen, Preußen, Österreicher und Schweden schlugen die Napoleonischen Truppen in den Tagen vom 16.-19. Oktober 1813 endgültig bei Leipzig; fast auf den Tag genau sieben Jahre nach dem Desaster von Jena und Auerstädt. Einige Tage später, am 24. Oktober, bereiteten die Berliner ihrem König einen überschwenglichen Empfang. Der Jubel beim Einzug des Herrschers kannte keine Grenzen. Die Schattenseite: Zurück blieben zehntausende von Verwundeten, die gar nicht oder bestenfalls mangelhaft versorgt werden konnten, viele von ihnen dem sicheren Tod ausgeliefert. Andere erwartete eine traurige Existenz als Kriegsinvaliden. Zeune mußte sich bald mit Opfern des Krieges befassen und für die Betreuung und Ausbildung von ganz oder halbblinden Soldaten Sorge tragen, deren Zahl die preußische Statistik exakt mit 562 Personen angibt. Schon Ende 1813 wurde das erste Kriegsopfer, der erblindete Jäger Doege, in die Blindenanstalt aufgenommen, dem weitere Kameraden folgten, denn die Berliner Kriegsblindenanstalt konnte erst wesentlich später eingerichtet werden.[62] Zeunes Frau übernahm die Ausbildung sehender Invaliden, die sie für den Unterricht der Kriegsblinden schulte.[63]

Überall waren die Folgen des Krieges zu spüren, lasteten die Kriegskosten auf der Bevölkerung. Die Folgen der Sparmaßnahmen des vergangenen Jahres wirkten nach, neue Belastungen kamen hinzu. So belegte man trotz einer Fülle freiwilliger Spenden die Kaufmannschaft im Sommer mit einer Zwangsanleihe, die rigoros sogar mit Haftstrafen eingetrieben wurde. Ende des Jahres wurde eine Kürzung der Beamtengehälter und Pensionen verfügt. Hiervon muß auch Zeune betroffen gewesen sein, dessen Gehalt dann in den kommenden zwei Jahrzehnten unverändert 1.000 Taler jährlich betrug.

Überschwengliche Begeisterung entfachte die Rückkehr der Quadriga, die dem König so am Herzen gelegen hatte, daß er sich unmittelbar nach dem Einzug in Paris persönlich darum gekümmert hatte. Die glorreiche Heimkehr wurde entsprechend in Szene gesetzt: 32 Pferde zogen die sechs Wagen. Mehr als acht Wochen benötigte der Konvoi bis er glücklich in Berlin eintraf. Nach dem Überschreiten des Rheins glich die Fahrt einem Triumphzug. Als der König am 7. August feierlich durch das Brandenburger Tor zog, erstrahlte Schadows restaurierte Quadriga in neuem Glanz. Für den festlichen Einzug hatte Schinkel die Dekorationen entworfen, die – als Zeichen preußischer Sparsamkeit – teilweise aus Gips bestanden sowie die Siegesgöttin auf Wunsch des Königs mit neuen Emblemen, dem eisernen Kreuz samt preußischem Adler, geschmückt.

Zehntes Kapitel

Neues Anstaltsreglement • Zensur • beginnende Restauration • Probleme Zeunes mit der Obrigkeit • Sprachgesellschaft

Inzwischen hatte das Kultusministerium auch die mehrfach geänderten Entwürfe Zeunes für das neue Reglement der Anstalt gebilligt. Im September trat die neue Regelung in Kraft. Aufnahmekriterien und Tages-

ablauf waren jetzt genau festgelegt: Der Kreis aufnahmeberechtigter Schüler beschränkte sich nicht auf blindgeborene oder früh erblindete Kinder, er schloß auch hochgradig Sehschwache mit ein. Als günstigstes Eintrittsalter wurde das neunte bis zwölfte Lebensjahr angesehen, doch ebenso konnten Späterblindete bis zum 17. Lebensjahr, in Ausnahmefällen auch ältere aufgenommen werden. Unabdingbar war neben dem Tauglichkeitsschein der Impfschein, der Nachweis einer Pockenschutzimpfung oder einer abgelaufenen Pockeninfektion. Diese Regelung hatte ihren guten Grund, waren doch 1796 noch 24.000 Menschen in Preußen an den Pocken gestorben. Eingeführt wurde die Impfung 1806 auf Betreiben Hufelands und des in Berlin damals sehr populären Mediziners Heim. Schon Jahre zuvor war das Königshaus mit gutem Beispiel vorangegangen, als das Kronprinzenpaar den Erstgeborenen nach der Jennerschen Methode hatte pockenimpfen lassen. Das ging zwar nicht ohne Komplikationen, aber schließlich noch glimpflich ab. In den neuen Statuten wurden drei Schülergruppen festgelegt. Priviligiert waren die »Königlichen Zöglinge«, denen auf Staatskosten freier Unterricht einschließlich Kost, Logis und Heizung gewährt wurde. Zu diesem Kreis zählten weitgehend Kinder von Beamten, Pfarrern oder Militärpersonen, Angehörigen der staatstragenden Schichten. Eine weitere Gruppe bestand aus den fünfzehn »Königlichen Freischülern«, denen lediglich kostenloser Unterricht zuteil wurde. Zusätzlich konnte Zeune »Privatpensionäre« aufnehmen, deren Familien für alle Kosten selbst aufkommen mußten. Der Aufenthalt in der Blindenanstalt sollte in der Regel fünf Jahre nicht überschreiten. Besonders begabte Schüler konnten zwei weitere Jahre verbleiben. Die Entlassung wurde durch den »Rücknahmeschein« geregelt, der die Angehörigen bzw. die Armeninstitute von vornherein verpflichtete, »ihre« Blinden nach der Schulentlassung wieder aufzunehmen.
Die Hausordnung erlaubt einen Einblick in den Tagesablauf der Zöglinge. Im Mittelpunkt stand die Erziehung zur Selbständigkeit. Nach dem Wecken – im Sommer um sechs, im Winter um sieben Uhr – mußten sie sich eigenhändig waschen und anziehen. Zum Frühstück erhielten sie Semmeln und Milchkaffee. Um acht Uhr begann der Unterricht, vormittags in den Fächern Religion, Musik und Handarbeiten. Dann folgte das Mittagessen mit Suppe, Vorkost, Fleisch, Brot und Hausbier, einem damals noch sehr beliebten und weitverbreiteten Grundnahrungsmittel. Nachmittags sah der Stundenplan viermal wöchentlich Rechnen, Geometrie, Lesen, Schreiben und Sprachlehre vor. Abends bekamen die Zöglinge Butterbrote, dazu kalte Küche. In den Freistunden übten sich die Schüler im Turnen sowie im Laufen an einem im Hof gespannten Seil. An drei Nachmittagen, mittwochs, sonnabends und

sonntags durften sie mit einem Führer die Anstalt verlassen, um Besuche zu machen oder Schwimmen zu gehen. Alles in allem ein Programm, das den Schülern neben dem sonst streng geregelten Tagesablauf auch Freiräume ließ.

Jeden Mittwoch ab 10 Uhr stand die Blindenanstalt allen Besuchern offen. Die sogenannte Fremdenstunde, zu der jedermann freien Zutritt hatte, trug erheblich dazu bei die Blindenerziehung populär zu machen, denn Zeune konnte auf diese Weise nicht nur seine Unterrichtsmethoden, sondern auch die Leistungen seiner Schüler Fachleuten und Laien erfolgreich vorführen. Außer vielen Geistlichen und Lehrern aus deutschen Landen wie aus dem Ausland finden sich im Fremdenbuch etliche Dichter und Schriftsteller, häufig Freunde Zeunes: 1811 Fouqué, 1812 Adalbert von Chamisso und zwei Jahre später Eichendorff; vereinzelt die Namen gekrönter Häupter wie 1813 des Königs Friedrich August von Sachsen samt Gemahlin; im gleichen Jahr Arthur Schopenhauer, stud. philos., dann Jahn, Turnmeister, der Professorin Hegel und Baedecker aus Essen, die beiden jungen Claudius, »Söhne des Wandbecker Boten«, wie Zeunes eigenhändiger Eintrag lautet, schließlich der Appelat. Rath Körner, mit dem Vermerk »Vater des Theodor« sowie 1819 Goethes Sohn, Cammer-Rath aus Weimar[64], und nicht zuletzt am 17. Mai 1830 der Domdechant von Rothenburg, dessen Besuch erhebliche Folgen für das Blindeninstitut haben sollte.

Nachdem Zeune mit den Vorträgen über das Nibelungenlied im Winter 1812/13 den Höhepunkt seines öffentlichen Wirkens erreicht hatte, begann sein Stern zu sinken. Zwei von ihm verfaßte Flugschriften gerieten ins Visier der preußischen Zensur. Beanstandet wurden »Der fremde Götzendienst« und das antifranzösische Opus »Der Reinstrom(!), Deutschlands Weinstrom, nicht Deutschlands Rainstrom«. Der »Fremde Götzendienst« trug den umständlichen Untertitel: »Eine Vorlesung als Einleitung zu dem Vortrage über das Nibelungenlied zu Berlin im Christmond (Dezember, der Verf.) 1813«. Zeune hatte beide Schriften Ende 1813 dem Zensor eingereicht: Im Januar 1814 hielt er in einem Brief fest, daß »diese beiden Schriften nicht durchgegangen seien« und vielleicht in Sachsen gedruckt würden.[65] Zeunes altdeutscher Kommentar im Stile Luthers: »Die Eisenscheißerei ist in der Zensur zu Hause.« Der »Götzendienst« erschien dann anonym »am Rein« mit der überschwenglichen Titelnotiz »Freiheit und alter Sang, Himmelsglut und Heldenklang. Gedruckt am Rein, im zweiten Jahr der deutschen Freiheit«, die Vorrede »Z« unterzeichnet. Ob die ausdrückliche Erwähnung der deutschen Freiheit dem preußischen Zensor besonders ins Auge gestochen hatte, ob noch andere Gründe mitspielten, läßt sich schwer entscheiden; sicher ist, daß das Wort Freiheit

schon bald in Preußen als verpönt galt. So ersetzte man nach 1815 das Wort Freiheitskriege generell durch Befreiungskriege, da »der König das Wort Freiheit nicht liebte«. Eindeutiger konnte sich die kommende Restauration nicht ankündigen; aus freiwilligen Freiheitskämpfern wurden vom König einberufene Kriegsteilnehmer. Im Herbst 1813 löste Zeune – wie bereits erwähnt – mit heftigen Ausfällen gegen Bernadotte auch noch außenpolitische Verwicklungen aus. Die Sache machte soviel Wirbel, daß der schwedische Gesandte in Berlin vorstellig wurde. Daraufhin erhielt erhielt Zeune Vorlesungsverbot. Er selbst urteilt im Mai 1814 über das Geschehen: »Ich habe blos eine Nase bekommen, aber kein Gefängnis, dass ich zu frei in meinem Vortr.(ag) über den Kronprinzen gesprochen.«
Die Bernadotte-Affaire hatte nicht nur eine verschärfte Überwachung Zeunes durch seine Vorgesetzten zur Folge, sie führte auch dazu, daß mancher Zeitgenosse größeren Abstand gegenüber Zeune zu wahren begann. So blieb sein Gesuch, in der Nachfolge des verstorbenen Flemming, in den Kreis der Zelterschen Liedertafel aufgenommen zu werden, unbeantwortet, obwohl Zeune als Dichter und Sänger die in den Statuten übergenau festgeschriebenen Voraussetzungen erfüllte.[66]
Zusätzlich riß der Krieg und seine Folgen erhebliche Lücken in Zeunes Freundeskreis; es starben nicht nur Flemming und Grapengießer, sondern weitere gute Freunde wie sein Mitstreiter im »Teutschen Bund«, Friesen, der als Freicorpskämpfer fiel, und zwei seiner wichtigsten Anreger: Fichte, der am 2. Januar 1814 einer Typhusinfektion erlag, und Johannes von Müller, den bereits 1809 der Tod ereilt hatte.
1815 erzwang der von Elba zurückgekehrte Napoleon noch einmal kriegerische Auseinandersetzungen. Auch in Preußen wurde erneut zu den Waffen gerufen, wieder folgten die Untertanen dem Ruf des Königs und zogen gegen Frankreich. Nach der endgültigen Niederlage des französischen Kaisers veranstaltete man erneut ausgedehnte Siegesfeiern, bei denen auch die Turner auftreten durften. Doch trotz solcher Zugeständnisse, wehte der Wind bereits stark aus reaktionär-konservativer Richtung.
Der große Heeresreformer Gneisenau erkannte bereits 1815 die kommende restaurative Tendenz, indem er seine Stellung folgendermaßen charakterisierte: »Uns andere rechnet man unter die Jakobiner und Revolutionäre.« Auch für Zeune verschärfte sich das Verhältnis zur vorgesetzten Behörde. Aufgrund des nun endgültig abgesegneten Reglements hatte man Nolte schon im September 1814 angewiesen, »den wissenschaftlichen Unterricht in der Blindenanstalt genau zu beobachten, und den Direktor anzuhalten, die Mängel, die in denselben noch gefunden werden, abzustellen«.

Eine weitere Verschlechterung trat im Februar 1815 ein. Auslöser war Zeunes Gesuch, ihm ein Gehalt für seine Geographieprofessur zu gewähren.[67] Er begründete seine Bitte mit früher gemachten Zusagen und führte aus, daß es ihm aufgrund seiner wissenschaftlichen Verpflichtungen an Zeit für seine Aufgaben im Blindeninstitut mangele. Obwohl die Eingabe von seinem Vorgesetzten, Staatsrat Uhden, freundlich, aber bestimmt abgelehnt wurde, insistierte der Antragsteller und richtete, nachdem er etliche Monate hatte verstreichen lassen, ein Immediatgesuch an den König, ein Schritt, der in früheren Zeiten stets zum Erfolg geführt hatte. Der Zeitpunkt schien günstig gewählt, stand doch ein gemeinsamer Besuch Friedrich Wilhelms und des Zaren Alexander im Blindeninstitut bevor. In Ergänzung seines früheren Gesuchs verwies Zeune auf seinen erdkundlichen Unterricht in der Kriegsschule und auf seine Mitwirkung bei den Prüfungen für Portepéefähnriche. Doch diesmal erfüllten sich seine Erwartungen nicht. Während die Ablehnung des ersten Gesuches noch mit freundlicher Würdigung seiner Tätigkeit verbrämt war, zog Schuckmann, vom König mit einer Stellungnahme betraut, alle Register[68]: Es begann mit dem Hinweis auf eine »tadelhafte Neigung, sich mit anderen Dingen statt mit der Blindenanstalt zu beschäftigen«, verbunden mit dem Vorwurf, die Anstalt zu vernachlässigen, Reisen ohne Erlaubnis und ohne Stellung eines Vertreters zu unternehmen, gefolgt von Ausführungen über die leidige »Bernadotte-Affaire« und gekrönt von abfälligen Bemerkungen über den Wert der Nibelungenvorlesungen. Obwohl der springende Punkt, die frühere Zusage eines Honorars für Zeunes Geographieprofessur, geschickt umgangen wurde, schloß sich der König der ablehnenden Haltung Schuckmanns an. Eine weitere Stellungnahme Zeunes blieb unbeantwortet; auch kam der Besuch des Königs zusammen mit dem Zaren, für den Zeune bereits das Programm hatte drucken lassen, nicht zustande.[69] Als Stellvertreter erschienen am 25. November 1815 der Kronprinz, der spätere König Friedrich Wilhelm IV. und sein Bruder Wilhelm, nachmals Kaiser Wilhelm I., die sich eigenhändig ins Gästebuch der Blindenanstalt eintrugen.

Trotz des Fehlschlags in der »Honorarfrage« gab es auch Lichtblicke. Als Geograph publizierte Zeune seine »Erdansichten«, als Sprachwissenschaftler konnte er mit dem begeisterten Sprachreiniger Hofrat Wolke und dem Philosophen Karl Krause die »Gesellschaft für deutsche Sprache und Alterthumskunde« mitbegründen.[70] Auch Arndt, Heinsius und Jahn traten als weitere Mitglieder bei. Die Gesellschaft hatte sich neben der Reinigung der deutschen Sprache deren wissenschaftliche Erforschung zum Ziel gesetzt. Zeune blieb über viele Jahrzehnte aktives Mitglied, bekleidete wichtige Ämter und ließ Aufsätze in

ihren Jahrbüchern erscheinen. Die Beurteilung der Sprachvereinigung schwankt; Jacob Grimm und vor allem Karl Lachmann äußerten sich eher abfällig. Letzterer besuchte die Sprachgesellschaft 1816 und erstatte vier Jahre später Grimm folgenden Bericht: »Jahn führte mich in die Gesellschaft für Deutsche Sprache. Zeune sollte lesen, und vermutlich erwartete man viel: wenigstens fand ich dort Fouqué, Brentano und andere. Man ging damahls (sic!) wie es schien, auf historische Grammatik aus. Zeune lehrte ein teil Gothische Declination.« Manche ihrer Intentionen, besonders auf dem Gebiet der »Sprachreinigung« und Wortneubildung, provozierten kritisch-ironische Urteile. So heißt es in einem Spottgedicht Heines auf Zeunes »Sprachkollegen« Maßmann: »Nur Altdeutsch verstand er der Patriot, nur Jakob-Grimmisch und Zeunisch« [71], wobei sich Zeune der Gesellschaft des großen Germanisten nicht zu schämen brauchte. Auch der Dichter Graf Platen, der ebenfalls von Heines schonungslosem Spott nicht verschont geblieben war, mokierte sich über die »Zigeunerzeunedeutschberlinerei«.
Folgt man Zeunes Ausführungen zum Thema Sprachreinigung, so mußte er bei allem Überschwang für manche radikale Tendenz als Sündenbock dienen, denn in einem Brief vom Januar 1814 äußert er sich zu vielen Problemen durchaus moderat.[72] Er stellt drei Grundsätze zum Problem der Verdeutschung auf: »1. dass man nicht alles mit einem male, sondern nach und nach verdeutschen muß 2. nicht sowohl neue Wörter bilden, sondern vielmehr gute altdeutsche hervorsuchen muß, 3. dass solche fremde Wörter, welche als Eigennamen beobachtet werden können, bleiben müssen.« Gerade diese Bemerkung steht in deutlichem Widerspruch zu den Behauptungen von Gubitz [73], denn Zeune wollte gerade »Verdeutschungen« wie »Pfalwerder« für Stockholm oder »Schlammstadt« für Paris vermeiden. Seine grundsätzlichen Überlegungen jedoch entsprachen dem Zeitgeist, denn Sprachreinigung entwickelte sich zu einer Modeerscheinung. So wurde die Diskussion, ob »Mamsell« durch »Fräulein« oder »Madame« durch »Ehrenfrau« zu ersetzen sei, über viele Jahre mit großer Heftigkeit geführt und nicht nur Minister, auch der König selbst nahmen dazu Stellung.
In den bereits erwähnten »Erdansichten oder Abriß einer Geschichte der Erdkunde vorzüglich der neuesten Fortschritte in dieser Wissenschaft« griff Zeune das Thema seiner Dissertation von 1802 wieder auf. Doch fehlen dem Werk originelle Gedanken, da der Autor sich vorwiegend auf die Zusammenstellung diverser Quellen beschränkte. Trotzdem blieben Zeunes »Erdansichten« über viele Jahre die beste deutsche Geographiegeschichte, bis sie durch Ritters Arbeiten verdrängt wurden. Ebenso ungewöhnlich wie originell ist der Versuch, jede Periode durch eine zeitgeschichtlich passende Karte zu illustrieren;

dem Abschnitt über Homer und Herodot ist beispielsweise eine »Homerische Erdansicht« beigefügt. Gleichzeitig nutzte Zeune seine Veröffentlichung um für seine Reliefgloben zu werben. Die »Reklame« umfaßt allein 25 Seiten der kleinen Schrift. Bei der zweiten Auflage, die fünf Jahre später erschien, konnten Interessenten die »Tasterdkugel« gleich mitbestellen.

Elftes Kapitel

Blücher • Versorgung der Kriegsopfer • Waterloo-Fonds

Die Ergebnisse des Wiener Kongresses wurden in Kreisen des preußischen Militärs heftig kritisiert. Besonders drastisch äußerte sich der als Kriegsheld gefeierte Marschall Blücher, dessen Ausspruch: »Die Federfuchser haben verdorben, was das Schwert erworben«, schnell populär wurde. Vor allem nach dem endgültigen Sieg über Napoleon bei Waterloo hatte man eine weitgehende Revision der Wiener Beschlüsse erwartet. Doch sollte die Idee einer völligen Annektion Sachsens, das bereits größere Landesteile an Preußen verloren hatte, oder gar umfangreicher Gebietsabtretungen Frankreichs ein Wunschtraum bleiben. Gerade den letzten Schritt wußten die in Wien tagenden Diplomaten klug zu vermeiden. Hierfür dürften zwei Gründe ausschlaggebend gewesen sein. Einerseits scheute man jeden Schritt, der die Wiederinthronisation der Bourbonen belastet oder gar gefährdet hätte, andererseits zielte die Politik Großbritanniens darauf, Preußens Machtzuwachs im Rahmen des neuen europäischen Gleichgewichts zu begrenzen.
Der greise Feldmarschall, von der politischen Entwicklung enttäuscht, kümmerte sich – für einen hohen Militär ungewöhnlich – ernsthaft und intensiv um die Versorgung der Kriegsopfer, vorwiegend ehemaliger Freiwilliger. Im Rahmen einer überregionalen Hilfsaktion wurden in Preußen und in England Unterstützungsgelder gesammelt. Die Spenden verwandte man teils zur Umschulung der Invaliden teils zu direkter Hilfe in Form eines Gnadengehalts. Hierbei galt Blüchers besondere Sorge den Kriegsblinden[74], vielleicht weil er selbst während der Freiheitskriege an einer zeitweiligen Erblindung gelitten hatte.
Blücher, der seinen König zu den alliierten Siegesfeiern nach London begleitet hatte, da man in London ein Gegengewicht zum nicht besonders beliebten Zaren Alexander setzen wollte, genoß bei der britischen Bevölkerung ein gewaltiges Ansehen, vergleichbar der Glorifizierung

Friedrichs des Großen 50 Jahre zuvor. Friedrich Wilhelm III. und sein Marschall »Vorwärts« wurden begeistert empfangen. Der König sonnte sich im Glanz der neuen Popularität, die sich nach zeitgenössischen Berichten auf alles erstreckte »was Preußen ist und heißt«. Blücher berichtet, »den König niemals so heiter wie in England gesehen zu haben«.
Die gemeinsam mit dem Philantrophen Wilberforce veranstalteten Sammlungen erbrachten die gewaltige Summe von 200.000 Pfund; allein die Hälfte hatte das englische Parlament beigesteuert. Der Betrag floß in den Waterloo-Fond, dessen Mittel Blücher in den Folgejahren persönlich verwaltete und zum großen Teil den blinden Kriegern zu Gute kommen ließ. Wichtigstes Anliegen waren die Kriegsblindenanstalten, die schließlich in Marienwerder (1816), Berlin (1817) und Königsberg (1818) gegründet werden konnten. Die Berliner Einrichtung wurde im Invalidenhaus untergebracht. Die Organisation hatte man Zeune übertragen. Auguste Zeune erteilte den handwerklichen Unterricht, wobei die Invaliden im »Schnüre klöppeln, Netz- und Strumpfstricken, Stuhl- und Tuchschuhflechten, Flachsspinnen, Bindfadenmachen und Gurtschlagen« ausgebildet wurden. Gleichzeitig schulte man sehende Invaliden zu Werklehrern der Blinden um. Wie Zeune berichtet, waren bis April 1818 bereits 47 Kriegsblinde ausgebildet.
Auch in Marienwerder wurde der Unterricht nach Berliner Vorbild gestaltet. Ein bei Zeune ausgebildeter Lehrer übernahm den Unterricht an der dortigen Freien Werkschule, um blinde Waisenkinder und verstümmelte Krieger gemeinsam zu unterrichten.[75] Ebenso forderte die Anstalt in Münster/Westfalen auf Veranlassung des Freiherrn von Vincke, eines großen Anhängers Zeunes, einen Werklehrer in Berlin an. Amtliche Anerkennung und Bestätigung zollte man Zeune in den »Grundzügen« des Kriegsministers Boyen von 1816 mit folgender Anweisung: »Wegen der, zu diesem Unterricht erforderlichen Blinden-Lehrer, haben sich die Regierungen an den Vorsteher der Blindenanstalt zu Berlin, Professor Zeune zu wenden, der ihnen dazu qualifizierte Subjecte überweisen wird.«
   Das Kriegsministerium wußte Zeunes Leistungen zu schätzen, doch trübten sich im Herbst 1816 erneut die Beziehungen zum Kultusministerium. Wegen des schlechten Gesundheitszustandes seiner Frau hatte man Zeune einen vierwöchigen Urlaub gewährt. Die Reise in Begleitung der Kinder ging in Augustes Heimat nach Zeitz. Hier trennte sich das Familienoberhaupt von seinen Angehörigen und setzte die Weiterfahrt an den Rhein allein fort. Unbedachterweise »verlängerte« er auch diesmal den Urlaub um fast drei Wochen. Der amtliche Rüffel folgte auf

dem Fuße. Gegen die Vorwürfe, bei denen unter anderem von »einem leichtsinnigen Hang zum Umherziehen« die Rede war, verteidigte sich Zeune ebenso naiv wie ungeschickt mit der Begründung, »er habe in Mannheim und Frankfurt Vorlesungen über das Nibelungenlied gehalten«. Daß er schließlich mit einer mehr symbolischen Strafe von zehn Talern davonkam, hatte er nur der wohlwollenden Stellungnahme des Oberkonsistorialrates Nolte zu verdanken, der vor allem auf Auguste Zeunes schlechten Gesundheitszustand hinwies und die verzögerte Rückkehr mit gesundheitlichen Problemen und Schwierigkeiten beim Gebrauch verschiedener Bäder und Brunnen begründete. Mit diesen gut gewählten Argumenten setzte er sich schließlich gegen Schuckmann durch, der nicht nur Zeunes Gehalt hatte streichen wollen, sondern auch dessen Entlassung erwogen hatte.

Kritik an Zeunes Unterricht und der Führung der Blindenanstalt wurde auch von anderer Seite immer wieder laut. So stellte der Mediziner Dr. Ferdinand Muck 1817 in einem an Klein in Wien gerichteten Schreiben fest, daß abgesehen vom Unterricht in Geographie und Trigonometrie, sowie vereinzelter musikalischer Leistungen der Schüler im Gegensatz zu Prag und Dresden »das Übrige kaum die Mittelmäßigkeit übersteigt.« Zwölf Jahre danach, 1829, erschien der mysteriöse Bericht eines »reisenden Schulmannes«, dessen anonymer Verfasser unter anderem die Lebensferne des Unterrichts, die mangelnde handwerkliche Ausbildung sowie neben einer zu hohen Besoldung Zeunes und seiner Mitarbeiter Nachlässigkeiten in Kleidung und Benehmen der Zöglinge bemängelte.

Zwölftes Kapitel

Wartburgfest • Reformationsjubiläum • Karlsbader Beschlüsse • Demagogenverfolgung • Untersuchungen gegen Jahn • Assassinenstreit

In diese Tage des politischen Umschwungs fiel das 300. Reformationsjubiläum. Die Feiern von Hof und Kirche unterschieden sich gewaltig von denen liberaler akademischer Kreise. Jenenser Studenten, unter ihnen viele Burschenschaftler und progressive Professoren, insgesamt etwa 500 Mann, zogen am 18. Oktober 1817 auf die Wartburg, um in einer den revolutionären französischen Volksfesten nachempfundenen Feier nicht nur Luthers Thesenanschlag vom 31. Oktober 1517, sondern auch des vier Jahre zurückliegenden Sieges in der »Leipziger Völkerschlacht« zu gedenken. Demokratisch gesinnte »Schwarz-Rot-Goldene« veranstalteten unter Leitung Maßmanns eine fatale und bereits damals heftig umstrittene Verbrennung reaktionärer Schriften, zusammengestellt nach einer Liste Turnvater Jahns, mit bösen Folgen für die Beteiligten, die sich zwei Jahre später heftigen Verfolgungen ausgesetzt sahen. Auf der Berliner Hasenheide begingen die Turner zur gleichen Zeit ihr bereits traditionelles Fest mit Oktoberfeuern, das diesmal durch wilde Reden Jahns aus dem gewohnten Rahmen fiel. Die mißtrauische Obrigkeit witterte staats- und jugendgefährdende Tendenzen. Vorerst wurden Jahn und seine Turnerschar nur verschärft überwacht, doch sollte sich das Blatt bald wenden.

Zeune zog es in diesen Tagen in das preußisch gewordene Wittenberg. Hier fand auf dem Marktplatz in Gegenwart Friedrich Wilhelms III. die feierliche Grundsteinlegung für das Lutherdenkmal statt, mit dessen Ausführung der König Schinkel und Schadow betrauen sollte. Dem Aufstellungsort gegenüber »Am Markt 4« lag ein geschichtsträchtiges Haus, das drei Jahrhunderte zuvor Lucas Cranach der Ältere erworben und in dem er dann neben seiner Malerwerkstatt eine lukrative Apotheke betrieben hatte. Im gleichen Gebäude war Zeune am 12. Mai 1778 zur Welt gekommen; hier hatte er die ersten Jahre seines Lebens verbracht. Möglicherweise geht sein späterer Hang zum Altdeutschen auch auf frühe Kindsheitserinnerungen zurück. Bei den Wittenberger Feierlichkeiten ergriff der König die Gelegenheit, die Vereinigung des lutherischen und des reformierten Flügels der Protestanten Preußens einzuleiten. In den kommenden Jahren sollte sich mancher Widerstand bei den »Zwangsunierten« regen. Trotzdem – oder gerade deswegen – verfolgte Friedrich Wilhelm, von einem Nachkommen als der »Theologe unter den Königen« bezeichnet, beharrlich sein Ziel nach dem Motto: »Die sollen mich nicht erst Luthern kennenlernen«. Für die Einheit der Kirchen hatte sich auch Zeune bereits acht Jahre zuvor in seiner Schrift »Thuiskon. Über Deutschlands Einheit« ausgesprochen.

Im folgenden Frühjahr nahm Zeune seine Dozentenätigkeit wieder auf, die er seit Ende 1814 hatte ruhen lassen. Sein neues Thema lautete: »Die Erklärung des altdeutschen Gedichts von dem Kriege auf der Wartburg«. Die Universitätsakten verzeichnen zwanzig Zuhörer. Im Sommer ließ Zeune ein Büchlein mit dem Titel »Der Krieg auf der Wartburg« folgen, das Lachmanns Kritik übel zerzauste.[76] Lachmann nahm das vorangestellte Gedicht, in dem Zeune mit der Wartburgfeier überscharf ins Gericht gegangen war, zum Anlaß, dem Verfasser »lügenhafte Heuchelei und Zweizüngigkeit über das Wartburgfest« vorzuwerfen.[77]

Im Anschluß an das Sommersemester begleitete Zeune samt Familie die Frau seines verstorbenen Freundes Fichte nach Pyrmont. Dort trennte man sich und Zeune steuerte andere Ziele an. Er besuchte Jacob und Wilhelm Grimm in Kassel. Bei dieser Gelegenheit lernte er das vom jüngsten Grimm-Bruder, dem Maler Ludwig, gezeichnete Porträt der »Märchenfrau von Zwehrn« kennen; es stellt die »Frau Viehmännin«[78] dar, die den Brüdern viele hessische Märchen überliefert hat. Das gleiche Bild schmückte 1819 den zweiten Band der Sammlung als Titelkopf. Mit dem älteren der Brüder besuchte Zeune die Bücherei und nach der Teestunde las der Hausherr »die Schulstreiche« in Frankfurter Mundart. Jacob Grimm kommentierte Zeunes Besuch später in einem Brief an Karl Lachmann: »Er reiste vor zwei Jahren mit Frau und Kindern durch und schien etwas zudringlicher als mir lieb ist, allein gutmüthig und wohlmeinend.«[79] Ein weiteres Ziel dieser Reise war die Wartburg, ein Muß bei Zeunes aktuellen akademischen und literarischen Interessen. Über Erfurt, wo sein Schwager Hahn inzwischen ein Lehrerseminar und eine Taubstummenanstalt leitete, begab sich Zeune nach Weimar, um in der Bibliothek altdeutsche Minnesängerhandschriften zu studieren; dabei bemängelte er den feuchten Zustand der Räume, den auch Goethe schon beklagt hatte.

Bei diesem Aufenthalt suchte er den Dichter, Philanthrophen und Goethefreund Johannes Daniel Falk auf, der etliche Jahre zuvor mit einigen Gleichgesinnten die »Gesellschaft der Freunde in der Not« gegründet hatte. Man bemühte sich, die schlimmsten Folgen der Kriegszeit zu mildern, kaufte Saatgut, das kostenlos an Arme verteilt wurde, brachte das Schulgeld für verwaiste und verwilderte Kinder auf, die gleichzeitig – und das war ein besonders wichtiger Punkt für Zeune – an Handwerksmeister vermittelt wurden. Zum Abschluß besuchte Zeune Falks Sing- und Betstunde.[80] Am nächsten Tag unternahm er einen Abstecher in den erdkundlichen Bereich und ließ sich das Modell einer zweihälftigen Erdkugel aus Kupfer zeigen, das für den Weimarer Unternehmer und Goethe-Verleger Bertuch angefertigt worden war. Daneben kümmerte er sich auch um seine aktuelle literarische Produktion. Er erwähnt, daß in der Kröllerschen Buchhandlung zu Jena »25 Wartburgkriege angekommen seien«. Erst nach fast neun Wochen kehrten die Reisenden Anfang Oktober nach Berlin zurück.

Das Jahr 1818 blieb ruhig, doch kündigte sich mit der Konferenz der Großmächte in Aachen, die sich kritisch mit den liberalen Tendenzen an deutschen Universitäten, insbesondere mit dem Wartburgfest befaßten, bereits eine innenpolitische Wende an. Eine dramatische Entwicklung setzte nach der Ermordung des Schriftstellers August von Kotzebue am 23. März 1819 ein (desselben Kotzebue, der sich 1790 abfällig über Haüys Pariser Anstalt geäußert hatte). Nun brach der reaktionäre Sturm mit aller Heftigkeit los. Die Behörden stellten die Einzeltat des Jenaer Studenten, Burschenschaftlers und Teilnehmers am Wartburgfest Karl Ludwig Sand als Teil einer weitreichenden Verschwörung dar. Unter dem beherrschendem Einfluß Metternichs, der sich gegenüber Gentz staatsmännisch-zynisch zu dem willkommenen Anlaß, den ihm »der vortreffliche Sand auf Unkosten des armen Kotzebue lieferte«, äußerte, verabschiedeten Rußland, Österreich und Preußen die Karlsbader Beschlüsse mit einschneidenden Folgen: Einer scharfen Zensur der Presse, strenger Überwachung der Universitäten und der Einrichtung einer zentralen Untersuchungsbehörde. Bald griff die Reaktion mit aller Härte durch.

In Preußen kam es zu einer Fülle von Verhaftungen. Wohnungsdurchsuchungen bei Studenten, Professoren und vielen führenden Köpfen Berlins waren an der Tagesordnung. Jahn, der Polizei schon seit langem hochgradig verdächtig, wurde in Untersuchungshaft genommen. Noch wenige Tage vor dem Sandschen Attentat hatten Studenten vor dem Haus des Turnvaters eine Nachtmusik veranstaltet. Die Gruppe war mit Fackelbeleuchtung in altdeutscher Tracht erschienen, um das Lied »Eine feste Burg ist unser Gott« zu singen.[81] Eine eher romantisch verbrämte, denn staatsgefährdende Veranstaltung, von der wachen Obrigkeit jedoch bereits mißtrauisch registriert. Nach Jahns Inhaftierung ging man scharf gegen die Turnerbewegung vor; so stellte man die Turnplätze erst unter Staatsaufsicht, um sie kurze Zeit später ganz zu schließen und das Turnen nach Jahn'schen Regeln in Preußen für Jahrzehnte zu verbieten. Die Vorzensur wurde wieder eingeführt, gleichzeitig die Zensur verschärft. Professoren, die für ihre liberale Haltung bekannt waren, stellte man entweder kalt, wie Arndt in Bonn, dessen Lied »Was ist des Deutschen Vaterland?« der partikularpreußischen Richtung zuwiderlief, oder jagte sie wegen ihrer Teilnahme am Wartburgfest aus dem Amt; ein Schicksal, das Oken in Jena widerfuhr, mit dem sich Zeune noch wenige Monate zuvor zu einem regen Meinungsaustausch getroffen hatte. In Berlin wurde der Theologe de Wette entlassen, da er für eine objektive Beurteilung der Tat Sands eingetreten war und den Eltern Sands in einem Brief Trost zugesprochen hatte. Wettes Kollege Schleiermacher wurde scharf überwacht. Seine Predigten in der Dreifaltigkeitskirche erfreuten sich regelmäßiger Besuche seitens der preußischen Geheimpolizei. Prinz Karl, der Bruder des Kronprinzen, soll nach Varnhagen von Enses Notizen sogar Schleiermacher neben Gneisenau, Grolmann und Savigny als einen der vier »Hauptumtrieber« bezeichnet haben. Nicht wenige mußten um den Repressalien zu entgehen, emigrieren; unter ihnen Görres, Heine und Börne.

Auch Zeune als Gründer des demagogieverdächtigen »Teutschen Bundes«, als Freund Arndts und Fichtes, der übrigens nun posthum verfolgt wurde (selbst sieben Jahre später, 1826, erhielt der Berliner Verlagsbuchhändler Reimer keine Genehmigung für eine Neuauflage von Fichtes Reden an die deutsche Nation) sowie als begeisterter Anhänger Jahns und seiner Turnbewegung geriet ins Visier der Reaktion. Zwar hatte er sich im April 1818 mit einer scharfen Polemik im Deutschen Beobachter unter dem Titel »Über neue Assassinen« scharf von der studentisch-demokratischen Bewegung distanziert und in dem Aufsatz sogar die Mitglieder des im 11. Jahrhundert entstandenen islamischen Geheimbundes, deren Gegner häufig durch Mordanschläge beseitigt wurden, mit den Anhängern der burschenschaftlichen Bewegung gleichgesetzt. Seine überzogene Haltung wurde von vielen Seiten mit herber, zum Teil vernichtender Kritik bedacht und löste eine heftige, sich über Monate hinziehende Fehde mit zwei Freunden, den Gymnasialprofessoren O. Schulz und K. Giesebrecht, aus. In diesen Streit hatte er auch seinen Freund Fouqué hineingezogen, der zwar im Mai 1819 einen Brief mit leicht vorwurfsvollem Unterton an Zeune verfaßte (»Nun, da Du mich nun einmal öffentlich als einen Freund Deiner Assassinenschrift hingestellt hast«), dennoch in der Sache mit seiner Broschüre: »Der Mord August's von Kotzebue« im Sinne Zeunes Stellung nahm. Gleichwohl blieben Zeune trotz seiner antiburschenschaftlichen Bekundungen mehrere Verhöre am Ende des Jahres 1819 nicht erspart.

In Preußen hatte man die »Immediat-Kommission zur Ermittlung hochverräterischer Verbindungen und anderer gefährlicher Umtriebe« am Berliner Kammergericht ins Leben gerufen. Hier agierte unter dem Vorsitz des Kammergerichts-Vize-Präsidenten von Trützschler der Kammergerichts-Rat Hoffmann, der berühmte Dichter, Komponist, Kapellmeister und Zeichner E.T.A. Hoffmann, der sich auf diesem Posten als unbestechlicher Jurist bewähren sollte.

Man hatte Jahn im Juli 1819 in Haft genommen und Hoffmann im Herbst zum verantwortlichen Dezernenten ernannt. Im Rahmen der Untersuchungen gegen den Turnvater, kam es zur Vernehmung Zeunes, der in Sachen des »Teutschen Bundes« und seiner Mitglieder über Ziele und Aktivitäten der Vereinigung befragt wurde.[82] Zeune hatte sich bereits bei einem vorausgegangenen polizeilichen Verhör über den Zweck des Bundes folgendermaßen geäußert: »Die Verbindung, deren Stifter ich mit Jahn und Friesen war, entstand im Spätherbst des Jahres 1810 und hatte die Vertreibung des äußeren Feinds, der Franzosen zum Zweck wozu wir durch die That mitwirken zu wollen uns bereit erklärten. Um den deutschen Sinn, der damals in den Zeiten der größten

Unterjochung zu verschwinden schien, aufrecht zu erhalten, suchten wir unsere Zahl möglichst zu verstärken und Gleichgesinnte zu werben. Wir glaubten jenen Zweck durch Lehren der Jugend und Beispiel so wie durch Beförderung der gymnastischen Übungen der Jüngern zu erreichen«. Außerdem wurde Zeune über einen angeblichen Plan Jahns und Friesens zur Gründung einer Burschenschaft an der Berliner Universität befragt, der Fichte, dem damaligen amtierenden Rektor, vorgelegen haben sollte.[83] Auch in dieser Sache konnte nichts Verdächtiges ermittelt werden. Zeunes Angaben stimmten mit denen anderer Zeugen im Wesentlichen überein. Seine Vorladung und Vernehmung beim Jahn-Prozeß blieb eine heikle, am Ende aber folgenlose Episode. Ähnlich erging es dem Verleger Reimer, dessen Haus in der Wilhelmstraße im Juli 1819 durchsucht worden war. Auch ihn verhörte die Immediat-Kommission »wegen Verdachts der Theilnahme an demagogischen Umtrieben und revolutionären Verbindungen«, stellte jedoch auch auf Betreiben E.T.A. Hoffmanns bald ihre Bemühungen »wegen des Reimer angetanen Unrechts« ein.

Im Fall Jahn zog Hoffmann am 15. Februar 1820 in einem über 100 Seiten starken Gutachten, die Quintessenz seiner Untersuchungen. Zum einen lieferte nicht nur folgende hervorragende Charakterstudie des wunderlichen Untersuchungshäftlings, den mancher Zeitgenosse für nicht ganz zurechnungsfähig hielt: »Er ist, wie aus allem, was er begonnen klar hervorgeht, heftig, leidenschaftlich, wider seine Gegner erbittert und was das schlimmste scheint, mit sich selbst, mit seinen Ansichten und Meinungen nicht im Klaren, wie dies seine Vorlesungen und Schriften darthun.« Zum anderen entkräftete er die erhobenen Vorwürfe akribisch, oft mit ironischen Untertönen. Juristisch und stilistisch eine Glanzleistung. Hoffmanns Votum endete folgendermaßen: »Ich bin daher der Meinung: daß der p Jahn seines Arrestes zu entlassen der deshalb gefaßte Beschluß vor der Ausführung aber Sr Exellenz dem Herrn J. M. v. Kircheisen anzuzeigen seyn würde um die bey der Entlassung von der StaatsPolizey zu treffenden Maaßregeln bewirken lassen zu können.« Die Freilassung wurde verweigert. Daraufhin drohte die Immediatkommission zurückzutreten. Jahn wurde nach Kolberg in die Festung verlegt, weitere fünf Jahre quasi in Untersuchungshaft gehalten, nach der Entlassung verbannt und mit Berufsverbot belegt.[84] Die Reaktion – allen voran Polizeichef Kamptz, Schuckmann, Innenminister Kircheisen – hatte gesiegt. Die Volksmeinung scheint in diesem Zusammenhang wenig regierungsfreundlich gewesen zu sein. So berichtet Varnhagen am 15. Juni, etwa zwei Wochen nach der Hinrichtung Sands, in seinen Aufzeichnungen: »Das Volk äußert sich lebhaft über Jahn. *Er hat es immer ehrlich gemeint mit dem Volk; wenn er gegen die Könige war, so hat er recht gehabt, wären wir sie nur erst alle los.* Dergleichen und viel härtere Reden werden von den Leuten aus dem Volke wiederholt.«

Die Karlsbader Beschlüsse warfen für lange Zeit ihre Schatten über Preußen und Österreich. Es begann der Abschnitt der deutschen Geschichte, den Fontane treffend als die »Stillstands- und Polizeiperiode der 20er und 30er Jahre« charakterisiert hat. Ein Gutachten konservativer Kräfte, ein Promemoria von 1821, kennzeichnete »Übelstände und Übeltäter« und zielte vor allem gegen die Ideale neuhumanistischer Bildung. Besonders angeprangert wurden Fichtes »Reden an die Deutsche Nation«, an deren Entstehung Zeune beteiligt war, Pestalozzis Unterrichtsmethoden, deren Grundprinzipien Zeune zeitlebens begeistert gefolgt ist, Jahns Publikation »Deutsches Volksthum«, mit der Zeune in vielen Punkten übereinstimmte. Das Gutachten schloß mit einem Angriff auf das Kultusministerium und den leitenden Minister Altenstein, der sich oft schützend vor Zeune stellte.

Manchem leitendem Beamten war die neue Richtung so verhaßt, daß er demissionierte. So schieden Beyme, Boyen und Wilhelm von Humboldt zum Ende des Jahres 1819 aus dem Staatsdienst. Humboldt hatte noch sein politisches Testament in Form einer Denkschrift über »Preußens ständische Verfassung« niedergeschrieben; eindeutig mit Blick auf das nicht erfüllte Verfassungsversprechen seines Königs. Obendrein bezeichnete er die Karlsbader Beschlüsse als »schändlich, unnational, ein denkendes Volk aufregend«. Auch der Generalstabschef Grolman ließ sich in den Ruhestand versetzen; andere führende Militärs der Freiheitskriege waren schon früher kalt gestellt worden und »freiwillig« ausgeschieden.

Dreizehntes Kapitel

Zeunes Dienstreise 1820 (England, Holland, Frankreich) • Ideen zu Sozialreformen

Es gelang Zeune, die turbulente Periode der Demagogenverfolgung trotz belastender Momente unbeschadet zu überstehen. Dies verdankte er nicht nur seiner eindeutigen Stellungnahme gegen »burschenschaftliche Umtriebe«, sondern vor allem der stillen Förderung durch Altenstein, der seit Ende 1817 als »Minister der geistlichen, Unterrichts- und Medizinalangelegenheiten« amtierte. Das Verhältnis Alten-

steins zu Zeune charakterisiert eine Bemerkung des erzkonservativen Bischofs Eylert, der – wenn auch im negativen Sinne – den Begriff des »Zeitgeistes« geprägt hat: »er (Altenstein) habe durch sein Temporisieren, Häsitieren, Laviren, Cunctieren, und ad interim = Verfügen manches Böse abgewendet, und manche verwickelte, vielfach angefeindete Sache erhalten und gefördert, auch manchen tüchtigen Mann und verdienten Gelehrten geschützt, den sonst die Leidenschaft der Gegner aus dem Amte verdrängt haben würde«.[85] Neben der schützenden Hand des Ministers wird die auch seinen Vorgesetzten bekannte Weltfremdheit Zeunes den Ausgang der Dinge günstig beeinflußt haben.
Der Fürsprache Altensteins hatte es Zeune zu verdanken, daß er im Sommer in Begleitung seiner Frau eine mehrmonatige Studienreise nach England, Holland und Frankreich antreten konnte. Mit Hilfe der tatkräftigen Unterstützung seines Vorgesetzten erhielt der Reisende einen beachtlichen Zuschuß von 600 Talern. Zeune sollte nicht nur die wichtigsten ausländischen Blinden- und Taubstummenanstalten, sondern auch Lancaster- und Gefangenenschulen sowie einzelne Kranken- und Irrenanstalten besuchen. Dieser Reiseauftrag muß als Teil der von Altenstein intensiv geförderten liberalen Öffnung Preußens zumindest im kulturellen und wissenschaftlichen Bereich gesehen werden.[86]
Am Ende des Jahres verfaßte Zeune einen ausführlichen »Bericht über die im Sommer 1820 gesehenen Lehranstalten«, in dem er auf die Besonderheiten der einzelnen Institute eingeht. Nach seiner Darstellung gehen im Gegensatz zu Paris und Berlin die holländischen und englischen Anstalten auf private Initiativen zurück und werden ausschließlich von den Bürgern getragen und verwaltet. In der Amsterdamer Blindenanstalt, einer Gründung der Freimaurer, müssen drei von sechs Vorstandsmitgliedern dem Orden angehören. Neben dem allgemeinen Unterricht legt man besonderen Wert auf das Fach Musik, für das sieben Fachlehrer, darunter ein Orgellehrer und sogar ein Waldhornlehrer zur Verfügung stehen. Zusätzlich werden die Schüler in Handarbeiten unterwiesen. Insgesamt waren 16 (!) Lehrer für 24 Zöglinge engagiert. In den englischen Blindenanstalten beschränkt man sich ausschließlich auf praktische Fächer, da die Blinden nur im Handwerk ausgebildet werden, denn »der Zweck der Anstalt ist eigentlich blos auf den Erwerb der Blinden gerichtet«. Zur Zeit seines Besuches werden 46 männliche und 47 weibliche Zöglinge betreut, die unter der Anleitung von drei Korbmachern, einem Mattenflechter und einer Spinnerin im Jahr zuvor für 1.231 Pfund Waren produziert haben.
Die zwei Pariser Blindenanstalten teilten sich in eine Verpflegeanstalt, das Hôpital des Quinze-Vingts, und die von Haüy 1784 ins Leben gerufene Erziehungsanstalt. Letztere wird von dem Arzt Dr. Guillé geleitet,

der dem Institut eine Blinden-Heil-Anstalt angegliedert hatte. Das Institut verfügt über 82 Freistellen. Unterrichtet werden Handarbeiten und »Kunst und Wissenschaften«. Wichtigstes Handwerk ist das Leinweben, wofür 36 Webstühle bereitstehen. Beim Musikunterricht steht das Orgelspiel im Mittelpunkt, das an zwei Orgeln gelehrt werden kann. Zeune hatte dabei auch einen Blick für praktische Dinge. In seinem Bericht erwähnt er den Gebrauch eines Dampfkochtopfs, eines »autoclave nach Lemare«, der das Kochen von Fleisch auf eine Viertelstunde reduziert. In der Pariser Erziehungsanstalt begegnete Zeune möglicherweise dem dort ein Jahr zuvor aufgenommenen und zu diesem Zeitpunkt zwölfjährigen Zögling Louis Braille, der 1829 die bis heute wichtigste Blindenschrift mit dem genialen Sechs-Punkte-System entwickeln sollte.

Die Londoner Taubstummenanstalt, mit ihren über 200 Zöglingen, wird von Zeune als musterhaft eingestuft. Sie ist vor allem auf den allgemeinen Unterricht ausgerichtet, der im »Sprechen, Lesen, Schreiben und allen Wissenschaften, sogar dem Lateinischen und Französischen« erteilt wird. Hart urteilte Zeune dagegen über die Pariser Anstalt für Taubstumme: »Sie komme ihm vor wie ein sich selbst überlebt habender Greis (...).« Eine öffentliche Prüfung erschien ihm wie eine Vorführung im Schauspielhaus, die Kenntnisse der Prüflinge eher unzureichend. Vielleicht beeinflußten in diesem Fall auch die bekannten antifranzösischen Ressentiments Zeunes Urteil. Vom Franzosenhaß verschont bleibt sein alter Lehrer Haüy, mit dem er auf dieser Reise noch einmal[87] zusammentrifft. Haüy, dessen Petersburger Pläne an der mangelnden Unterstützung durch die russischen Behörden 1816 endgültig gescheitert waren, lebt inzwischen bei seinem Bruder in Paris, wo er seinen »Ziehsohn« Zeune zum Essen einlädt. Es ist das letzte Mal, daß sich die beiden begegnen, da Haüy im folgenden Jahr, von der Welt weitgehend vergessen, stirbt.

Besonders eingehend beschäftigte sich Zeune mit der Lancasterschule in London. Seinen Ausführungen stellt er einen sozialpolitischen, fast präsozialistisch anmutenden, den ersten Schriften Saint-Simons und dessen Kritik am Eigentum verwandten Excurs voran, womit er völlig neue Töne anschlägt. Nach dem Hinweis auf das starke Anwachsen der Bevölkerung in London und anderen großen Fabrikstädten konstatiert er, daß »der Reichthum in einem Zehntheil der gesamten Volksmasse unverhältnis (sic) angehäuft ist«, und plädierte für eine »radical reform« mit dem Ziel einer Aufhebung und Zerschlagung des Großgrundbesitzes. Vor allem polemisiert er hier gegen landwirtschaftlich nicht mehr genutzte Majorate, »deren reiche Besitzer es vorziehen, auf ungeheuren Grassteppen hin und wieder mit Bäumen besezt, die sie

Parks nennen, viele 1000 Stück Wild zu halten, als vielmehr armen fleißigen Menschen Ansiedlungen und fruchtbares Ackerland zu verstatten.« Dachte er möglicherweise auch an Preußen und Ostelbien? Zeune beklagte, daß allein in London 40.000 Kinder ohne Unterricht herumliefen, wodurch sich auch die Zahl der Verbrecher erhöhe, eine Beschreibung, die an Zustände in Dickens »Oliver Twist« erinnert. Um diesen Übelständen entgegenzuwirken, habe Lancaster eine Zentralschule in London gegründet, deren Grundidee auf gegenseitigem Unterricht der Schüler basiere. 800 Schüler, 500 Knaben und 300 Mädchen, würden auf diese Art das Lesen, Schreiben und Rechnen erlernen. Bei den »Monitoren« konnte Zeune auch zwei Angolaner ausmachen, die nach der Rückkehr in ihre Heimat in dieser Lehrmethode unterrichten wollten. Die britische Justiz, vor allem der Strafvollzug, werden scharf kritisiert. In seinen Ausführungen über die Gefängnisschulen bekennt sich der Autor zum Prinzip, »daß es edler sei Verbrechen zu verhüten als zu bestrafen«. Er spricht sich zum einen für eine Reform der englischen Strafgesetzgebung aus, zum anderen setzt er sich für eine menschlichere Unterbringung der Sträflinge ein. Hier empfiehlt er Gefängnisneubauten mit frischer Luft, freien Wandelplätzen und erleichterter Aufsicht; moderne Vorstellungen, die selbst heute kaum realisiert werden.[88]

Das Fazit seiner Reise und die Schlußfolgerungen für sein Institut faßte Zeune unter zwei Gesichtspunkten zusammen: Unter dem »Begriff des erweiterten Wirkungskreises« schlägt er vor, die Freistellen seiner Anstalt stufenweise auf 30 zu erhöhen, den Musikunterricht zu erweitern und zu verbessern, einen Hilfslehrer einzustellen und Handwerker für den praktischen Unterricht zu besolden; außerdem regt er an, drei ältere blinde Schüler vorübergehend als Hilfslehrer zu beschäftigen. Unter dem Motto »Eintritt in die Geschäftswelt« greift er wieder das Thema der Blindenversorgung auf; hier plante er, Blinde gegen Vergütung an Handwerker zu vermitteln und Blinden Stellen als Organisten oder Kirchensängern zu verschaffen.

Einige, wenn auch nicht alle Ideen konnten in den folgenden Jahren und Jahrzehnten realisiert werden. Eine wesentliche Erweiterung erfuhr die Anstalt dann erst 1838 nach dem Umzug in ein größeres Haus. Was Zeunes Vorschläge zum »Eintritt in die Geschäftswelt« anbelangt, ließ sich der Plan, blinde Schüler zur praktischen Ausbildung bei Handwerkern unterzubringen, vorerst nicht durchsetzen. Dagegen gelang es, Handwerksmeister zum praktischen Unterricht im Blindeninstitut zu gewinnen; doch erst, nachdem der König dafür persönlich Mittel bereitgestellt hatte. Die praktische Ausbildung beschränkte sich auf die Seilerei, das Korbmachen und Garnweben.

Hinsichtlich der gewünschten »Hilfslehrer« errang Zeune einen Teilerfolg: Zur Ausbildung von Lehrgehilfen erhielt er einen Zuschuß von 150 Talern im Jahr. Auch die Unterrichtssituation verbesserte sich, da ab 1824 in zwei Klassen unterrichtet werden konnte. Schließlich machte Zeune den Vorschlag, geeignete Seminaristen für ein Jahr am Blindeninstitut unterrichten zu lassen, ein erster Ansatz angehende Lehrer mit der Behindertenpädagogik vertraut zu machen. Der Vorteil einer solchen Idee lag auf der Hand. Die Ausbildung von Seminaristen gehörte bald zum Schulalltag der Anstalt.

Zeune setzte sich auch für weitere Verbesserungen im Musikunterricht ein, nachdem bereits einige Jahre zuvor der Musiketat deutlich aufgestockt worden war. Er schlug vor, »seinen Blinden« ausrangierte Musikinstrumente aus dem Bestand der königlichen Kapelle kostenlos zu überlassen; außerdem sollten Musiker der Kapelle besonders begabte Blinde unterrichten; dies jedoch nur in Ausnahmefällen, da der Unterricht im Klavierspielen und in Musiktheorie durch einen ehemaligen Schüler der Blindenanstalt, den Lehrer Grothe, erteilt wurde. Bemerkenswert sind die Zähigkeit und der Erfindungsreichtum, mit denen Zeune seine Ziele über Jahre verfolgte, wobei er sich oft mit bescheidenen Anfangserfolgen zufrieden gab, um diese mit Hartnäckigkeit weiter auszubauen.[89]

Vierzehntes Kapitel

Ende des Reformzeitalters • Pläne einer Blindenversorgungsanstalt • Reisen Zeunes

Mit dem Tode des Staatskanzlers von Hardenberg – er starb Ende des Jahres 1822 71-jährig in Genua – trat der letzte bedeutende Repräsentant preußischer Reformen von der politischen Bühne ab. Am Ende seiner Regierungszeit waren ihm die Zügel schon weitgehend entglitten, hatten reaktionäre Kräfte in immer stärkerem Maße an Boden gewonnen. Die Anzahl der Reformanhänger schrumpfte, doch verschwand sie nicht völlig. Zum krypto-liberalen Flügel zählte Altenstein, den Hardenberg schon 1817 mit der Leitung des Kultusministeriums betraut hatte, wohl in der Absicht, ein Gegengewicht zur Reaktion zu setzen. Viele alte Reformer waren »kaltgestellt«, so auch Clausewitz, der in den kommenden Jahren sein epochales Werk »Vom Kriege« abfassen sollte, eine so umfangreiche Arbeit, daß sie bei seinem Tode

1831 noch nicht abgeschlossen war. Der fragmentarische Charakter des Buches beeinträchtigte jedoch dessen weitreichende und im wahrsten Sinne des Wortes verheerende Wirkung nicht. Andere zogen sich freiwillig, wenn auch enttäuscht, vom politischen Tagesgeschehen zurück, wie Wilhelm von Humboldt, der im Elfenbeinturm seines 1820 von Schinkel umgestalteten Tegeler Schlößchens, jenem nach Gottfried Keller »stillen, weißen Haus«, fern von Berlin in »olympischer Ruhe« linguistischen Studien vom Baskischen bis zur Kawisprache nachging. Doch trotz zunehmender Lähmung des politischen Lebens blühten die Wissenschaften, was nicht zuletzt Altenstein zu verdanken war. Seine geschickte Berufungspolitik gewann manchen führenden Kopf für die Berliner Universität, so Niebuhr, Böckh und Ranke. In Berlin entstand – wie es in einem zeitgenössischen Bericht heißt – »ein Königreich der Wissenschaften«. Auch in der Wirtschaft kam es zu einem deutlichen Aufschwung, jedoch mit allen Schattenseiten der nun einsetzenden Frühindustrialisierung. Durch die starke Zuwanderung aus ländlichen Gebieten – häufig Kleinbauern mit ihren Familien, welche die Bauernbefreiung der Stein-Hardenbergschen-Reformen zu Grunde gerichtet hatte – verdoppelte sich in den ersten vier Jahrzehnten des 19. Jahrhunderts die Bevölkerung Berlins auf 330.000 Einwohner. Die ersten Mietskasernen wurden gebaut. Am Stadtrand entstanden Notquartiere. Bevölkerungszuwachs und beginnende Industrialisierung führten zur Bildung eines städtischen Proletariats mit neuen Problemen, denen sich der Magistrat, vor allem die Armenfürsorge, stellen mußte.[90]
Zu den Elenden zählten trotz aller Hilfsmaßnahmen viele Kriegsinvaliden und etliche Blinde, darunter sogar Schüler Zeunes, die von ihren Familien zum Betteln geschickt wurden.[91] Hinzu kam, daß es auch früheren Zöglingen oft unmöglich war, ihr erlerntes Handwerk auszuüben. Sie scheiterten an der Gleichgültigkeit der Umwelt, an der mangelnden Unterstützung durch die eigenen Angehörigen, war doch die Bettelei oft mit weniger Aufwand verbunden und vielfach lohnender als mühselige Handarbeit. Weitere Schwierigkeiten ergaben sich in manchen Fällen aus zu kurzen Schulzeiten, worunter die Ausbildung litt. Dieses Problem griff Johann Carl Bürger, ein ehemaliger Zögling Zeunes in seiner Autobiographie auf.[92] Er stellte zur Diskussion: »ob der Blinde in 3 Jahren so viel lernen kann, wie der Sehende mit allen ihm zu Gebote stehenden Mitteln in 12-16 Jahren« und kam zu dem Schluß, daß er von allem etwas gelernt habe, aber nicht soviel, »daß er sein Brod auf eine anständige Weise verdienen« konnte. Seine leicht überzogene Kritik erschien durchaus berechtigt. Die Frage, wie Blinde nach der Entlassung weiterversorgt und betreut werden konnten, blieb ungelöst. Man dachte an Blindenbeschäftigungs- und Versorgungsan-

stalten, wie sie in den kommenden Jahren in Wien, Prag oder München entstehen sollten. Ihr Ziel war es, armen Blinden feste Unterkunft und Beschäftigung zu bieten, um sie vom Betteln und Herumstreunen abzuhalten. Doch war die Bereitschaft der Betroffenen, sich zwecks besserer Kontrolle kasernieren zu lassen, in vielen Fällen gering.
Bereits 1818 hatte Zeune Pläne für eine »Beschäftigungsanstalt« entworfen, die er zwei Jahre später dem Magistrat vortrug. Der zeigte sich zwar aufgeschlossen, doch wurden keine konkreten Entscheidungen getroffen. 1820 machte Stadtrat Bergius auf Anregung Zeunes den Vorschlag, das neben der Blindenanstalt gelegene Splettshaus als Versorgungshaus für Blinde einzurichten. Nachdem man eine Lösung des Problems um weitere drei Jahre »vertagt« hatte, griff 1825 das Kultusministerium die Idee auf. In einer offiziellen Stellungnahme hieß es, »daß die Vereinigung einer Beschäftigungsanstalt mit der Blindenunterrichtsanstalt dieser erst ihren wahren Nutzen verschaffen wird«, dennoch blieb es vorerst nur bei der guten Absicht. So veranstaltete Zeune im gleichen Jahr in eigener Initiative eine – nicht sehr erfolgreiche – Sammlung zur Einrichtung eines »Blindenklosters«, in der offiziellen Lesart als »Zeunezufluchtsort für arbeitslustige Blinde« bezeichnet, ein Plan, von dem die künftigen Anwärter wenig begeistert schienen. Trotz aller Bemühungen kam die Angelegenheit nicht von der Stelle. Als Alternative brachte Zeune schließlich eine »wandernde Blindenversorgung« ins Gespräch, die nach französischem Vorbild eine Unterstützung der bedürftigen Blinden an ihrem Heimatort vorsah. Aber auch hier folgten der Idee keine Taten. Die Pläne für eine Versorgungsanstalt griff man erst 1834 wieder auf.
Bei allem Engagement für die Blinden, ihre Bildung und Versorgung, zog sich Zeune wie viele Bürger in den zwanziger Jahren vom öffentlich-politischen Wirken in den privaten Bereich zurück. Die Ursachen hierfür scheinen recht klar: Unter der Herrschaft des zunehmend entscheidungsschwachen, immer stärker von der reaktionären Hofclique abhängigen Königs erstarrte das öffentliche Leben mehr und mehr. Die politischen Entmündigung des Bürgertums kam in der anhaltend scharfen Zensur und einer massiven Einschränkung der Meinungs- und Pressefreiheit zum Ausdruck. Unter solchen Bedingungen schrumpfte auch Zeunes publizistische Tätigkeit erheblich. Die politische Schriftstellerei gab er ganz auf. Von zwei kleinen Gedichtzyklen abgesehen, blieb das 1825 erschienene Buch über »Gothische Sprachformen und Sprachproben« die einzige Neuerscheinung.
Als Ausgleich für mangelnde politische Aktivitäten gründeten die Bürger etliche wissenschaftliche und literarische Gesellschaften.[93] Bestes Beipiel für den Versuch auf anderen Gebieten quasi parapolitisch tätig

zu werden, war die Gründung der »Gesellschaft deutscher Naturforscher und Ärzte«. Sie wurde am 18. September 1822 in den Räumen der naturforschenden Gesellschaft Leipzig von dem als Demagogen aus dem Amt gejagten Jenaer Professor Lorenz Oken zusammen mit dem Begründer der Anthropologie, Blumenbach, dem Mediziner, Naturphilosophen und Maler Carl Gustav Carus und anderen ins Leben gerufen. Die Mitglieder mußten sich zu demokratischen Mehrheitsentscheidungen und freier Diskussion aller Themen verpflichten. Der gesamtdeutsche Charakter der Vereinigung zeigte sich in dem Beschluß, die Jahresversammlungen »als geistiges Symbol der Einheit des deutschen Volkes« jeweils in einer anderen deutschen Stadt abzuhalten.[94] An den Versammlungen dieser durch den Einfluß Alexander von Humboldts bald über die Grenzen hinaus berühmten Gesellschaft nahm Zeune ab 1828 fast regelmäßig teil.

Vier Jahre vorher, unmittelbar nach seiner Reise in die Schweiz, war Zeune bereits Mitglied der »Literarischen Gesellschaft« geworden, an deren Spitze der damals berühmte, heute weitgehend vergessene Dichter Ernst Raupach stand.[95] Eine weitere Vereinigung, die sich der Literatur zugewandt hatte, war die am 3. November 1824 von Eduard Hitzig gegründete Mittwochsgesellschaft [96], ein Kreis von Schriftstellern, Künstlern, Offizieren, Professoren und höheren Beamten unter ihnen Varnhagen, Chamisso, Fouqué und Eichendorff. Man beschäftigte sich mit literarischen Neuerscheinungen, hielt Dichterehrungen und jährlich eine nicht unumstrittene Feier zu Goethes Geburtstag ab. Auch hier zählte Zeune zu den aktiven Mitgliedern. Besonders eng war und blieb Zeunes Verbindung mit Fouqué. Man traf sich nicht nur häufig bei den Abenden der von Hitzig ins Leben gerufenen Mittwochsgesellschaft – Hitzig hatte auch die ersten Kontakte zwischen den Freunden geknüpft[97], sondern vor allem in früheren Jahren bei der Gesellschaft für deutsche Sprache. Daneben arbeitete Zeune an der von Fouqué herausgegebenen Zeitschrift, den »Musen« mit.[98]

Im Jahr 1828 war Zeune an der Gründung der Gesellschaft für Erdkunde beteiligt, als deren »geistiger Ziehvater« Alexander von Humboldt gelten kann. Bis an sein Lebensende blieb Zeune ein überaus aktives Mitglied dieser erdkundlichen Vereinigung.

Ablenkung und Abwechslung fand Zeune in den folgenden Jahren außerdem auf seinen vielen Reisen, bei denen er sich meist von Frau und Kindern begleiten ließ. Hier bot sich die Gelegenheit, nicht nur Freunde und Verwandte zu besuchen, sondern auch unbehelligt von der Zensur Kollegen, andere Wissenschaftler und bedeutende Zeitgenossen zu treffen. So konnte er auf seiner Schweizreise 1824 endlich den verehrten Pestalozzi kennenlernen, dessen Unterrichtsmethode in

Berlin vor allem durch dessen früheren Schüler Plamann und der von ihm gegründeten pädagogischen Gesellschaft, der auch Zeune nahestand, vertreten wurden.[99] Zwei Jahre später kam es in Wien zu Begegnung mit dem Gründer der dortigen Blindenanstalt Johann Wilhelm Klein. Beide blieben sich ein Leben lang freundschaftlich verbunden, tauschten rege ihre Erfahrungen aus und bemühten sich, wie aus dem umfangreichen Briefwechsel[100] hervorgeht, ständig ihre Unterrichtsmethoden zu verbessern.
Doch blieben Ziele außerhalb Deutschlands die Ausnahme; ein Abstecher von Wien nach Ungarn oder eine seiner letzten Reisen 1846 nach Stockholm fielen schon aus dem gewohnten Rahmen. Sein »teutsches Vaterland« bereiste Zeune trotz aller Mühseligkeiten des ausgehenden Postkutschenzeitalters um so eifriger. Im Spätsommer 1822 unternahm er eine ausgedehnte Reise über Sachsen und Franken nach Süddeutschland. An Hand des ausführlichen Tagebuches können wir ein exemplarisches Bild seiner Art zu reisen, gewinnen:
Am 20. Juli bricht das Ehepaar von Berlin auf und erreicht zwei Tage später Dresden. Hier erwartet sie ein alter Freund, der Dichter und Verfasser der »Undine«, Baron de la Motte-Fouqué. Man stattet gemeinsam der Gemäldegalerie und der benachbarten Rüstkammer einen Besuch ab, wo Fouqué – wie Zeune ein erklärter Liebhaber der deutschen Sagenwelt und mittelalterlicher Handschriften – als »beredter Erklärer des Ritterthums« glänzt. Ein Muß für den kultivierten Dresden-Besucher ist eine Visite im Salon der Elise von Recke. Die Dame des Hauses lebt mit dem Dichter Christoph August Tiedge zusammen, dem Verfasser der »Urania«, einer damals vielgelesenen und umstrittenen, heute weitgehend vergessenen Abhandlung über die Unsterblichkeit.[101] Neben dem Besuch der Blindenanstalt, einer Gründung des inzwischen verstorbenen einstigen Volontärs Zeunes, Emmanuel Flemming, liegt Zeune ein Treffen mit dem Philosophen Karl Christian Friedrich Krause, dem Mitbegründer und früheren Sekretär der »Gesellschaft für deutsche Sprache« besonders am Herzen. Nach Fichtes plötzlichem Tod hatte sich Krause auf Anraten Zeunes[102] und mit dessen tatkräftiger Unterstützung vergeblich um die Nachfolge bemüht und war dann 1815 nach Dresden zurückgekehrt. Mit ihm besucht Zeune eine der berühmten und ob ihrer Länge auch gefürchteten Lesungen des Shakespeareübersetzers Ludwig Tieck, in dessen Berliner Salon Zeune bereits früher verkehrt hatte.[103] Tieck, seit drei Jahren in Dresden und jetzt Dramaturg am dortigen Schauspielhaus, liest – nach Zeunes Bericht – aus »Was wir wollen«. Im Anschluß an die Lesung, an der auch die Schauspieler Devrient (vermutlich die Brüder Eduard und Emil) teilnehmen, vertritt Tieck die Meinung, daß das Stück »nicht Shakespea-

res bestes sei«. Leider teilt Zeune keine weiteren Einzelheiten mit. Doch zeigt ein späterer Bericht Eckermanns, welche Wirkung Tiecks Vortrag bei seinen Zuhörern hervorrief[104]: »Es machte den Eindruck einer Vorstellung, in der jede Rolle ganz vortrefflich besetzt worden.(...) Jedermann war im Zuhören versunken und davon hingerissen. (...) Tränen in den Augen der Frauen, die immer wieder hervorquollen, zeugten von des Stückes tiefer Wirkung.« Zeune schließt seinen Aufenthalt in Dresden prosaisch ab, indem er für den körperlichen Ausgleich sorgt und am Morgen der Abreise schon um sechs Uhr mit einem Freund in der Elbe schwimmen geht.

Das nächste Reiseziel ist die Stadt Görlitz, in der Verwandte seiner Mutter, einer geborenen Eschenbach, leben. Die Namensgleichheit verleitete Zeune, Wolfram von Eschenbach als seinen Ahnherren anzusehen, eine Behauptung, die schon die Zeitgenossen in den Bereich der Phantasie verwiesen haben.[105] Die Tatsache, daß seine 1750 in Leipzig geborene Mutter Eleonore Dorothea Eschenbach die Tochter eines bürgerlichen Zollbeamten war, macht Zeunes Theorie nicht glaubwürdiger; doch begründete er seine Leidenschaft für altdeutsche und mittelalterliche Dichtung gerne mit der Herkunft aus dem Geschlecht des berühmten Minnesängers.

Nach Dresden zurückgekehrt suchte Zeune erneut den Salon Recke / Tiedge auf, wo er neben Tieck den aus Dessau angereisten ehemaligen Freiwilligen von 1813, Wilhelm Müller, trifft, dessen Gedichtzyklen »Die schöne Müllerin« und die »Winterreise« im Jahr zuvor veröffentlicht worden waren und durch Schuberts Vertonung bleibenden Ruhm erlangen sollten. Man unternimmt einen Ausflug nach Loschwitz in die benachbarten Weinberge. Einer davon gehört der Familie Körner, der auch Zeunes Lieblingsdichter, der 1813 gefallene Theodor Körner entstammte, ein anderer der Malerfamilie Kügelgen. Auf dem Rückweg wird die Stelle besucht, an der zwei Jahre zuvor der Maler Gerhard von Kügelgen ermordet worden war, ein Ereignis, das damals ganz Dresden erregt hatte, war Kügelgen doch eine weit über die Grenzen Sachsens bekannte Persönlichkeit, Freund Goethes, welcher einst aus den Fenstern des Kügelgenhauses in der Neustadt den Einzug Napoleons beobachtet hatte.[106]

Dann reist man über mehrere Stationen nach Schwarzenberg, wo Zeunes Bruder Fritz als Medicus und Physicus tätig ist. Mit ihm sucht er das Gefängnis, die »Fronvogtei im Schlosse«, wo er »den Mörder von Otto, die Diebin von Metzsch und andere Landstreicher besucht«. Bei einem Abstecher nach Karlsbad trifft man alte Bekannte aus Berlin, den Kriminalrat, Verleger und E.T.A. Hoffmann-Freund Hitzig, der auch Zeunes Globen vertreibt und den ebenso gefürchteten wie verhaßten

von Kamptz, Leiter der Berliner Polizei und einer der schlimmsten Vertreter der Reaktion, der sich am »Tatort« der Karlsbader Beschlüsse anscheinend besonders wohlfühlt, sich vielleicht in politischer Absicht hier aufhält. Zeunes bissiger Kommentar hierzu, er habe »Kamel mit Bären und Affen baden« gesehen.
Angenehmer als die Begegnung mit Kamptz gestaltet sich der Besuch bei Jean Paul (nach Zeune Hans Paul Richter) in Bayreuth, der einige Monate vor Zeune in Dresden ebenfalls in den Genuß der Tieckschen Vortragskunst gekommen war.[107] Der Dichter wie sein Besucher dem Genuß geistiger Getränke nicht abgeneigt, plaudert über »geistreichen Wein«, den seiner Meinung nach »blos geistreiche Menschen trinken müssen, da sie durch ihn noch geistreicher, während geistlose noch dümmer würden (indem, wie starke Speise leiblich, so starkes Getränk geistig verarbeitet sein wolle)«. Am nächsten Tag macht Zeune einen Abstecher zum nahegelegenen Zuchthaus St. Georg am See, um sich mit den dort gefertigten Marmorarbeiten sowie der Brillen- und Gläserproduktion vertraut zu machen.
Zwischenstation auf dem Weg nach München ist Nürnberg, wo er von den Plastiken Vischers und Adam Kraffts besonders beeindruckt ist und die Gräber von Dürer und Hans Sachs besucht, die beide inzwischen nationale Bedeutung erlangt haben. Nach einem Abstecher zur Freisinger Taubstummenanstalt erreicht man das endgültige Ziel. Ein erster Besuch gilt der von Klenze neu erbauten Münchener Glyptothek, in der erst zwei Säle fertiggestellt und eingerichtet sind. Die beiden anderen werden von Peter Cornelius mit antiken mythologischen Szenen ausgeschmückt. Der Maler empfängt Zeune besonders herzlich. Man kennt sich aus früheren Zeiten, vor allem durch Cornelius' Illustrationen zum Nibelungenlied, die seinen in ganz Deutschland berühmten »Faust«-Illustrationen folgten und seinen »vaterländischen« Ruhm begründeten.[108]
Abends begibt man sich ins neue Schauspielhaus, »um den Freischütz und den Prinzen Oskar zu sehen«. Richtig wohl fühlt sich der eingefleischte Protestant im katholischen München nicht. Die üppige Pracht befremdet ihn, die Kirchen scheinen mit Stukkatur überladen, die Wachspüppchen und Weihegaben sind für ihn ein Zeugnis tiefsten Aberglaubens. So sucht er mehr nördlich ausgerichtete Gegengewichte und läßt sich in der Bibliotkek ein von Memling illustriertes Stundenbuch sowie von Albrecht Dürer und Lucas Cranach illustrierte Gebetbücher zeigen. Die altdeutschen Meister, allen voran Dürer, hatte die Nationalbewegung inzwischen in den Rang von Ikonen erhoben. Den Dürerschen Zeichnungen kam eine besondere Rolle zu, seit Dürers Randzeichnungen zum Gebetbuch Kaiser Maximilians 1808 publiziert

worden waren.[109] Mit besonderem Interesse studiert Zeune Schätze der altdeutschen Literatur, so die Münchner Nibelungenhandschriften, deren Texte er kritisch vergleicht.
Auch die Kartographie kommt zu ihrem Recht. Bei der Besichtigung der Steindruckerei lernt er ein neues Verfahren kennen, bei dem von einer Platte 30.000 Katasterkarten abgezogen werden können. Am letzten Tag seines Münchener Aufenthaltes besucht er noch einmal Cornelius in der Glyptothek und anschließend den Akademiesaal mit den kolossalen römisch-griechischen Gipsabgüssen. Zum Abschluß unternimmt man einen Ausflug nach dem bayrischen Pantheon, der Walhalla. Die Rückreise führt wieder über Nürnberg, wo er sich in der Bibliothek eine besondere Rarität, die Erdkugel von Martin Behaim, zeigen läßt, den ältesten 1491 in Nürnberg gefertigten Erdglobus.
Am Schluß der Reise besucht das Ehepaar die Familie Augustes in Zeitz. Gemeinsam mit den Verwandten pilgert man nach Drößig und Stolzenhain. Hier hatten Zeunes Vorfahren väterlicherseits 200 Jahre lang bis zur Generation seines Großvaters ein kleines Landgut bewirtschaftet, hier wurde 1736 auch sein Vater geboren. In Begleitung des Bruders Fritz besichtigt Zeune die Irrenanstalt, deren Insassen er von früheren Besuchen her zum Teil kennt. Die letzten Eintragungen im Reisetagebuch beziehen sich auf prosaische Themen: Die Teilnahme an einer Hasenjagd, den Kauf eines Spanferkels auf dem Viehmarkt und den Besuch eines Jahrmarkts. Als man Ende September zurückkehrt, sind über acht Wochen seit Reiseantritt vergangen.
Im Rückblick ein äußerst reichhaltiges Programm, das Zeune in diesen Wochen absolviert hat. Seine sozialen Kontakte reichen von Zuchthäuslern und »Irren« bis zu den vornehmen Besuchern der Dresdner Salons, seine Aufmerksamkeit gilt den »Altdeutschen« Malern in gleicher Weise wie der Moderne eines Cornelius, als Geograph interessiert er sich für den Erdglobus Behaims ebenso wie für die neuesten lithographischen Verfahren, auf dem literarischen Sektor schlägt er den Bogen von mittelalterlichen Handschriften bis zu den Werken Jean Pauls. Zeune verkehrt in gleichem Maße souverän mit dem Adel, wie er den Kontakt zum Bodensatz der Gesellschaft nicht scheut. Im Alltagsleben handfesten Genüssen nicht abgeneigt, schätzt er sowohl einfache Gerichte als auch eine gehobene Mittagstafel mit erlesenen Weinen. Als aufmerksamer Beobachter ist er ständig auf der Suche nach dem Alten, begeistert sich für das Neue und bewegt sich unbefangen zwischen den Extremen.

Fünfzehntes Kapitel

Zeunes Kommentare zum Zeitgeschehen (Silvestergedichte 1823-1830) • Wiederaufnahme der Vorlesungen • Karl Ritters Berufung an die Berliner Universität

Die Ruhe in den Ländern der Heiligen Allianz konnte nicht darüber hinwegtäuschen, daß es überall in Europa und selbst in Übersee kräftig gärte. Gerade in der dritten Dekade des 19. Jahrhunderts kam es vielerorts zu heftigen und blutigen Auseinandersetzungen, kämpften unterdrückte Völker für ihre Freiheit, teils mit Erfolg wie die Griechen, teils wie in Polen mit desaströsem Ausgang. Kolonien befreiten sich, neue Eroberungen wurden gemacht, Monarchien stürzten, neue Herrschaften stiegen empor, alte etablierten sich wieder. Schauplätze waren Italien, Portugal, Spanien und Frankreich, die Generalstaaten, das Osmanische Reich, Persien und Rußland, Burma, Haiti und Brasilien. Diese Entwicklungen verfolgten die politisch machtlosen Bürger Preußens mit wachsendem Interesse. Eifrig studierten sie in Kaffeehäusern und Lesehallen die vom Zensor meist verschonten ausländischen Gazetten. Auch Zeune zeigte sich – ungeachtet seiner sonstiger politischer Abstinenz – bestens informiert. Lebhaft beobachtete er die Auseinandersetzungen und Umwälzungen in anderen Ländern.
Besondere Sympathien brachte er als ehemaliger Freiheitskrieger den Streitern für Unabhängigkeit entgegen, vor allem Griechen, Polen und Spaniern, sein Haß, seine Verachtung traf »Despoten« vor allem katolischen Glaubens, unter ihnen die gekrönten Häupter Spaniens, Portugals und Frankreichs. Sein Urteil über die Herrscher der Heiligen Allianz fiel dagegen sehr zurückhaltend aus. So schwanken seine Äußerungen über Alexander I. und Nikolaus I. fast timide zwischen Wohlwollen und Indifferenz. Kritik an den Zuständen in Preußen, geschweige denn am Herrscherhaus wird nicht laut. Zeunes Haltung dokumentiert sich in den Jahresrückblicken seiner Silvestergedichte[110], in denen er einen großen Bogen vom Weltpolitischen über Lokalereignisse bis zu Neuigkeiten aus dem Familien- und Freundeskreis schlägt.
Im ersten Jahresrückblick von 1823 faßte Zeune in einer Rückschau die wichtigsten politischen Ereignisse zusammen: Die »brüderliche Hilfe« Frankreichs, dessen Intervention in Spanien auf Bitten des mehr als unfähigen Ferdinand VII. und die anschließende Aufhebung der Reformen werden so kommentiert: »Wie Spaniens edles Volk durch Spaltungen zerteilt / sein nachbarlicher Arzt mit spanschen Fliegen heilt«; es folgt ein Kommentar zum Freiheitskampf der Griechen gegen die Tür-

ken, der seit 1821 tobt: »wie gegen Osten hin auf Leben und auf Tod / der Grieche freudig kämpft fürs bessre Morgenroth«; wobei Zeune im Gegensatz zu seiner jetzigen Haltung anfangs der griechischen Freiheitsbewegung durchaus distanziert gegenübergestanden, sogar öffentliche Sammlungen zu Gunsten der Aufständischen als gesetzwidrig verurteilt hatte. Der aufmerksame Beobachter Varnhagen hielt im Oktober 1821 im Tagebuch fest: »Die Sammlungen für die Griechen haben in Deutschland schlechten Fortgang (...); Zeune erklärt in den Zeitungen, er könne den Landesgesetzen gemäß sich damit nicht befassen.« Heinrich Heine kommentierte die Griechenbegeisterung 1822[111] mit distanzierter Ironie: »Die griechischen Angelegenheiten sind hier (...) tüchtig durchgesprochen worden (...). Gar besonders glühten und flammten die Philologen. Es muß den Griechen sehr viel geholfen haben, daß sie von unseren Tyrtäen auf eine so poetische Weise erinnert wurden an die Tage von Marathon, Salamis, und Platää. Unser Professor Zeune, der, wie der Optikus Amuel bemerkt, nicht allein Brillen trägt, sondern auch Brillen zu beurteilen weiß, hatte sich am meisten tätig gezeigt.«
Nach den kriegerischen Auseinandersetzungen thematisiert Zeune mit den Versen: »der theure Königsohn hat seiner Ahnfrau gleich / schön Else heimgeführt vom fernen Baiernreich« die Hochzeit des preußischen Thronfolgers mit der Prinzessin Elisabeth von Bayern, der es nicht vergönnt war, in ihrer neuen Heimat besonders populär zu werden. Zum engen Verhältnis der Berliner zum Königshaus noch einmal Heine in seinen Briefen aus Berlin: »Die Prinzen und Prinzessinnen sind hier ein Hauptgegenstand der Unterhaltung in den geringsten Bürgerhäusern. Ein echter Berliner wird auch nie anders sprechen als *unsre* Charlotte, *unsre* Alexandrine, *unser* Prinz Karl usw. Der Berliner lebt gleichsam in die königliche Familie hinein, alle Glieder derselben kommen ihm wie gute Bekannte vor, er kennt den besonderen Charakter eines jeden und ist immer entzückt, neue schöne Seiten desselben zu bemerken.«
Zuletzt erwähnt Zeune seinen schweren Unfall vom Jahresanfang, worüber sogar Altenstein dem König berichtet hat[112]: »Zeune ist unlängst erst von einer schweren und schmerzlichen Verletzung wiederhergestellt, als im vergangenen Winter ein umfallender Baum ihm den rechten Arm zerschmettert und ihn auf andere Weise beschädigt hat.« Altenstein nahm das Ereignis zum Anlaß, des Königs Zustimmung zu einigen Vorschlägen Zeunes zu erbitten: Die Erhöhung der Freistellen, die Anstellung eines Handarbeitslehrers zur Entlastung von Auguste Zeune, die bisher dotationslos den praktischen Unterricht erteilt hat und die auf ein Jahr limitierte Ausbildung eines Seminaristen

an der Blindenanstalt. Der Bericht schließt: »Wie dieser wohlgesinnte und verdienstvolle Mann schon an sich die Gnade Ew Königlichen Majestät welche er in Gewährung seiner nur auf das Beste der Anstalt gerichteten Bitte erkennen wird, nicht unwert ist, so wird er dieselbe nach glücklich überstandener Lebensgefahr gewiß doppelt innig verehren und ihn solches mit neuem Mut beleben.« Obwohl Zeunes Pläne jährliche Mehrkosten in Höhe von 600 Talern verursachen würden, stimmte der König der Empfehlung Altensteins wohlwollend zu.

Im darauffolgenden Jahr berichtete Zeune wiederum über »Familienereignisse im Herrscherhaus«; diesmal folgte der Vater dem Beispiel seines Sohnes: »so meld' ich von dem Vater jetzt dieselbe That, / auch er hat sich vermählt, wenn gleich im Morganat«, denn der alternde und zunehmend einsamer werdende Friedrich Wilhelm III. hatte sich nach langem Zögern zu einer Ehe zur »linken Hand« mit der damals 24-jährigen Gräfin Harrach, der späteren Fürstin Liegnitz, entschlossen; ein Schritt, den er nicht bereuen sollte, da seine zweite Frau sich zeitlebens aufopfernd um sein Wohl bemühte. Klaglos nahm sie auch ihren niedrigen Rang in der strengen Hofordnung hin. Vom Thronfolger, der seine »Stiefmutter« besonders schätzte, ist folgende Anekdote überliefert: Er setzte sich eines Tages zu der am unteren Ende der Hoftafel Placierten. Auf deren Einwand, daß er nicht »so weit unten« sitzen dürfe, antwortete der schlagfertige Kronprinz: »Wo ich sitze, ist immer oben.« Solche Aussprüche verbreiteten sich schnell und machten ihn bei »seinen« Berlinern populär.

Am Jahresende 1825 richtete Zeune seinen Blick nach Übersee, wo Haiti die Loslösung von Frankreich gelang, und nach Asien auf den Krieg zwischen England und Burma; dann wendete er sich dem weiter schwelenden griechisch-türkischen Konflikt zu: »Griech' und Türke sich da morden / im Verein Ägyptens Horden«, denn Mehmet Ali war inzwischen mit einer Streitmacht von Ägypten nach Syrien gezogen und hatte in den Konflikt eingegriffen. Gleichzeitig sind Freiwillige aus Europa in die Kämpfe verwickelt: »Und es halfen doch so gerne / Christen dort von nah und ferne«. Er charakterisiert die Rolle der Russen: »ja selbst Kaiser Alexander / troz des Friedens wohl verstand er, / Stambul in Respect zu halten, manches Drangsal abzuhalten. / Doch der Herrscher fromm und milde / ging in bessere Gefilde«, womit Zeune auf den Tod Alexanders I. anspielt, dessen Umstände immer unklar geblieben sind.[113]

Im Jahresgedicht 1826 befaßte sich Zeune mit dem Ende des Burmakrieges, dem russisch-persischen Krieg und dem weiter tobenden Freiheitskampf der Griechen: Erneut beschäftigen ihn die inneren Verhältnisse Spaniens: »... da sitzt nun auf dem Thron ein schwacher Tropf /

dem es am Herzen fehlt und auch am Kopf, / doch weil er hat das legitime Stempel, / darf er nicht fallen, den Völkern zum Exempel ...« Solch harsche Kritik am Legitimationsprinzip, und damit auch am »Gottesgnadentum« scheint bei den stark restaurativen Tendenzen der Zeit zwar gewagt, doch ist es mehr als fraglich, ob der königstreue Zeune auch nur entfernt an Preußen gedacht haben mag.

Am Ende des darauffolgenden Jahres kommentierte Zeune lokale Ereignisse: In Berlin wurde die Gasbeleuchtung eingeführt. Zeune berichtet mit ironischem Unterton: »In unserer guten Stadt Berlin / neigt sich alles mehr zur Aufklärung hin; / in den meisten Strassen brennt helleres Licht, / nur leuchtets die ganze Nacht durch nicht. / Es ist darin gleich dem Menschenverstand, / der, wie er auch etwas Schönes erfand, / doch plötzlich stößt er auf Dunkelheiten, / die ihn dann hindern beim Weiterschreiten.« Die Straßenbeleuchtung brannte nur einen Teil der Nacht und beschränkte sich anfangs auf wenige Straßen; immerhin ein Fortschritt gegenüber früheren Zeiten, als nur vereinzelte Ölfunzeln die Straßen mangelhaft beleuchteten und die Passanten teilweise mit der Laterne ihren Weg durch die Nacht suchen mußten. Des weiteren kommentierte Zeune die Vorträge Alexander von Humboldts, der im gleichen Jahr von Paris nach Berlin zurückgekehrt war und unter anderem über neueste astronomische Forschungsergebnisse sprach. Dazu Zeune: »So öffnete Humboldt ein neues Feld, / und führt' uns mitten ins Sternenzelt, / bis in den Dunst der Nebelflekken, / wo künftige Sonnen verborgen stekken, / und bis zur Erde innersten Kern / weissglühend wie ein Karfunkelstern.«

Im darauffolgenden Jahr kam der Freiheitskampf der Griechen zum vorläufigen Abschluß, nicht zuletzt durch Intervention Rußlands, Frankreichs und Britanniens. Die Franzosen zwangen die ägyptische Streitmacht unter Mehmet Ali sich zurückzuziehen: »In Hellas selbst ist Frankreichs Macht erschienen, / und hat Ägypter, Mohren und Beduinen / zurückgewiesen nach des Niles Strand, / und so befreit des alten Pelops Land.« Als finsteren Gegensatz zur neuen griechischen Freiheit prangert er Mißstände und Pfaffendespotismus in Spanien und Portugal an: »Nicht solches gilt jezt von Europas Westen; / In Portugal und Spanien sind die Besten / entweder schon durch Henkershand gefallen, / oder zum Theil noch in der Pfaffen Krallen.«

Am Silvesterabend 1829 rühmte er den deutschen Forschergeist: »Zulezt wenn wir auf andre Erdtheil vorwärts blikken, / muss jedes deutsche Herz bemerken mit Entzükken, / wie deutscher Forscher Geist Licht bringt in düstre Wälder, / in Steppen, Wüstenein, in Schnee und Eises Felder.« Wie die folgenden Zeilen zeigen, nimmt er unter anderem Bezug auf die neueste in russischem Auftrag unternommene Sibirien-

reise Humboldts, wobei der Forscher zum Erstaunen seiner Begleiter und der Eingeborenen bei Wind und Wetter, bei Frost und Schnee weder Zylinder noch Frack jemals ablegte, um sich dann an seinen Freund Neumann zu wenden, der eine Reise ins Reich der Mitte plante: »An Humboldt, Ehrenberg, Rosen, Erman und Buch / schließt bald sich Neumann, an den hier das Gesuch / gar freundlichst ergeht, vom Land der Apfelsinen / mit etwas Kaiserthee uns gütigst zu bedienen.«
Am Ende des Revolutionsjahres 1830 erinnerte sich der Autor zuerst der Ereignisse von 1789: »Ich kenn auch Klänge einer Jugendzeit / die ihr vor 40 Jahren oft dem Knaben / ein brennend Feuer in den Busen goss, / als »Freiheit Gleichheit« man erschallen hörte, / und lichte Morgenröthe rings den Völkern / bald schönere Tage zu versprechen schien.« Zeune mit elf Jahren ein Anhänger der Revolution? Die im Gegensatz zu 1789 unblutige Julirevolution begrüßte er jedenfalls, nicht minder ihre Folgen in Europa: Die Loslösung Belgiens von Holland und zumindest anfangs die polnische Erhebung gegen Rußland, um kurz danach bei der beginnenden Niederschlagung des Aufstands merkwürdig ambivalent das »milde Gefühl, das den edlen Kaiser Nikolai beseelt« zu preisen. Unerwähnt bleibt, daß Preußen und Österreich ebenfalls größere Teile Polens annektiert hatten; bedenkt man, daß Zeune einmal für eine Grenze an der Oder und ein unabhängiges Polen eingetreten ist, wirkt dies zumindest erstaunlich. Das Gedicht auf das Jahr 1830 endet mit einem Bekenntnis zum Fortschrittsglauben: »Auf festen Gründen steht mein Gottvertrauen, die Menschheit schreitet fort mit sicherm Schritt« und zum zivilisatorischen Auftrag des Christentums gleich welcher Couleur: »Zum Land der Hindu und Australien verbreitet England christlich mildes Recht, dasselbe Frankreich in Nordafrika und Rußland bei den rohen Kaukasvölkern.«
Die letzten Zeilen des Gedichtes zum Jahreswechsel 1830 bekennen sich eindeutig zu Preußen: »Im Herzen aber von Europa steht jezt (sic!) unser Preußen als ein Vorbild da für Menschenbildung und Gemeindewesen, für Geistesfreiheit und Gesezgebung.«[114] (sic!) Im Hinblick auf die vielen Unruheherde in Europa, auf das vorübergehende Abklingen scharfer reaktionärer Tendenzen in Preußens Innenpolitik, auf die moderate und friedliche Außenpolitik mag Zeunes Urteil zutreffen, erscheint jedoch bezüglich des nichterfüllten Verfassungsversprechens, des Ausschaltens demokratischer Bestrebungen, der politischen Unmündigkeit der Bürger wenig überzeugend.
In vielen Kommentaren seiner Silvestergedichte erinnert er zuweilen an jenen Bürger im »Faust«, der nach der behäbigen Feststellung über die Völker, die hinten weit in der Türkei aufeinanderschlagen, abends froh nach Hause kehrt und Fried und Friedenszeiten segnet.

Trotz verstärkter Hinwendung zum Privaten intensivierte Zeune in den zwanziger Jahren seine akademische Lehrtätigkeit. Nach zehnjähriger Pause entschloß er sich 1821, die erdkundlichen Vorlesungen wieder aufzunehmen, gerade zu dem Zeitpunkt als Karl Ritter, der bedeutendste Geograph der Zeit an die Berliner Universität berufen wurde.[115] Trotz oder gerade wegen dieser Konkurrenz kündigte Zeune im Wintersemester die Vorlesung »Erdkunde nach der Gea« an. Parallel las Ritter »Allgemeine Erdkunde« vor 24 Zuhörern, während Zeunes Vorlesung nicht zustandekam. Zeune kommentiert das im Vorlesungsverzeichnis resigniert: »Weil meine Vorlesungen keine Brodwissenschaften sind, so findet sich nie eine Zahl zusammen, wie ich sie verlange, um nur eine mäßige Entschädigung zu haben.« In Wahrheit konnten sich Zeunes in der »Gea« vertretene Auffassungen gegenüber modernen Sichtweisen nicht mehr behaupten. Denn mit Ritters grundlegendem zweibändigen Werk von 1818 »Die Erdkunde im Verhältnis zur Natur und zur Geschichte des Menschen« wurden so völlig neue Wege beschritten, daß der Autor bis heute neben Alexander von Humboldt als Begründer der wissenschaftlichen Geographie gilt. Trotz geringer Resonanz bot Zeune in den kommenden Jahren immer wieder erdkundliche Vorlesungen an, für die sich selten genügend Hörer fanden. Eine Ausnahme bildeten die Jahre 1833/34, als sich 55 bzw. 36 Studenten einschrieben; auch wenn man berücksichtigt, daß Ritters Vorlesungen in beiden Semestern ausfielen, ein respektabler Zuspruch. Trotz ihrer Rivalität blieben Zeune und der nur ein Jahr jüngere Ritter über viele Jahre in freundlich-wissenschaftlichem Kontakt, vor allem in Fragen der Kartographie.[116] So trafen sich beide nicht nur häufig in der erdkundlichen Gesellschaft, sondern nach 1838 in der »Geographischen Kunstschule«, die Heinrich Berghaus in Potsdam eingerichtet hatte, um junge Kartographen auszubilden. Außerdem experimentierten Ritter und Zeune gemeinsam mit Reliefgloben.

Im germanistischen Fach wurde Zeune ebenfalls im Wintersemester 1821/22 aktiv. Nach dem Vorlesungsverbot hatte er bis zum Sommer 1818 pausiert und war dann mit dem Thema »Über das Gedicht vom Sängerkrieg auf der Wartburg« zu altdeutschen Themen zurückgekehrt. In der Zeit der aufflammenden Demagogenverfolgung gab es eine erneute Unterbrechung. Dann entschloß sich Zeune, wieder Vorträge über das Nibelungenlied anzubieten. Anfangs vergeblich, da sich erst 1824 genügend Zuhörer einschrieben. Im folgenden Sommersemester ließ Zeune »seine Nibelungen« zu Gunsten der Ausführungen von der Hagens, der inzwischen auf eine besoldete Professur nach Berlin zurückgekehrt war, ausfallen. Zeune änderte sein Thema und trug über »Ulfilas Evangelium« vor. Hierfür interessierten sich sechzehn Teilnehmer, während Hagen für seine »Nibelungen« gerade zwölf gewinnen konnte. 1825 las Zeune über »Gothische Sprache« und veröffentlichte dazu eine Schrift mit dem Titel »Gothische Sprachformen und Sprachproben«. Karl Lachmann, Professor für alte Sprachen in Berlin, berichtete spöttisch an Jacob Grimm [117]: »Zeune ist durch vier Zuhörer, die er im Sommer mit seinem Gothischen publicum gehabt hat, so keck geworden, daß er auf den Winter gleich wieder liest.« Kritisch fiel auch das Urteil über seine entsprechende Publikation aus. Fränkel sprach von »längst unbrauchbaren Paradigmen«. Insgesamt fanden Zeunes Vorlesungsankündigungen der Gothischen Sprache wenig Zuspruch; nur einmal konnte er noch über das Thema referieren. Ähnlich erging es zur gleichen Zeit einem anderen, bedeutenderen Berliner Dozenten, Arthur Schopenhauer, dessen philosophische Vorträge ebenfalls mangels Zuspruch – die Zahl der interessierten Studenten schwankte meist zwischen Null und Drei – fast immer ausfallen mußten.

Zeune schied laut Vorlesungsverzeichnis im Sommersemester 1835 »von der Universität aus«. Vielen ehemaligen Kollegen blieb er weiter freundschaftlich verbunden, neben von der Hagen besonders dem Sprachwissenschaftler Bopp, durch Vermittlung der Brüder Humboldt seit 1821 außerordentlicher Professor, später Ordinarius für orientalische Literatur in Berlin.[118] Daneben belegen die Vorlesungsverzeichnisse, daß Zeune sich auch unter die Studenten mischte; so finden wir ihn im Winterhalbjahr 1830/1831 in Hegels Vorlesungen »Über die Philosophie der Weltgeschichte«.

Sechzehntes Kapitel

Reise nach Wien- Treffen mit Klein • Schwimmlieder • Von Pfuel •
Felix Mendelssohn-Bartholdy • Erdkundliche Gesellschaft • Weimar •
Dornburg • Goethe • Manzonis Napoleon Ode • Naturforscherversammlung in Berlin 1828

Auf seiner Reise nach Wien im August 1826 kam es dann zur persönlichen Begegnung der beiden Gründerväter des deutschen Blindenwesens Klein und Zeune. Bereits in der Ausgabe des »Belisar« von 1808 hatte Zeune Kleins erste Unterrichtsversuche an einem blinden Knaben gewürdigt. 1817 hatte Klein dann durch den Bericht Dr. Mucks Einzelheiten über die Berliner Anstalt erfahren. Am 10. August 1826 besuchte Zeune erstmals die Wiener Anstalt. Von diesem Tag an sollten beide weit über zwei Jahrzehnte freundschaftlich verbunden bleiben. Bei der Diskussion über Blindenausbildung standen Pläne für eine Blindenversorgungsanstalt neben der Diskussion über die Ausbildung Blinder zu Druckern oder anderen Handwerksberufen an erster Stelle. Seit dieser Begegnung konnten beide nachhaltig von den gegenseitigen Erfahrungen profitieren.

Im gleichen Jahr trat Zeune unter dem Pseudonym Frischmuth Wellentreter als Verfasser eines kleinen Gedichtzyklus, den »Schwimmliedern« an die Öffentlichkeit, die er mit einer Widmung an den »Deutschen Schwimmeister, Herrn General von Pfuel« versehen hatte.[119] Pfuel hatte kapp zehn Jahre zuvor für die Einrichtung einer Schwimm- und Badeanstalt in Berlin gesorgt, die vorwiegend dem Unterricht der bis dahin noch wenig verbreiteten »Leibesübung« diente. Zeunes »Schwimmlieder« sollten besondere Bedeutung erlangen, da der junge Felix Mendelssohn-Bartholdy der Bitte des Verfassers, »dieselben sangbar zu machen«, nachkam.

Baden und Schwimmen hatten in Berlin noch keine lange Tradition. Es war beim Bürgertum des 18. Jahrhunderts, teilweise noch zu Beginn des 19. geradezu verpönt, da zumindest in besseren Kreisen Puder und Parfum den Gebrauch des Wassers ersetzten. Um 1790 begann sich diese Einstellung zu wandeln. Anfangs gaben medizinische Aspekte den Ausschlag. Hufeland veröffentlichte in diesem Jahr seine »Nöthige Erinnerung an die Bäder und ihre Wiedereinführung in Teutschland«. Der Berliner Mediziner und Stadtphysikus Welper errichtete 1802 eine Badeanstalt in der Friedrichstadt, zu der ein Badeschiff mit Wannenbädern zählte.[120] Den Anregungen der Ärzteschaft folgten nationalpolitische Erwägungen. 1811 gründete der Zeunefreund Friedrich Friesen, Turner und Mitglied des Teutschen Bundes, die erste Schwimmanstalt Berlins. Freies Baden galt dagegen als unschicklich und wurde noch 1804 mit Rutenschlägen oder Geldstrafe verfolgt. Nach den Freiheitskriegen kam es zu einer Fülle von Neugründungen. 1830 wurden in Berlin bereits 18 Badeanstalten gezählt.[121]

Zeunes Widmungsträger Ernst von Pfuel war schon früh von der Idee fasziniert das Schwimmen populär zu machen und hatte bereits Jahre zuvor in mehreren Garnisonsstädten Schwimmanstalten mit dem Ziel eingerichtet, Abwechslung in den einförmigen Dienst seiner Untergebenen zu bringen. 1810 ließ er in Prag 150 Soldaten zweimal wöchentlich regelrechte Wassermanöver ausführen. Aus dieser Zeit sind Pläne bekannt, im Sommer 1811 »30.000 Schwimmer abzurichten«. Nur seine Versetzung nach Wien verhinderte die Realisierung dieses gigantomanischen Projekts. In der Prager Zeit knüpfte er enge Kontakte zum Freiherrn vom Stein, die neben Pfuels Begeisterung für Schwimmen und

Gymnastik die liberalen Züge seiner Persönlichkeit unterstreichen.[122]
Für die Errichtung der Berliner Schwimmanstalt hatte der Magistrat Pfuel ein Areal an der oberen Spree zur Verfügung gestellt. In dieser Anstalt erlernte der 16-jährige Felix Mendelssohn 1825 das Schwimmen. Darüber berichtet Eduard Devrient [123]: Es »wurden die Schwimmübungen mit wahrem Jubel betrieben (...), es hatte sich eine kleine Schwimmgesellschaft dafür gebildet (...). Klingemann (und hier irrt Devrient) dichtete Schwimmlieder, die Felix componierte und die man im Wasser schwimmend zu singen versuchte.«
Zeune zum einen über Zelter, dessen Singakademie er seit 1806 angehörte, zum anderen über den Maler Wilhelm Hensel [124], dem späteren Ehemann von Fanny, Felix' Schwester, auch mit der Familie Mendelssohn bekannt, nahm die Schwimmübungen des jungen Komponisten zum Anlaß, diesem die Vertonung der »Schwimmlieder« nahezulegen. In einem Brief von 1832 an seinen Kollegen Klein in Wien schreibt Zeune: »Sie werden meine Schwimmlieder mit Nachsicht aufnehmen. Felix Mendelsohn hat sie sehr hübsch in Musik gesetzt (!), aber sie sind (weder) gedruckt oder gestochen.« Trotz Zeunes Hinweis gab es lange Zeit Zweifel, ob die Lieder wirklich vertont worden sind. Dies lag zum einen daran, daß man den im Mendelssohnschen Hause wohnenden Hannoverschen Gesandschaftssekretär Klingemann als Verfasser ansah, zum anderen fehlte ein Autograph von Mendelsohns Hand, bis sich die Vertonung der ersten Strophe des Liedes »Stromübergang« von Mendelsohns Hand, gesetzt für 2 Tenöre, 2 Bässe und Chor fand.[125] Da Zeune und Devrient eine Mehrzahl von Liedern erwähnen, dürfte Hoffnung bestehen, noch weitere Schwimmliedervertonungen Mendelsohns zu entdecken.
In das Jahr 1828 fielen zwei für Zeune wichtige Ereignisse, an denen Alexander von Humboldt maßgeblich beteiligt war: Die Gründung der geographischen Gesellschaft und die Versammlung deutscher Naturforscher und Ärzte in Berlin. Beide sollten Zeunes weiteren Weg als Naturwissenschaftler nachhaltig beeinflussen. Humboldt hatte im November 1827 in der Akademie der Wissenschaften eine Vortragsreihe über physikalische Geographie begonnen, mit der er – wie Zeune berichtet – »in ferne Bereiche des Weltalls vorstieß«; hieraus sollte sich sein bedeutendes Spätwerk, der »Kosmos«, entwickeln. Seine Tätigkeit in der preußischen Hauptstadt gab den heimischen Geographen und Kartographen, an erster Stelle Ritter, Zeune und Berghaus[126] als deren führenden Vertretern, so wichtige Impulse und neue Anregungen, daß sich die Genannten mit anderen Fachkollegen kurz nach Abschluß der Humboldtschen Vorträge am 26. April 1828 trafen, um einen »Verein der Freunde der Erdkunde«, die spätere »Gesellschaft für Erdkunde«,

zu gründen.[127] Obwohl Humboldt nicht zu den Stiftern zählte, fungierte er als spiritus rector des Unternehmens. Zeune hat bei dieser Gesellschaft eine Fülle von Vorträgen gehalten, so bereits bei der ersten Sitzung ein Referat über »Marco Polo und über die in der hiesigen königlichen Bibliothek befindliche Handschrift seiner Reise«[128] und in den Folgejahren regelmäßig – sogar noch kurz vor seinem Tod – an den Versammlungen teilgenommen.

Auf die Anregung der erdkundlichen Gesellschaft gingen auch Zeunes Untersuchungen im Sommer 1828 zurück. Bei seiner Reise in den Thüringer Wald führte er vier Wochen lang regelmäßige Wärme- und Luftdruckmessungen durch.[129] Ein akribisch geführtes Protokoll hielt Ort und Zeit der Messung fest. Die Excursion erfuhr am 13. August eine Unterbrechung, als Zeune in Jena seine defektes Stockbarometer beim Instrumentenbauer Körner reparieren lassen mußte. Dieser führte ihm ein spezielles Flintglas vor, »womit Göthe in einigen Tagen die Fraunhoferschen Linien proben wolle«. Der weitere Weg führte Zeune nach Weimar, wo ein Besuch bei Goethe geplant war. Am 15. August vermerkt er im Tagebuch: »Früh gebe ich die Manzoni Ode in Göthes Haus ab, der in Dornburg ist«.[130] Goethe hatte sich – worüber sein Besucher nicht informiert war – bereits im Juli in das alte Schlößchen nach Dornburg zurückgezogen, um den Beisetzungsfeierlichkeiten des am 24. Juni verstorbenen Großherzogs Carl August, »jenen düstern Functionen«, wie er in einem Brief an Zelter schreibt, zu entgehen und sich ungestört Erinnerungen an den verstorbenen Freund und Gönner hinzugeben. Da Zeune den Dichter verfehlte, mußte er sich mit dessen ehemaligem Adlatus Friedrich Wilhelm Riemer begnügen. Gemeinsam forschten sie in der Bibliothek nach der altdeutschen Wurzel des Ortsnamens Weimar. Nach einer Visite bei Schillers Schwägerin, Frau von Wolzogen, suchte er Froriep auf, der »eine 9 fache Misgeburt von Schafen zeigt, worüber er in der Ges.(ellschaft) der Naturforscher, deren Mitstifter nebst Oken er ist, vortragen will«. Sie speisten gemeinsam und besuchten im Garten das Grab des 1822 verstorbenen Verlegers, Unternehmers und einstigen Arbeitgebers von Christiane Vulpius Bertuch, Frorieps Schwiegervater.

Die »Manzoni-Ode«, die Zeune vergeblich zu überreichen versuchte, findet sich noch heute in Goethes nachgelassener Bibliothek: Eine kleine 1828 in der Maurerschen Buchhandlung zu Berlin erschienene Druckschrift mit dem Titel »Der fünfte Mai / Ode auf Napoleons Tod« von Alex. Manzoni / In der Italischen Urschrift nebst Uebersetzungen von Goethe, Fouqué, Giesebrecht, Ribbeck und Zeune.«

Zur Vorgeschichte: Der bekannteste italienische Dichter des 19. Jahrhunderts, Alessandro Manzoni, hatte kurz nach dem Tod Napoleons

auf St. Helena ein Gedicht in Form einer Ruhm- und Trauerode auf den toten Kaiser verfaßt.[131] Wie Manzoni war und blieb auch Goethe – zumindest nach der denkwürdigen Begegnung in Erfurt – zeitlebens ein Anhänger Napoleons auch über dessen Fall und Tod hinaus.[132] Goethe und Manzoni verband aber nicht nur die Verehrung für den Kaiser der Franzosen, sondern vor allem eine besondere gegenseitige Wertschätzung, die sich bei Goethe nicht nur auf Manzonis berühmten Roman, die »Promessi sposi«, beschränkte, welche er kurz nach dem Erscheinen im Original gelesen hatte, sondern auch andere Arbeiten wie die »Adelchi« einschloß, ein Trauerspiel, das Manzoni dem Weimarer Kollegen gewidmet hatte.
Die Ode »In morte di Napoleone. Il cinque Maggio« hatte Goethe 1822, bald nach ihrem Erscheinen ins Deutsche übersetzt, aber so wenig Resonanz in Deutschland gefunden, daß er sich noch Jahre später, 1827, bei Eckermann beklagte: »Sie haben recht, die Ode ist vortrefflich. Aber finden Sie, daß in Deutschland einer davon redet? Es ist so gut als ob sie garnicht da wäre, und doch ist sie das beste Gedicht, was über diesen Gegenstand gemacht worden«.
Was nun den Franzosen- und Napoleonhasser Zeune und seine auch nicht eben kaisertreue preußische Dichtergemeinschaft bewogen hatte, die »Manzoni Ode« zu übersetzen und damit in Konkurrenz zum größten lebenden deutschen Dichter zu treten, bleibt unerfindlich, war aber von Zeunes Seite als Entréebillett bei Goethe nicht schlecht gewählt. Vielleicht ging die Anregung auf Zelter zurück, von dem Zeune ausdrücklich Grüße an Goethe auszurichten hatte, möglicherweise auf den Dichterfürsten selbst, den Zeunes bereits 1826 aufgesucht hatte.
Am 21. August, wenige Tage vor des Dichters 79. Geburtstag machte sich Zeune von Weimar nach Dornburg auf, um Goethe zu besuchen, der hier seit dem 7. Juli im »alten neu aufgeputzten Schlößchen« mit dem Blick auf das Tal und die Weinberge residierte. Gegenüber Eckermann äußerte Goethe: »Er verlebe so gute Tage wie Nächte (...) weide mich an der Pracht der jetzt zusammenstehenden drei Planeten (...) und halte geistige Zwiesprache mit den Ranken der Weinrebe.«
In ähnlicher Stimmung mag sich Goethe befunden haben, als Zeune ihn am Vormittag des 21. aufsucht. Zeune vermerkte in seinem Reisebericht: »Früh nach sechs fahre ich (von Weimar) mit einem Einspänner (...) an Vierzehnheiligen vorbei nach Dornburg nach dem Rathskeller. Ich besuche Göthe, der gerade im mittleren Schloß ist und sehr freundlich mich empfängt, Gespräch über Manzoni, den Muschelkalk der Umgegend und die Urthiere Schlotheims und Schleiermachers.« Zeune hatte zwei Tage zuvor den Baron von Schlotheim in seinem Landhaus in Gotha besucht, wo er ihn in seinem blumenreichen Garten seine

Morgenpfeife rauchend angetroffen hatte. Schlotheim allgemein durch seine Fossiliensammlung bekannt, diskutierte mit Zeune die neuesten Funde bei Alzey, wo im Grobkalk und Muschelsand vier Nashornarten und ein Tapir mit langen Stoßzähnen entdeckt worden waren, und berichtete, daß Schleiermacher, der Kustos des Großherzoglich-Hessischen Museums in Darmstadt, den Fund aufstellen wolle.[133] In dieser Richtung muß sich die Unterhaltung Goethes mit Zeune bewegt haben. Eine Bemerkung des Dichters zu Eckermann etwa ein Jahr zuvor mag dies zusätzlich illustrieren: Man hatte sich zu einer Spazierfahrt zum Ettersberg bei Weimar aufgemacht, auf der Höhe einige Muscheln und Reste von Ammoniten gefunden, wozu der alte Neptunist Goethe anmerkte: »Immer die alte Geschichte. Immer der alte Meeresboden. – Wenn man von dieser Höhe auf Weimar hinablickt (...), so kommt es einem vor wie ein Wunder, (...) daß es eine Zeit gegeben, wo im weiten Tal unten die Walfische ihr Spiel getrieben.«

Zeune fährt in seinem Bericht fort: »Gegend vom Schloßgarten aus reizend, deren westlichstes, wo Göthe wohnt, die Überschrift hat: *gaudeat ingrediens, laetatur et aede recedens,/His, qui praetereunt, det bona cuncta deus* [134].*1608.* Im östlichen hat Otto I gewohnt, dessen eiserne Bettstelle da sein soll ... gegen zwölf Uhr steige ich ins Thal hinunter (...). Ich esse im Mühlgraben und bade mich daselbst. Mittagsmahl oben mit heiteren Gesprächen über Herder, der oft dem Herzog in Kirchensachen fest sich widersetzt hat und über Herders Freund Göthe.«

Der Tag endete für Zeune mit einem ausgedehnten Fußmarsch von Dornburg über Roda nach Drößig, wo er zu nachtschlafender Zeit abends 10 $^{3/4}$ Uhr ankommt.

Goethe selbst kehrte dann am 11. September nach Weimar zurück; rüstig und ganz braun von der Sonne, wie Eckermann zu berichten weiß. Er war wieder eingespannt. Die Großherzogin-Mutter kündigte ihren Besuch an, dem jungen Hof, der sich beim Tod Carl Augusts in Rußland befunden hatte, mußte gehuldigt werden und zudem drohten »Besuche aus allen Gegenden. Das Zusammenkommen berühmter Naturforscher in Berlin hatte viele bedeutende Männer in Bewegung gesetzt, die, in ihren Wegen Weimar durchkreuzend, sich teils hatten melden lassen und deren Ankunft zu erwarten war.«[135]

An diesem »Zusammenkommen der Naturforscher« hatte Alexander von Humboldt maßgeblichen Anteil. Die Jahresversammlung von 1828 wurde dann auch – nach Überwindung mancher Schwierigkeiten – zu einem Höhepunkt im wissenschaftlichen und gesellschaftlichen Leben der preußischen Hauptstadt. Es war die siebente Zusammenkunft nach der Gründung. Den Plan, die Versammlung nach Berlin einzuberufen, hatte Humboldt bereits 1827 seit seiner durch schwindende finanzielle Resourcen bedingten Rückkehr nach Preußen verfolgt.[136] Seine Kosmosvorträge in der Akademie erwiesen sich als die wissenschaftliche und gellschaftliche Attraktion, an der tout Berlin, »vom König bis zum Maurermeister« teilnahm. Dank des ausgezeichneten Kontaktes Humboldts zu seinem Souverän – für den großen Schweiger Friedrich Wilhelm III. war der polyglotte Gelehrte, der fesselnd druckreif vortragen konnte, sicher der ideale »Gesprächspartner« – gelang es ihm, den Widerstand des Königs gegen die »demokratische« Naturforscherversammlung in Berlin zu überwinden und der epochale Erfolg des Unternehmens gab Humboldt in jeder Hinsicht recht.

Humboldt erklärte sich auch bereit den Vorsitz zu übernehmen, was dem Ereignis besonderes Gewicht von internationaler Bedeutung verlieh. Schließlich ließ er es sich auch nicht nehmen, die Eröffnungsrede zu halten, welche er mit einer Würdigung der »teuren Namen der Naturforschung« einleitete: Allen voran Goethe, dessen »Forscherblick in alle Tiefen der Natur tauchte«, dann die »Patriarchen vaterländischen Ruhms« Olbers, der zwei Weltkörper entdeckte, Sömmering [137], den Erforscher der Sonnenfackeln und -flecken, und Blumenbach als vergleichenden Anatomen, Physiologen und Forscher der gesamten Naturkunde. An der Versammlung nahm eine so große Zahl von Mitgliedern teil – insgesamt 463 –, daß man sich erstmals entschloß, die Vorträge in sieben verschiedenen Sektionen abzuhalten. Im Lauf der Zeit sollten sich die Naturforscherversammlungen zu einem Dreh- und Angelpunkt aktueller Forschung entwickeln. Zeune wurde zum ersten Mal zu den Sitzungen eingeladen. Auch wenn er vorläufig nur als Zuhörer fungierte, bedeutete die Teilnahme eine besondere Auszeichnung. Eine negative Einschätzung bezüglich seiner politischen Haltung hatte Zeune nicht zu befürchten, wird doch von Zeitgenossen berichtet, daß es sich selbst der Demagogenverfolger von Kamptz nicht nehmen ließ, Arm in Arm mit dem national-liberalen Oken, von seinen Gegnern als der »wahre Gott-sei-bei-uns der Demagogie« apostrophiert, einherzuschreiten. Ebenso hat die »Polizeyakte: Betr. Naturforscher-Versammlung 1828« nichts zu vermelden. Zeune nahm von diesem Zeitpunkt an fast regelmäßig an den Jahresversammlungen teil, nicht nur als Zuhörer, sondern auch als Vortragender und Vorsitzender einzelner Sektionen, was für die Wertschätzung seiner wissenschaftlichen Verdienste spricht.

Siebzehntes Kapitel

1830: Revolutionen in Europa • Cholera 1831 • Silberne Hochzeit
Zeunes • Reise nach Wien 1832

Die Pariser Revolution von 1830, eine Folge des gescheiterten Staatsstreiches Karls X., löste in einigen Ländern Europas erhebliche Unruhen aus. In Bologna, Parma und im Kirchenstaat revoltierte die Bevölkerung. Zwischen protestantischen und katholischen Kantonen der Schweiz kam es zu schweren Auseinandersetzungen. Die Brüsseler Bürger lehnten sich gegen die Oranierherrschaft auf und gerieten im September in schwere Straßenkämpfe.
In Berlin kam es zur gleichen Zeit zur sogenannten Schneiderrevolte. Ausgangspunkt und Keimzelle der Bewegung war die Schneidergesellenherberge in der Breiten Straße. Mit dem Ruf nach Freiheit, Gleichheit und Brüderlichkeit zogen die Burschen am 14. September auf die Straße, »um die Revolution auszurufen«. Es kam in den nächsten Tagen zu heftigen Zusammenstößen zwischen Anhängern der Bewegung und der Staatsmacht. Gendarmen und Militär gingen mit aller Härte gegen die Demonstranten vor, obwohl manche ihrer Forderungen keinen besonders revolutionären Hintergrund erkennen ließen; so propagierte man die Abschaffung der Hundesteuer und die Aufhebung des Rauchverbotes im Tiergarten. Auch wenn die »Schneiderevolte« nach wenigen Tagen in sich zusammenfiel und eine flüchtige Episode blieb, zog die aufgeschreckte Obrigkeit die Konsequenzen. An erster Stelle standen der Beschluß, wieder härter gegen Demagogen vorzugehen, und der Plan, neue Gefängnisse zu errichten. Dank der bald verdreifachten Kapazität konnten in den kommenden zehn Jahren über 100.000 Verhaftete – etwa ein Drittel der Bevölkerung Berlins – »untergebracht« werden.
In Rußland schien man entschlossen, den Krieg gegen »die Hydra der Revolution« aufzunehmen. Zar Nikolaus I. plante zum einen, in Frankreich zu Gunsten Karls X. einzugreifen, zum anderen schien er auch bereit, die Oranier mit Waffengewalt gegen die Belgischen Separatisten zu unterstützen; ein Schritt, der durch die Kriegsunlust Englands, Österreichs und nicht zuletzt Preußens verhindert wurde. Alle drei Mächte verspürten wenig Neigung, erneut russische Heere in Mitteleuropa zu sehen. Anders lagen die Dinge in Polen: Ende November brach in Warschau ein Aufstand los. Eine Handvoll polnischer Adliger erstürmte das Schloß des Zarenbruders, des inzwischen geflohenen Großfürsten Konstantin. Die Russen wurden vertrieben; der polnische

Reichstag erkannte den Romanows die Königskrone Polens ab. Als Antwort ließ der Herrscher aller Reußen 170.000 Mann gen Warschau marschieren. Ihnen folgte ein ebenso gefährlicher Feind, die Cholera, die sich schnell unter den Soldaten beider Armeen und unter der Zivilbevölkerung ausbreitete. In Preußen wurden einschneidende Maßnahmen zur Abwehr der Seuche ergriffen. Natürlich machte die Epidemie nicht Halt vor der Grenze und wanderte von Ostpreußen aus ungebremst gen Westen.

Am Abend des 28. August 1831 rief man zwei Ärzte auf den Torfkahn des erkrankten Schiffers Johann Wegener nach Charlottenburg. Das Krankheitsbild erwies sich als höchst choleraverdächtig. Als der Patient am nächsten Morgen starb, gab es keine Zweifel, daß die Seuche auch die preußische Hauptstadt bedrohte. In aller Eile wurden neue Lazarettplätze und ein »Cholerafriedhof« eingerichtet, Schutzdeputationen berufen, zu denen auch Zeune gehörte, Choleraverdächtige und Kranke isoliert.[138] Obwohl der Charakter der Epidemie noch unbekannt war – erst 1883 sollte Robert Koch den Erreger Vibrio cholerae entdecken – gelang es bald, die Seuche erfolgreich einzudämmen. Ende Januar 1832 weist die Statistik für den Zeitraum der vergangenen fünf Monate 2.271 Krankheitsfälle mit 1.426 Toten aus, sodaß von ca. 230.000 Einwohnern nur etwa ein Prozent erkrankte. Das war eine erstaunlich niedrige Zahl, bedenkt man die mangelhaften hygienischen Verhältnisse in Berlin, wo doch jedes Jahr 200.000 Eimer mit Fäkalien von der Jungfernbrücke in die Spree gekippt wurden, eine Arbeit, welche die »Nachtemmas« zu verrichteten hatten. Besucher berichteten über Bürgersteige und Dämme, die vor Schmutz untermischt mit Küchen- und Schlachtabfällen starrten, über Rinnen zwischen der Straße und den Bürgersteigen mit aufgetürmten Resten der Nachtopfinhalte, sowie über nur mit Brettern abgedeckte Rinnsteine, selbst in einer der prächtigsten der Stadt, der Leipziger Straße. Da die Berliner ihr Trinkwasser den Brunnen entnahmen, ging von der Verschmutzung der Gewässer – von wenigen Ausnahmen abgesehen – jedoch keine direkte Gefahr aus.[139]

Die Blindenanstalt blieb von der Cholera verschont.[140] »Hat zwar die Seuche von der Ganga Fluren / aus diesem Kreise keinen fortgeschafft« wie Zeune im Silvestergedicht 1831 festhält, um fortzufahren: »Ein theures Haupt ward noch zulezt (!) befallen / und eilte raschen Flugs dem Tode zu / ja Hegel ward betrauert von uns allen, drum wünschen wir dem Denker stille Ruh.« Hegel war am 14. November 1831 zu einem Zeitpunkt, als die Seuche bereits am Abklingen war, innerhalb weniger Stunden an der Cholera verstorben, neben Gneisenau das prominenteste Opfer der Epidemie. Ähnlich war es Hegels Vorgänger Fich-

te ergangen, der sich 1814 bei der Pflege seiner kranken Frau infiziert hatte und kurz danach einer Typhusinfektion erlegen war.
Trotz der immer noch grassierenden, wenn auch langsam abklingenden Epidemie hatten Zeunes eine große Zahl von Freunden und Verwandten zum Jahreswechsel 1831 eingeladen, denn diese Silvesternacht fiel mit ihrer Silberhochzeit zusammen und beides wollte man festlich zu begehen. Ein Blick auf die Teilnehmer gewährt einen Einblick in den Freundeskreis. Er setzte sich – bis auf einen Angehörigen des Militärs – aus Akademikern zusammen, unter denen sich ein Sprachforscher, zwei Ärzte, ein Pfarrer und ein extra aus Finnland angereister Zoologe befanden. Den weitesten Weg hatte Freund Neumann hinter sich, der von einer zweijährigen Reise aus China zurückkehrt war. Dem Anlaß entsprechend ist Zeunes Silvestergedicht, das sich in »Tafellieder« und die eigentliche »Silvesterrede« gliederte, besonders umfangreich. Das erste Tafellied »besingt« die noch grassierende Cholera [141], ein durchaus ungewöhnlicher Beginn für die Feier der Silbernen Hochzeit.
Das zweite Lied, betitelt »Das Gewitter«, beschäftigt sich mit den Unruhen in Europa, dem Aufstand in den Niederlanden mit der Loslösung Belgiens, den regionalen Unruhen in Italien und der Niederwerfung des polnischen Aufstandes. Der Refrain »in unserm Vaterland herrscht heitre Ruh« verweist immer wieder auf die geordneten Verhältnisse in Preußen. Dann begrüßt und würdigt Zeune die einzelnen Gäste. Erstaunlicherweise – schließlich feiert man die Silberhochzeit – wird in den überlieferten Gedichten weder die Leistung seiner Frau gewürdigt, noch der vergangenen 25 Ehejahre gedacht. Da wir einfühlsame Gedichte Zeunes an seine Frau besitzen, liegt der Gedanke nahe, daß uns der entsprechende Part der Silvesterfeier nicht überliefert ist.
Die von Zeune ausführlich besungene Cholera verhinderte auch das Treffen der Naturforscher im Jahr 1831. Es war die erste Unterbrechung seit der Gründung. Für die Versammlung 1832 hatte man Wien als Tagungsort gewählt, doch äußert Zeune noch in einem Brief vom Juni 1832 an Klein Zweifel, ob die Tagung stattfinden könne.
In Verbindung mit dem anstehenden Naturforscherkongreß in Wien verfaßte Zeune ein etwas naives Gesuch an den König. Er bat um einen Zuschuß für die geplante Reise, da es sein sehnlichster Wunsch sei nach Wien zu fahren und Europas Süden, das heißt auch Italien kennenzulernen. Die Reisedauer veranschlagte er auf 3-4 Monate. Nach dem Besuch des Kongresses gedachte Zeune nach Venedig und dann von Rom bis Neapel zu reisen. Obwohl der Antragsteller auf den Erfolg der 1820 durchgeführten Unternehmung verwies und den anschließend geplanten Besuch der Dresdner und Prager Anstalt mit beruflichem Interesse begründete, wurde das Gesuch abschlägig beschieden. So

blieb die Italienreise ein zeitlebens unerfüllter Traum. Doch trotz der Absage reiste Zeune nach Wien, um Klein zu besuchen und an den Sitzungen der Naturforscher teilzunehmen. Er hatte seinen Kollegen bereits von Berlin aus darum gebeten ihm »eine billige, doch gute Wohnung« möglichst nahe den Zusammenkünften zu besorgen.

Die Versammlung von 1832 war die erste, die außerhalb Deutschlands abgehalten wurde. Vorsitzende waren Joseph Johann Littrow, der Direktor der Wiener Sternwarte, und der Naturforscher und Weltreisende Nicolaus Joseph von Jacquin, auch der österreichische Linné genannt.[142] Beide blieben seit dieser Zeit Zeune freundschaftlich verbunden. Man hatte von österreichischer Seite keine Kosten und Mühen gescheut, den Rahmen der Versammlung besonders glänzend zu gestalten und wollte bewußt in Konkurrenz zu der vier Jahre zurückliegenden beeindruckenden Zusammenkunft in Berlin treten. Die Huld des kaiserlichen Hauses schwebte über der Versammlung. 75 Eilpostwagen brachten 450 Teilnehmer zur kaiserlichen Tafel; ein Ereignis, das eigens in einer lithographischen Serie festgehalten wurde. Sogar Fürst Metternich, der damals noch Allmächtige, ließ sich sehen, obwohl die liberale Haltung vieler Teilnehmer bekannt war.

Die Fülle von Nebenveranstaltungen übte einen solchen Reiz auf die versammelten Forscher aus, daß ganze Sektionen tagelang den Sitzungen fernblieben. Littrow mußte endlich die Beteiligten in einer »Kapuzinerpredigt«, einer Straf- und Bußrede, zur Ordnung rufen, damit auch die wissenschaftlichen Belange zu ihrem Recht kämen und die Vorträge wie gewohnt stattfinden könnten, wenn auch vielleicht nicht alle gleich fesselnd waren; so hielt Wawrusch einen lateinischen Vortrag über die Geschichte der »biblischen Cholera« mit dem Titel »Disquistio medica Cholerae cujus mentio in sacris biblis occurrit«.

Bereits drei Tage nach der Ankunft in Wien suchte man Klein und dessen Blindenanstalt auf, von Zeune als »herrlicher Blindenpalast« apostrophiert. Klein machte ihn mit einem reichen Förderer der Anstalt, dem Edlen von Trattner bekannt; außerdem nahm Zeune an einer Prüfung der Zöglinge teil. Ende des Jahres schreibt er an Klein: »Wie ein schöner Morgentraum kommt mir noch immer der liebe Aufenthalt in Wien vor und Sie und Ihre verehrte Gattin bilden darin den hellglänzenden Mittelpunkt.« Dann greift er die Idee Kleins auf, Zeunes Sohn Rudolf als Blindenlehrer nach Wien zu holen: »Zu Ostern wird er die hohe Schule beziehen und Mathematik und Naturwissenschaften studiren. Dann kann er in drei Jahren zu Ihnen kommen.« Rudolf besuchte zu diesem Zeitpunkt noch das Gymnasium »Zum Grauen Kloster«. Wie aus anderen Quellen hervorgeht, hatte Zeune seinen Sohn – in eigener Sache dynastisch – zu seinem Nachfolger ausersehen.

Am Schluß des Briefes berichtet Zeune über den Beginn der Arbeiten an der optischen Telegraphenstrecke – nach Zeunes Schreibart »Zeichenposten« – von Berlin nach Köln; eine brandneue Information, denn erst zwei Wochen zuvor hatte man mit dem Bau begonnen. Erste Station war die Sternwarte in der Dorotheenstraße, zweite die St. Annen-Kirche in Dahlem, es folgten der Schäferberg und der Telegraphenberg bei Potsdam. Die Gesamtstrecke umfaßte 61 jeweils elf Kilometer voneinander entfernte Stationen von Berlin bis ins Rheinland. Zur Beobachtung der einzelnen Stationen verwandte man besonders scharfe »Fernröhren«. Bei guten Sichtverhältnissen benötigte eine Depesche mit 30 Zeichen von Berlin nach Köln anderthalb Stunden. Beim Postweg war man an andere Zeiten gewöhnt, so traf der Brief Zeunes vom 15. Dezember 1832 laut Vermerk Kleins erst nach acht Wochen am 19. Februar 1833 in Wien ein, wobei zu fragen ist, ob die Zensur oder das Postsystem hieran die Schuld trugen.

Achtzehntes Kapitel

Reisen • Wissenschaftliche Interessen • Naturforscherversammlungen
• Rothenburgsche Erbschaft • Tod Rudolfs

In den kommenden Jahren verband Zeune seine Reisen regelmäßig mit dem Besuch der Jahresversammlungen der Naturforscher und Ärzte. Was die wissenschaftliche Welt bewegte, wurde hier vorgetragen und diskutiert: Die Anthropologen befaßten sich seit den grundlegenden Arbeiten Blumenbachs mit Fragen der Schädelkunde und frühzeitig mit der möglichen Verwandtschaft des Menschen mit den Menschenaffen, den Rassen und der Rassenkunde, die Geologen beschäftigten Probleme der Erdgeschichte und Fossilienfunde, was zur Prägung des Begriffes »Leitfossil« führen sollte; in der Astronomie gewann man durch den Einsatz verbesserter Fernrohre und den Bau neuer Sternwarten richtungweisende Erkenntnisse, wobei Diskussionen über Kometenbahnen und Sternentstehung breiten Raum einnahmen
Die Schattenseite sprunghaft anwachsender neuer Forschungsergebnisse zeigte sich schnell, da diese Entwicklung unaufhaltsam zu einem weiteren Auseinanderdriften der Disziplinen, zu einer wachsenden Spezialisierung führte. Humboldt, der die Gefahr einer solchen Entwicklung früh erkannt hatte; wagte den Versuch, die verschiedenen Zweige der Naturwissenschaft mit dem Überbau der Kunst, mit der

bildlichen Darstellung, zusammenzuhalten, ein Unterfangen das letztlich zum Scheitern vereurteilt war. Zeune, der möglichst keine der Versammlungen ausließ, beschäftigte sich mit einer Vielzahl von Themen, wie seine Aufzeichnungen über Sitzungsverläufe, Vorträge und Diskussionsbeiträge akribisch belegen; auch ließ er sich häufig zu eigenen Forschungsarbeiten anregen. Das Rahmenprogramm, von Zeune in seiner lebenslustigen und kontaktfreudigen Art immer geschätzt, bot den Teilnehmern willkommene Abwechslung. Neben Forschung und Lehre nahmen das Wiedersehen, der Gedankenaustausch mit anderen Gelehrten und nicht zuletzt der Klatsch unter wie über Kollegen breiten Raum ein; in diesem Punkt dürften sich die Versammlungen der Naturforscher nur wenig von den Kongressen unserer Tage unterschieden haben. Doch blieb Zeune nicht nur passiver Teilnehmer, er trug auch selbst vor und führte – eine besondere Auszeichnung – vereinzelt den Vorsitz bei den geognostischen Sitzungen.

1833 traf man sich in Breslau. Ein Ziel, das Zeune besonders willkommen war, da hier sein Lieblingsschüler Johann Knie als Blindenlehrer wirkte. Zeune, der immer gern mit der Familie reiste, ließ sich diesmal von seinen beiden, nun erwachsenen Kindern begleiten. Am 17. September erreichte man den Tagungsort und am kommenden Morgen begannen die Sitzungen. Im Eröffnungsvortrag behandelte Alexander von Humboldt das Thema Naturwissenschaften und Kunst: »Über Landschaftsmalerei als Forderung der Naturwissenschaft«, wobei er, wie Zeune weiter ausführt, »den Einfluß von Hodges Gemälden von Indien auf seine eigene Bildung«[143] betonte. In den folgenden Tagen nahm Zeune regelmäßig an den Sitzungen der geognostischen Abteilung teil. Zum Mittagessen begab sich der größte Teil der Sitzungsteilnehmer in den Börsensaal. Hier ging es ungezwungen zu, da nach Zeunes Bericht »Gesang und Klang das Mahl erheiterten«.

Trotz des vielseitigen Rahmenprogramms wurden die Sitzungen nicht vernachlässigt. Am darauffolgenden Morgen kam Zeune auch als Vortragender zu Wort; seine Themen: »Über Klödens Versteinerungen der Mark[144] und über Bergers Hochbild des Riesengebirges«. Die anschließende Sitzung eröffnete er mit dem Thema: »Über die Gränzen (sic) von Nord- und Süddeutschland in geognostischer staaten-, volk- und kirchentümlicher Hinsicht«, wobei seine Ausführungen eindeutig unter dem Einfluß Ritterscher Ideen standen. Die Sitzung wurde mit einem Vortrag Humboldts: »Über Meerströme, (Golf- und Chili-Strom)« beendet.

Am darauffolgenden sitzungsfreien Sonntag besuchte Zeune Knies Blindenanstalt. Er traf hier den Freiherrn von Stein, den jüngsten Sohn Charlotte von Steins »Fritz«, der in seiner Jugend mehrere Jahre bei

Goethe in dessen Gartenhaus an der Ilm verbracht hatte. Stein, seit 12 Jahren Direktor der Blindenanstalt und laut Zeune »Medea sehr ähnlich«, machte den Cicerone und führte den Gast durch die Anlagen über die Ziegel- und Taschen-Bastei. Für die Sitzung am 24. September wählte man Zeune erneut zum Vorsitzenden (nach seiner Schreibart: Vorsizer). Den Abend verbrachte er in Begleitung seiner Tochter bei der Gräfin Einsiedel; unter den weiteren Gästen fanden sich neben von Stein der mit Zeune seit Jahren gut bekannte Weimarer Mediziner Froring. Für die Rückfahrt stellte die Gräfin – eine nicht alltägliche Geste – ihren Wagen zu Verfügung. Am folgenden Sitzungstag kam neben Froring, der über Medizinalstatisik vortrug, auch Zeune noch einmal zu Wort: Er berichtete über eine in England geplante neue Ausgabe des »Plinius«.

Die nächsten drei Tage nutzten viele Teilnehmer zu einer größeren Excursion. Einen besonderen Höhepunkt stellte der Ausflug nach Waldenburg zum dortigen Bergwerk dar. Hier fuhr die ansehnliche Gesellschaft in sechs Kähnen unter Bergmusik in den Stollen ein, um in der Schuckmannshalle ausgedehnt zu frühstücken. Anfang Oktober ging es zurück nach Berlin. Die letzten drei Reisetage faßt Zeune dann im Telegrammstil, der an den seines Königs erinnert, zusammen.[145]

In die Blindenanstalt zurückgekehrt überrascht die Hausfrau mit einer Neuerung: Sie hat auf dem Kirchhof einen Wall aufrichten lassen – frühere Eingaben Zeunes, Hof und Weg pflastern zu lassen, waren stets vergeblich gewesen. Zeune erwähnt die angenehme Neuerung im Sylvestergedicht 1833: »Damit wir im Winter durch den tiefen Kot hätten keine Noth. Dadurch hat die Anstalt zu aller Frommen besseren Zugang bekommen.« Und er fährt fort: »Doch hat sie seit Kurzem noch größeres erworben, da von Rothenburg gestorben der sie zum Haupterben ernannt, wie wohl jedermann bekannt.« Infolge dieser Erbschaft sollte sich in der Zukunft vieles ändern. Vorerst blieb jedoch alles beim Alten, denn zur Annahme der Hinterlassenschaft bedurfte es zuallererst der Zustimmung des Königs.

Rothenburg hatte am 23. Juli 1832 sein Testament verfaßt und die Berliner Blindenanstalt zum Universalerben seines ganzen beweglichen und unbeweglichen Vermögens eingesetzt. Einem immer wieder tradierten Gerücht zufolge soll sich Rothenburg während der Choleraepidemie in die Blindenanstalt geflüchtet, die kritische Zeit dort unbeschadet überstanden und danach aus Dankbarkeit sein Vermögen dem Institut vermacht haben; doch finden sich weder in den Akten noch in Zeunes Aufzeichnungen irgendwelche Anhaltspunkte für diese Version. An die Erbschaft waren neben der Auszahlung etlicher Legate einige Bedingungen geknüpft, darunter die Anordnung, »daß der Direktor der Blindenanstalt ein standesgemäßes Begräbnis anordne, besorge und ausführe, und dafür sorge, daß mein Körper nicht eher zur Ruhe gestattet werde, als bis er obduziert worden (der zu dieser Zeit weitverbreitete Furcht, als Scheintoter begraben zu werden, sollte so vorgebeugt werden), daß er für die Obduktion 50 Thaler zahle und für mein Begräbnis 300 Thaler verwende.«

Im folgenden Jahr, am 1. Dezember 1833, starb der Rittmeister und Domdechant von Rothenburg im Alter von 66 Jahren und wurde sechs Tage später auf dem Dorotheenstädtischen Kirchhof beigesetzt. Vorher hatten zwei Ärzte die vom Erblasser gewünschte Obduktion vorgenommen. Im Sommer des folgenden Jahres stimmte der König der Schenkung zu und damit fiel ein Vermögen im Wert von 88.000 Reichstalern – nach heutigen Maßstäben ein Millionenbetrag – dem Blindeninstitut zu.

Doch trotz der außerordentlichen Hinterlassenschaft blieben die Verhältnisse in den folgenden drei Jahren unverändert. Zeune reiste erneut zur Naturforscherversammlung, diesmal nach Stuttgart. Hier waren die Geologen besonders zahlreich vertreten. Die Teilnehmer berichten von etlichen, sehr ausgelassenen Exkursionen in die Umgebung. Neben Humboldts Freund, dem unverwüstlichen von Buch, waren etliche andere bedeutende Geologen mit von der Partie. Unter den vielen Vortragenden finden wir auch Zeune, der über eine hydrographische und orographische Karte von Württemberg[146] referiert.

Nach Zeunes Rückkehr traf ihn und seine Familie ein schwerer Schicksalsschlag. Am 28. Oktober starb überraschend der gerade 21-jährige einzige Sohn Rudolf. Die Angehörigen waren untröstlich, die Hoffnungen dahin. Bonnell schreibt über die Verfassung seines Freundes: »Die Ruhe war aus seiner harmlosen Seele gescheucht, und er, der sonst immer ein so freundlicher Tröster und Ermunterer gewesen, suchte jetzt Trost bei Freunden und bei dem, der allein helfen kann, wenn Rath und Trost verschwinden.« Für einige Monate vegetierte das Institut mehr schlecht als recht vor sich hin. Knie, der im darauffolgenden Jahr ganz ohne fremde Hilfe eine Reise zu den wichtigsten Anstalten Deutschlands unternehmen sollte, für einen Blinden damals ein unerhörtes Unterfangen, berichtet Ende 1835 noch von der desolaten Stimmung in der Berliner Blindenanstalt.

Obwohl es lange Zeit brauchte, den schmerzlichen Verlust zu verkraften, nahm Zeune die Rothenburgschen Erbschaft zum Anlaß, seine Pläne für eine Versorgungsanstalt wieder aufzugreifen, die im Gegensatz zu früheren Vorschlägen ausschließlich den entlassenen Zöglingen seines Instituts offen stehen sollte. Zeune führte in großzügiger Auslegung des Testamentes an, daß der Dechant von Rothenburg sein Vermögen zu einer Art Hospital oder Asyl für fleißige und arme Blinde legiert habe. Das Ministerium vertrat dagegen die Meinung, Rothenburg habe bestimmt, der Nachlaß solle zur Erweiterung der Anstalt verwendet werden: »Zunächst für arme Blindgeborene, in Ermanglung dieser, arme Blindgewordene und erst in Ermanglung auch dieser, arme verkrüppelt geborene oder gewordene« und kam zu dem Schluß, daß eine Erweiterung des Instituts in seiner jetzigen Verfassung als Unterrichts- und Erziehungsanstalt für blinde Kinder vorrangig sei, da an Bewerbern dieser Art bis auf weiteres kein Mangel sei. Diese Auffassung entsprach zweifelsohne den Tatsachen. Die Stellungnahme Altensteins schloß mit dem Hinweis, Zeunes Gesuch erscheine wenig begründet, wenigstens sei es zu frühzeitig.

Trotz – oder vielleicht wegen – des großen Verlustes begab sich Zeune mit Frau und Tochter am 1. September 1835 erneut auf eine ausgedehnte Reise, diesmal nach Köln. Sie zog sich über acht Wochen hin und sollte nicht zuletzt die Familie von den traurigen Ereignissen des letzten Jahres ablenken. Eingeplant war die fast schon obligate Teilnahme an der diesmal nach Bonn einberufenen Versammlung der Naturforscher. Auf dem Weg dorthin besuchte man in Halle die von den Brüdern Krause gegründete Blindenanstalt, der keine dauernde Existenz beschieden sein sollte [147], und traf sich mit dem alten Dichterfreund Fouqué. Die Weiterfahrt ging über Friedrichslohra, wo eine Schule nebst Erziehungshaus für Zigeunerkinder Zeunes Aufmerksamkeit fesselte.[148]

In Köln besuchte man die in fünf Hallen untergebrachte Gemäldeausstellung, ebenso wie den Chor des unvollendeten Doms. Bei Zeunes Besuch bot sich der Dom noch im Zustand von 1560 mit dem spätmittelalterlichen Kran.

Ein Dampfschiff brachte die Reisenden nach Düsseldorf. Hier suchte man Schadows Werkstatt im Schloß auf und fand den Sohn des »alten Schadow«[149] bei der Arbeit an einem Altarbild, einer Kreuzabnahme. Wehmütige Erinnerungen weckte die Visite in Immanuel Fichtes[150] Stube, in der Zeune »des guten alten Fichtes Bild und Büste« entdeckte. Am nächsten Tag ging die Reise ebenfalls mit dem Dampfschiff bei strömendem Regen weiter. Nach dem Genuß etlicher Gläschen Curacao mit denen sich die Gesellschaft »gegen den immerwährenden Nebel gestärkt hatte«, erreichte sie ihr Ziel, den Tagungsort Bonn. Beim dortigen Treffen nahm die Diskussion über Knochen- und andere fossile Funde einen breiten Raum ein. Hierbei kam es zu einer Auseinandersetzung, ob gemeinsame Funde von Knochen des Höhlenbärs und des Menschen auf eine Gleichzeitigkeit deuteten. In einer Vortragspause traf Zeune den Buchhändler Murray[151], den Verleger Lord Byrons, um mit ihm Kaffee zu trinken. Bei einer anderen großen Gesellschaft begegnete man der »Schopenhauer und ihre[r] Tochter«. Die Sitzungen wurden wieder von einem umfangreichen Ausflugsprogramm begleitet, unter anderem zum Laacher See, hinter dessen Entstehung die Teilnehmer vulkanische Kräfte vermuteten.

Zeune stattete dem Literaturprofessor an der Bonner Universität, Karl Simrock zwei Besuche ab. Die beiden fachsimpelten in feuchtfröhlicher Sitzung über altdeutsche Epen und Simrock regte eine erdkundliche Bearbeitung der »Wilkina«(Wikinger)-Sage durch Zeune an. Über Koblenz, Rüdesheim und Wiesbaden ging die Reise weiter nach Mainz. In Mainz wurde Zeune von der Familie Goldschmidt zur Teilnahme an der Feier des Laubhüttenfestes eingeladen, worüber er im Reisetagebuch berichtet: »Dann führte mich B. zu Michel Goldschmidt (...), wo das Laubhüttenfest in einer an der Decke mit Blumen, Früchten und Laub geschmückten Stube, wo durch Räderwerk das Dach geöffnet werden konnte, (weil unter freiem Himmel) gefeiert wurde.« Im Gegensatz zu manchem seiner (deutsch)nationalen Gesinnungsgenossen scheinen Zeune antisemitische Tendenzen überhaupt fremd gewesen zu sein. In seinen Reiseberichten erwähnt er häufig Begegnungen mit Juden, doch finden sich an keiner Stelle abfällige oder gar judenfeindliche Kommentare. Zwar plädierte er in seinen Schriften für eine Ansiedlung der Juden in Palaestina, doch ohne entsprechende antisemitische Untertöne; einen solchen Plan sollte schließlich auch Theodor Herzl am Ende des Jahrhunderts propagieren.

Nach Mainz, wo man zum Schluß noch mit dem hier geborenen Freund Bopp zusammentraf, war Frankfurt das nächste Ziel. Zuerst ging es zur Konstablerwache; hier saßen noch 11 Demagogen ein – Teilnehmer des gescheiterten Sturms auf die Hauptwache.[152] Man besichtigte Goethes Geburtshaus auf dem Hirschgraben und nahm abends an einer Gesellschaft beim Bürgermeister Thomas teil, bei der das Hauptgespräch um die Goethefreundin Bettina von Arnim kreiste. Am nächsten Tag besuchte Zeune den Buchhändler Brönner, der Zeunes Globen recht erfolgreich vertrieb.[153] Letzte Stationen waren Gotha, Weimar – hier stellte Zeune Ottilie von Goethe seine Tochter vor – und Zeitz, von wo aus die Fahrt nach Berlin 31 Stunden dauerte.

Der letzte uns für dieses Jahrzehnt überlieferte Reisebericht stammt aus dem Jahr 1836. Auch diese Reise sollte der Zerstreuung dienen[154], daneben war der Besuch der Naturforscherversammlung, die diesmal nach Jena einberufen worden war, vorgesehen. Auf dem Weg dorthin besuchte man Naumburg, wo ein Verwandter Augustes am Oberlandesgericht tätig war. Mittags speiste man gemeinsam mit dem Dompre diger, wobei »eine Wanderung von Made(i)ra über Bordeau(x) nach dem R(h)ein und Main nach Tokai alles in die heiterste Stimmung bringt«. Das Tischgespräch drehte sich um das frisch erschienene Werk des Schleiermacherschülers Strauß, »Das Leben Jesu«[155], ein erster und gleich nach dem Erscheinen heftig umstrittener Versuch, Jesus als historische Person zu fassen. Wobei es immer wieder erstaunt, in welchem Umfang Zeune auch über aktuelle geisteswissenschaftliche Strömungen informiert ist.

Bei einem Ausflug nach Freyburg an der Unstrut kommt es zum Treffen mit Jahn, dem Kampfgefährten aus frühen Tagen, der immer noch als quasi Verbannter lebt. Am 18. September erreicht man Jena, am nächsten Tag findet die öffentliche Sitzung in Gegenwart der Großherzöge von Weimar und Oldenburg statt. Aus der Fülle der dann folgenden Vorträge seien nur einige herausgegriffen: Lichtenstein referiert über ein Bindeglied zwischen Lurchen und Fischen. Man streitet, wer als erster die Idee geäußert habe, die Wirbel setzten sich im Schädel fort, wobei auch Goethe ins Spiel kommt.[156] Andere Referate befassen sich ebenfalls mit Schädeln; einem Thema, das Zeune zehn Jahre später noch einmal in einer eigenen Arbeit aufgreifen wird. Humboldt berichtet über »Über Verschiedenheit des Naturgenusses in Bezug der phys. Weltbeschreibung«, womit sich der »Kosmos« ankündigt. Dann demonstriert er Baumzeichnungen des Tropenmalers Rugendas. Die Harmonie von Natur und Kunst formte sich, wie bereits angedeutet, – in der Nachfolge Schellings – zum zentralen Gedanken und trügerischen Wunschbild des älteren Humboldt, der dem Auseinanderfallen der modernen Naturwissenschaften durch den »Katalysator« Kunst entgegenwirken wollte. Abschließend trägt er »Über die Besteigung des Chimborassos mit Boussingault«[157] vor.

In diesem Jahr scheinen Humboldt und Zeune in engerem Kontakt gestanden zu haben; so vermerkt Zeune mehrere Begegnungen; zum einen die gemeinsame Einladung beim Botaniker Voigt, dem Direktor des botanischen Gartens in Jena, zu der auch von Buch und der russische Staatsrat Trinius geladen waren. Dabei erwähnt Letzterer im Gespräch, daß er die Großfürsten nach der »Gea« unterrichtet habe. Von einer anderen Abendgesellschaft berichtet Zeune, daß Humboldt mit ihm lange über Herder gesprochen habe. Bei einem gemeinsamen Abendessen der Naturforscher stellt Zeune »Drescher, der 11 Jahre in England gewesen und der eben nach der neuen Niederlassung auf der Känguruh-Insel abgeht«, Humboldt vor.

Ein Ausflug ins benachbarte Weimar beginnt mit einem Besuch im Haus am Frauenplan. Der Sekretär Kräuter zeigt den Besuchern einen goldenen Lorbeerkranz mit Smaragden, gestiftet von der Stadt Frankfurt und das goldene »Petschaft from friends of England to the German master«. Anschließend stattet man der kranken Ottilie von Goethe einen Besuch ab. Mittags wird Zeune im Belvedere dem Weimarischen Hof vorgestellt. Der Großherzog unterhält sich mit ihm über die Blindenanstalt, die Großherzogin über den alten Glanz Weimars. Anschließend lädt man zum gemeinsamen Mittagessen in die Gewächshäuser ein. Am Nachmittag besucht Zeune das römische Haus und Goethes Gartenhäuschen an der Ilm. Hier begegnet man noch einmal Kräuter, der Zeune »den Platz zeigt, wo Göthe hat begraben sein wollen«. Am Abend wohnt man einer Aufführung des Tasso bei. Um 1 Uhr nachts sind die Reisenden in Jena zurück.

Doch der Empfang in Weimar bleibt nicht die einzige Begegnung mit dem höheren Adel auf dieser Reise. In Eisenberg wird Zeune auf das Schloß zum Prinzen Georg, dem Bruder des Herzogs von Altenburg, und seiner Frau, der Prinzessin Maria aus dem Hause Orléans eingeladen. Bei der Tafel entspinnt sich ein lebhaftes Gespräch über die Versammlung der Naturforscher, eine Unterredung, der sich Zeune noch kurz vor seinem Tode erinnern wird. Über Gräfenhainichen und Wittenberg geht es zurück nach Berlin »wo uns Emma und Platen freudig empfangen.«[158]

Ende 1836 konnte Zeune selbst vom Rothenburgschen Legat profitieren. Altenstein erwirkte für ihn beim König eine »Gehaltserhöhung um 200 Taler aus der Rothenburgschen Stiftung«; die erste Aufbesserung seit Jahrzehnten. Jetzt erhielt er 1.200 Taler pro anno. Im nächsten Jahr stand auch eine weitere Verwendung der Stiftungsgelder zur Diskussion. Vorab mußte die Frage geklärt werden, ob das Haus auf dem Georgenkirchhof erweitert werden sollte oder ob es sinnvoller sei, ein neues zu erwerben. Gegen eine Erweiterung des bisherigen Gebäudes sprach zweierlei: Einem Anbau würde der größte Teil des Gartens zum Opfer gefallen sein, der Aufbau einer dritten Etage erschien zu kostspielig. Daher gingen die Pläne dahin, ein neues Gebäude zu erwerben. Die Wahl fiel schließlich auf das Grundstück Wilhelmstraße 139, das ehemalige Plamannsche Institut, das nach dem Tode seines Gründers zum Verkauf stand. Es schien bestens geeignet, da es über einen großen Garten verfügte und keine wesentlichen Umbaumaßnahmen notwendig waren. Letzteres dürfte besonders ins Gewicht gefallen sein. Da das bisherige Gebäude auf dem Georgenkirchhof für 12.000 Taler veräußert werden konnte, wurden die Stiftungsmittel nicht über Gebühr in Anspruch genommen.

Zeunes Vorschläge, »Zufluchtsörter für erwachsene und ausgebildete Blinde« zu errichten, blieben zwar unberücksichtigt, doch ermöglichte der Umzug, endlich eine deutliche Erweiterung des Institutes. So stieg die Zahl der Freistellen auf 24. Es konnten neue Lehrer eingestellt und die Gehälter erhöht werden. Am 6. Juni 1839 schrieb Altenstein an den König [159], daß durch die Erweiterung der Anstalt sich auch das Lehrpersonal für den wissenschaftlichen Unterricht – vorher nur durch Zeune, seine Frau und einen Hilfslehrer erteilt – vermehrt habe. Altenstein schlug vor, den neu hinzugekommenen Cantor Schmidt zum ersten Lehrer mit einem Jahresgehalt von 400 Talern und freier Wohnung, den bisherigen Hilfslehrer Bartholdy zum 2. ordentlichen Lehrer mit 300 Talern, ebenfalls mit freier Wohnung avancieren zu lassen. Auch der unermüdliche Hauswärter Kosan wurde nicht vergessen; er sollte eine Zulage von 50 Talern zu den bisherigen 150 erhalten, »da sich seine Mühewaltung verdoppelt hat« und »ihm die Pflege, Wartung und Obhut der Zöglinge untersteht«. Alle Vorschläge wurden vom König mit der Maßgabe genehmigt, die Geldmittel aus den Überschüssen der Stiftung zu bestreiten. Auch Zeune äußerte sich Anfang 1839 in einem Brief an Klein; er berichtet, Mitte September des Vorjahres in die Wilhelmstraße umgezogen zu sein. Das »Überirdische« des Hauses sei geräumig und schön, nur das »Unterirdische« (die Keller) niedrig und feucht. Ergänzend teilt er mit, daß neben den bereits erwähnten neuen Kräften ein Turn- und ein Werklehrer neu angestellt worden seien.

Neunzehntes Kapitel

Regierungsantritt Friedrich Wilhelms IV. • Rehabilitierungen und Reformen • Oratorium Huß und Karl Loewe • Naturforscherversammlung in Bremen 1844 • »Arbeiternot« • Tod Auguste Zeunes

40: Eine magische Zahl für die Historiker Preußens. 1640 löste Friedrich Wilhelm, der Nachwelt besser als Großer Kurfürst bekannt, den glücklosen Georg Wilhelm als Herrscher über das im Dreißigjährigen Krieg weitgehend verheerte und entvölkerte Brandenburg-Preußen ab, 1740 wurde Friedrich II., später der Große genannt, als Sukzessor seines Vaters, des mit 52 Jahren abgeschiedenen Soldatenkönigs Friedrich Wilhelm I., zum König von Preußen gekrönt, 1840 starb nach 43jähriger Herrschaft Friedrich Wilhelm III. und Friedrich Wilhelm IV. trat die Nachfolge an, (dessen Großneffe Kaiser Wilhelm II. verfehlte schließlich – wie so oft – die magische Zäsur: Er starb 1941 im Doorner Exil). Wenige Wochen vor dem Ableben des alten Königs hatte auch Altenstein der Tod ereilt. Damit war ein unermüdlicher, stiller Förderer Zeunes von der politischen Bühne abgetreten. Trotz zunehmender Verkrustung der Verwaltung mit stark rückwärts orientierten Tendenzen war es dem Minister selbst in den letzten Jahren seiner Amtszeit noch gelungen, etliche Reformen vor allem im Bereich des Schulwesens durchzusetzen, an erster Stelle die Ausdehnung der allgemeinen Schulpflicht auf das gesamte Staatsgebiet.[160] Versuchen, die klassische Bildung an den Gymnasien zurückzudrängen, hatte er erfolgreich Widerstand geleistet. Altensteins Bemühungen war es auch zu verdanken, daß die Lehrerausbildung zunehmend verbessert werden konnte: hierzu zählten die Einführung eines Probejahrs für Lehramtskandidaten und auch Zeunes Idee der praktischen Seminaristenausbildung am Blindeninstitut. Man hatte sogar einen Pensionsfonds für alte und kranke Lehrer einrichten können. Daß der »Bremser« Karl von Kamptz seit 1832 dem Ministerium nicht mehr angehörte, hatte solche Bestrebungen sicher gefördert. So konnte unter der Ägide Altensteins 1834 ein allgemein verbindliches »Abiturienten-Prüfungsreglement« beschlossen werden, auch kam das lange verpönte Turnen wieder zu Ehren und wurde bereits 1837, noch zu Lebzeiten Friedrich Wilhelms III., als Gymnasialfach empfohlen. 1839 hatte der Minister sogar ein Gesetz zur Einschränkung der Kinderarbeit vorbereitet, ein Übel für dessen Abschaffung er bereits seit langer Zeit gekämpft hatte, außerdem hatte er sich über Jahre erfolgreich für die Einrichtung von weiteren Armenschulen eingesetzt, die nach langem Ringen 1837 endlich der städtischen Aufsicht unterstellt werden konnten.

Die meisten Untertanen glaubten fest, daß mit dem Tod des alten Königs die Zeit der Stagnation, der Unmündigkeit, der nicht erfüllten Versprechen endgültig zu Grabe getragen werden würde. Alle aufgeschobenen und verdrängten Wünsche, alle bisher vergeblichen Hoffnungen konzentrierten sich auf den Thronfolger. Nach sovielen Jahren des geduldigen Stillhaltens, des erzwungenen Rückzugs ins Private erwartete die Mehrheit, daß sich nun alles gründlich ändern würde. Ähnliche Gedanken und Hoffnungen bewegten auch Zeune. Wie viele Bürger wünschte er sich demokratischere Verhältnisse, doch unter Führung »seines Herrscherhauses«, das belegen die Erinnerungen seines ehemaligen Zöglings und späteren inzwischen durch eine Operation von seiner Blindheit geheilten Vorlesers Freudenberg. Dieser führte in der Rede zum 100. Geburtstag seines Lehrers aus, Zeune habe zu denjenigen gehört, »die mit Ergebenheit und Geduld, wenn auch mit tief innigem Verlangen auf eine Umgestaltung der inneren Staatsverhältnisse warteten«.

Die allerersten Maßnahmen Friedrich Wilhelms IV. ließen einen grundlegenden Wandel erhoffen und lösten hochgespannte Erwartungen aus. Anläßlich seiner Thronbesteigung verkündete der neue Herrscher eine umfangreiche Amnestie für politische Gefangene und Untersuchungshäftlinge, zu denen viele sogenannte Demagogen und etliche Burschenschaftler zählten, ein Großteil von ihnen zu langen Haftstrafen verurteilt; denn auch in den letzten Regierungsjahren seines Vorgängers waren die Urteile weder milder geworden, noch hatte sich deren Zahl verringert. Allein 1836 waren noch 204 Burschenschaftler verurteilt worden, davon 39 zum Tode, den Rest zu langen, lebenslänglichen Haftstrafen. Die ihnen zur Last gelegten Delikte scheinen zum Teil banal: Freiheitslieder, schwarz-rot-goldene Pfeifenquasten oder bei einem der prominentesten Opfer, dem Dichter Fritz Reuter, die Teilnahme an sogenannten Umtrieben der Burschenschaft in Jena, die ihm eine Verurteilung zum Tode, später in 30-jährige Festungshaft umgewandelt, eingetragen hatte. Als bleibender Gewinn für die Nachwelt entstand der Roman »Ut mine Festungstid«. Reuter und alle verurteilten Gesinnungsgenossen kamen frei.

Aber der neue König ging noch weiter. Ein Großteil der in den letzten zwei Jahrzehnten übel Verfolgten oder aus dem Amt Gejagten wurde rehabilitiert. Zu diesem Kreis zählten etliche alte Freunde und frühere Mitstreiter Zeunes. Der Freiheitskämpfer und -dichter Ernst Moritz Arndt konnte auf seinen Bonner Lehrstuhl zurückkehren, General von Boyen, der frühere Kriegsminister, während dessen Amtszeit Zeune 1816 zum wichtigsten Mentor für den Kriegsblindenunterricht avanciert war, wurde aus dem selbstgewählten Ruhestand in den Staatsrat berufen. Zum Kultusminister und damit künftigen Vorgesetzten Zeunes ernannte der König Karl Friedrich Eichhorn, der – wenn auch nicht in gleichem Maße wie sein Vorgänger – Zeune und der Blindenanstalt durchaus wohlwollend gegenüberstand. Die Verbannung eines der Hauptopfer der Reaktion, des Turnvaters Jahn, einst einer der engsten Verbündeten Zeunes, wurde endlich aufgehoben. 15 Jahre hatte er mit strengsten Auflagen, die einem Berufsverbot gleichkamen, unter ständiger, mißtrauischer Beobachtung in der tiefsten Provinz, zuletzt im sächsischen Freyburg verbracht, wo Zeune ihn auch vier Jahre vor der Rehabilitierung besucht hatte. Nun durfte er nach Berlin zurückkehren und erhielt als Entschädigung vom König eine Pension. Jahn brachte es später sogar noch zum Abgeordneten des Frankfurter Parlamentes und trat zum Erstaunen und Befremden seiner liberalen (Ex-) Freunde für ein Erbkaisertum der Hohenzollern ein.

Ein anderer Vorkämpfer des Turnwesens, Ferdinand Maßmann, der einst nicht nur Mitveranstalter des berüchtigten Wartburgfestes, sondern auch Hauptinitiator der Bücherverbrennung gewesen war, wurde sogar von seinem Münchener Posten nach Berlin abgeworben, um hier – wenn auch erst 1842 – die Organisation des Turnunterrichts zu übernehmen. Wie eng Maßmann als begeisterter Sprachreiniger Zeune verbunden war, belegen Heines böse Verse, seine spöttisch-sarkastischen »Lobgesänge auf König Ludwig«: »Nur Altdeutsch verstand er, der Patriot / Nur Jakob Grimmisch und Zeunisch; Fremdwörter blieben ihm immer fremd, /Griechisch zumal und Lateinisch.«[161] Wenn auch Maßmanns Berufung im Hinblick auf seine demagogische Vergangenheit erstaunlich war, sah man in der Aufnahme der Brüder Grimm in die Berliner Akademie der Wissenschaften und ihre Ernennung zu Professoren der Universität ein deutliches Zeichen neuer preußischer Liberalität. Hiermit wagte der König einen richtungsweisenden Schritt, den ihm Bettina von Arnim schon 1839 als damaligem Kronprinzen nahegelegt hatte. Dies übrigens sehr zum Ärger ihres inzwischen ausgeprägt konservativen Schwagers von Savigny (Justizminister und früherer Mentor der Brüder) und gegen den Widerstand des einst engen Grimmfreundes Lachmann. Beide Grimms waren wie etliche ihrer Kollegen als Mitglieder der »Göttinger Sieben« infolge des Verfassungsstreits von Ernst August von Hannover (dessen Nachfolger Georg V. von Hannover nach seiner Erblindung selbst zu einem verfassungsrechtlichen Problem werden sollte[162]) ihrer Professuren an der Göttinger Universität verlustig gegangen und seitdem ohne Stellung und Einkünfte. Sie lebten zwar schon seit 1837 in Preußens Hauptstadt; doch wäre eine Entscheidung, wie sie jetzt Friedrich Wilhelm IV. traf, unter dem alten Regime undenkbar gewesen. Aber der neue Herrscher entschloß sich zu einer noch weitergehenden Geste: Er empfing einen überzeugten Republikaner, den Dichter Georg Herwegh, zu einem Gespräch, bei dem der bekannte Ausspruch des Königs fiel: »Ich liebe eine charaktervolle Opposition.« Herwegh zeigte sich von der königlichen Huld wenig beeindruckt. Acht Jahre später finden wir ihn als – glücklosen – Radikalenführer und gescheiterten Revolutionär. Alle Maßnahmen des neuen Königs wurden – besonders im Ausland – sorgfältig registriert; so bezeichnete der russische Gesandte in Berlin, von Meyendorff, den Richtungsschwenk als »une certain couleur libérale«.

Doch die unterschiedlichsten Maßnahmen Friedrich Wilhelms IV. ließen keine einheitliche Linie erkennen. Der schon häufiger zitierte Varnhagen, zeitlebens ein scharfer Kritiker des Monarchen, fällte 1842, zwei Jahre nach dessen Regierungsantritt, folgendes Urteil: »Mittelalter, Liberalismus, Kirchlichkeit, Aufsichtsstrenge und Preßfreiheit, Adelsvorliebe und Bürgerlichkeit, alles läuft nebeneinander her, und Maß und Ziel fehlen in allem!«

Auch in der Verfassungsfrage blieb die Haltung des Königs merkwürdig unbestimmt. Bei den Huldigungsfeiern im Oktober 1840 hatte er – an das Verfassungsversprechen seines Vaters von 1815 erinnernd –, sol-

che Forderungen zur Enttäuschung der Bürger zwar abgelehnt, andererseits jedoch – allerdings erst im April 1847 – eine Versammlung sämtlicher Provinzialstände, den Vereinigten Landtag, einberufen. Diesen Schritt verfolgten die politisch wachen, wenn auch weitgehend machtlosen Bürger mit Spannung, glaubte man doch, daß mit der Einberufung des Landtags der Weg zu einer dauernden parlamentarischen, möglicherweise konstitutionellen Einrichtung freigemacht würde. Zu diesem Kreis gehörte auch Zeune, der es sich nicht nehmen ließ, etliche Mitglieder der Versammlung persönlich aufzusuchen, um mit ihnen politische Gespräche zu führen. Zeune selbst glaubte in seinem Überschwang, daß der Versammlung des Landtages »der Anbruch einer schönen herrlichen Morgenröthe, der heitere und glückliche Tage für das Vaterland folgen würden«. Diese Erwartungen sollten sich nicht erfüllen. Spätestens mit dem Scheitern der demokratischen Bewegung von 1848 waren solche Träume für lange Zeit ausgeträumt.
In den ersten Regierungsjahren jedoch herrschte eine liberale Grundstimmung vor. Auch Zeune wurde von neuen freiheitlichen Strömungen erfaßt. Bei der Jubiläumsfeier der Buchdrucker am 25. und 26. September 1840[163] – sie war als eine das gesamte Deutschland umfassende Veranstaltung konzipiert – hatte er die Ehre, als einer der Festredner eingeladen zu werden. Hier führte er unter anderem aus, »daß es viele kleine und stille Gemeinden gibt, welche eine eigentümliche Druckerei und völlige Preßfreiheit (!) haben«. Diese Bemerkung dürfte sich schwerlich nur auf die Blindendruckereien beziehen (auch in Zeunes neuer Anstalt wurde jetzt fleißig gedruckt), sondern muß in allgemeinem Zusammenhang gesehen werden; schließlich gebrauchte Zeune das Wort Freiheit seit Jahrzehnten zum ersten Male wieder öffentlich.
Anfang des Jahres 1843 erfuhr Zeunes Tätigkeit auch »höheren Ortes« Anerkennung. Auf »höchsten Befehl« wurde ihm der Rote Adlerorden IV. Klasse verliehen. Auf Anordnung der Königlichen Generalordenskommission lud man Zeune »für den 22. Januar 10 Uhr im königlichen Schlosse zum Krönungsordensfest in der Schloßkapelle und zur königlichen Tafel ein«.
In diese Umbruchzeit fiel die Aufführung des Oratoriums »Johann Huß«[164], zu dem Zeune den Text gedichtet hatte; die Vertonung seiner Verse stammte von Karl Loewe, der Allgemeinheit heute fast nur noch durch seine Balladen – vor allem durch die »Uhr« – bekannt. Zeune hatte sich bereits nach seiner Schweizer Reise 1824 intensiv mit dem Wirken des böhmischen Reformators und Freiheitshelden beschäftigt; seine puristische Auffassung von Protestantismus gab dem Werk eine besonders strenge Färbung, die von manchem Zuhörer als zu schroff kritisiert wurde. In den Oratoriumstext arbeitete er den 23. Psalm mit

dem bekannten Text : »Der Herr ist mein Hirte« ebenso ein wie den Choral »Was mein Gott will, das gescheh' allzeit«, dessen Melodie dann Loewe fast leitmotivisch immer wieder anklingen ließ. Die Uraufführung fand 1839 unter Loewes Leitung in Stettin statt; die Berliner Erstaufführung ging am 16. Dezember 1841 ebenfalls unter seiner Stabführung in der Singakademie über die Bühne und wurde zumindest einmal wiederholt. Aus dem Todesjahr Zeunes 1853 hat sich ein in herzlich-ironischem Tonfall gehalter Brief Loewes an Zeune erhalten. Anlaß des Schreibens war ein neues Oratorium, das Zeune gedichtet und dem Komponisten zur Vertonung zugesandt hatte. Loewes freundlich verbrämte Ablehnung des Auftrages lautete: »Mein herrlicher Zeune, großer Professor, Doktor und Ritter h.O. (hoher Orden) (...) Sie haben ein Oratorium gedichtet, – ich möchte es wohl lesen –, sage aber im Voraus, die Zeit der Oratorien ist vorüber, es fragt niemand danach.« In der Schlußpassage heißt es dann: »In unbeschreiblicher Verehrung und Liebe mich Ihnen und den verehrten Ihrigen empfehlend, verbleibe ich Ihr entsetzlich brüllender Loewe.«

1842 reiste Zeune zum Naturforschertreffen nach Mainz und unmittelbar danach nach Straßburg, um gemeinsam mit Hoffmann von Fallersleben, der ein Jahr zuvor das »Deutschlandlied« verfaßt hatte, an einem Kongreß liberaler Wissenschaftler teilzunehmen.

Zwei Jahre später war er auch auf der nach Bremen einberufenen Naturforscherversammlung vertreten. Die Reisemodalitäten hatten sich inzwischen geändert. Zeune und seine Frau, die ihn wie so häufig begleitete, benutzten statt der Kutsche die Eisenbahn.[165] Am Abend des 12. September erreichte man Braunschweig; am nächsten Tag wurde die von Dr. Lachmann hier 1829 gegründete Blindenanstalt besucht. In Hannover machte man einen Abstecher zur 1842 vom Sohn des Dresdner Flemming gegründeten kleinen Anstalt. Die Weiterfahrt gestaltete sich schwierig, da das Dampfschiff von Nienburg wegen Nebels aufgehalten wurde, daher ging es mit dem Omnibus nach Bremen weiter. Nachdem Zeune im Stadthaus 1 1/2 Thaler Gold bezahlt hatte, bekam er eine Wohnung zugewiesen. Dann begab er sich zur ersten Sitzung der astronomisch-geographischen Abteilung. Es ging ebenso wie am nächsten Tag um Kometen und Kometenschweife. Am kommenden Tag besichtigte er »die zu verlosenden Naturalien«, darunter zwei Schädel von »Mexikanern«. Mittags untersuchte er mit Lichtenstein einen Walfischfoetus. Zwei Vorträge des kommenden Tages beschäftigten sich erneut mit Schädeln, davon einer mit der Phrenologie, der andere mit Hünenschädeln. Am kommenden Tag fuhren die versammelten Naturforscher mit drei Dampfschiffen nach Bremerhafen, wo für 400 Gäste gedeckt war. Die Tafel ließ nichts zu wünschen übrig; so labte man sich an von Helgoland gestifteten Austern und Hummern. Dazu wurden besondere Tropfen ausgeschenkt, »Bordeaux und Champagner erheiterten das Mahl«. Bei der nächsten Sitzung trug Zeune über Sprachvergleiche »zwischen Sprachen und Völkern beider Westen« vor. Am 24. September feierte das Ehepaar Augustes Geburtstag; gleichzeitig fand die letzte Sitzung statt; in der unter anderem Lichtenstein über den Zoologischen Garten in Berlin sprach.[166] Einige Tage wurde in Hamburg Station gemacht, dann ging es am 3. Oktober mit der »Prinz Karl«, einem Dampfschiff der Seehandlung, über Wittenberge und Havelberg bis Potsdam und von dort das letzte Stück mit der Eisenbahn nach Berlin zurück.

In diesen Jahren erschienen einige wichtige sozialkritische Arbeiten. Auch Zeune von Berufs wegen täglich mit dem Elend der Armen konfrontiert, äußerte sich in einer Publikation zum aktuellen Thema. Er setzte sich mit dem zunehmenden Elend der Arbeiter – Opfer der frühindustriellen Entwicklung – auseinander. Ähnlich kritisch hatte er bereits 25 Jahre zuvor über die Zustände in England geurteilt. Das Ergebnis seiner Überlegungen faßte er in der Schrift »Die Ursache und Heilung der Arbeiternot« zusammen, die 1845 veröffentlicht wurde; zwei Jahre nach Bettina von Arnims anklagendem Buch über die Nöte des Proletariats mit dem von ihr – als Schutz vor der Zensur – geschickt gewählten Titel »Dies Buch gehört dem König.«[167] Ein weiteres Armenbuch Bettinas, das sich eingehend mit der Not der schlesischen Weber befaßte, wurde nicht mehr veröffentlicht, da es inzwischen zu vom preußischen Militär so brutal niedergeschlagenen Aufständen der Weber gekommen war und Bettina im Fall einer Publikation dieser Arbeit wohl in den Verdacht einer geistigen Urheberschaft zu geraten fürchtete. Zwei Jahre nach Zeunes Schrift über die Arbeiternot erschien das »Kommunistische Manifest«.

Ende August des Jahres 1845 traf Zeune ein großer Verlust. Seine Frau Auguste, die ihm fast 40 Jahre zur Seite gestanden hatte, starb wenige Wochen vor ihrem 72. Geburtstag; schon in den letzten Jahren hatte sie trotz Anwendung verschiedener Kuren zunehmend gekränkelt. Mit ihrem Tod verloren Zeune und sein Blindeninstitut den guten und ordnenden Geist. Auguste wurde in der Zeune-Gruft, dem Erbbegräbnis der Familie auf dem St. Georgen-Kirchhof neben ihrem Sohn Rudolf beigesetzt. Bonnell, langjähriger Freund des Hauses, hat kurz nach Zeunes Tod das Verhältnis der Eheleute treffend charakterisiert: »Er hatte eine Lebensgefährtin gewonnen, die ihm mit Umsicht und unermüdlicher Tätigkeit vierzig Jahre zur Seite stand, und eine, für ihn nothwendige und wohlthätige, Ergänzung seines Wesens bildete. Denn der harmlose, sich stets offen hingebende lieber mit der idealen, als der wirklichen Welt verkehrende Mann bedurfte für das äußere Leben eines sicheren und zuverlässigen Haltes, bedurfte eines die äußeren Verhältnisse mit Treue und alles Einzelne mit Sachkenntnis durchdringenden Verstandes und Beides hatte er in seiner Gattin im besten Maße gefunden.«

Die siebente Ausgabe des »Belisar« von 1846 vermerkt dann als Lehrerin für weibliche Handarbeiten die verwitwete Dr. Groth, geb. Hahn aus Zeitz, vermutlich eine Schwester Auguste Zeunes. Weder der Umzug und die Erweiterung der Anstalt, noch der Tod von Zeunes Frau änderten die seit langer Zeit gewohnten Ordnung im Blindeninstitut. So hält schon ein früherer Verwaltungsbericht von 1842 fest: »Solange indessen nicht eine Veränderung in der Person des Vorstehers eintritt, wird schwerlich eine durchgreifende Reform sich erwirken lassen«.

Zwanzigstes Kapitel

Alltag in der Wilhelmstraße • Schulunterricht • Kantor Schmidt und die Musik • »Über Schädelbildung« • Fortschreitende Erblindung und Pensionierung Zeunes

Mit dem Plamannschen Institut in der Wilhelmstraße hatte man eine ausgezeichnete Wahl getroffen; es entsprach allen Anforderungen, da sein Gründer die Erziehungsanstalt ebenso wie Zeune nach Pestalozzischen Grundsätzen eingerichtet und geführt hatte.

Das neue »Local«, seine Bewohner, ihr tägliches Leben schildert uns ein ehemaliger Zögling Zeunes, Emil Recholtz[168], sehr anschaulich; da er die letzten fünf Jahre der zu Ende gehenden Zeuneära noch miterlebt hat. Die Wohn- und Unterrichtsräume des neuen Instituts verteilten sich auf Vorder- und Gartenhaus, die Stufen der weinüberwachsene Veranda führten in den mit Obstbäumen bestandenen Garten. Um die Idylle zu vervollständigen, fanden sich noch zwei Gartenlauben, eine für die Zöglinge, eine weitere für den Kantor Schmidt.[169] Spätestens an diesem Punkt der Schilderung fühlt man sich an Theodor Hosemann und seine liebenswürdigen Bilder aus dem Berliner Biedermeier erinnert, vor allem wenn man sich dazu Zeune mit Käppchen und pelzbesetztem Rock vorstellt, wie ihn das bekannte Porträt aus späten Lebensjahren zeigt. Mit besonderer Liebe berichtet Rechholtz über den aus Sachsen stammenden Hauswart des Instituts, Kosan, ein Original mit grobem Äußerem und zarter Seele. Verantwortlich für das morgendliche Wecken der ihm Anvertrauten, die Reinigung ihrer Waschschüsseln und das Putzen ihrer Stiefel, stand er seinen Schützlingen oft hilfreich zur Seite, pflegte und versorgte sie in leichten Krankheitsfällen und scheute sich nicht, seine Kompetenzen zum Nutzen der Zöglinge zu überschreiten. Kosan hauste mit seinem Ehesgespons, einer gestandenen Marketenderin aus dem 1815er Feldzug, in Gesellschaft eines Kanarienvogels, einer Nachtigall, einer Taube und einer Katze in der Hausmeisterstube, einem beliebten Zufluchtsort der Schüler, die sich »an mancher kräftigen Redensart« der ehemaligen Kriegsteilnehmerin – nicht selten von ihnen bewußt provoziert – erfreuten.

Daß die Schüler sogar Schabernack treiben durften, spricht für Zeunes mildes Regiment und die Gutmütigkeit des Hausmeisters. Selbst bei den Orgelübungen schlugen die Zöglinge nicht selten über die Stränge: Da der Orgelraum gegenüber der Hausmeisterwohnung lag, bot sich eine mißbräuchliche Verwendung des Instrumentes geradezu an. Nicht nur, daß zeitweilig mit allen sechs Registern in höchster Lautstärke geübt wurde, man entlockte der Orgel auch gern Posaunenklänge, um dem alten Mann dann treuherzig zu versichern, daß niemand ein solches Instrument gespielt habe.[170]

Den Unterricht in Geschichte, Geographie, Deutsch und Literatur erteilte Zeune, zumindest in der I. Klasse, selbst.[171] In Erdkunde wurden neben zwei Tasterdbällen, eine Reliefkarte von Europa und eine Deutschlandkarte aus Eisen verwand. Nach dem Vorbild der von Zeune sehr geschätzten Lancasterschulen hatten ältere Schüler die Jüngeren anhand des Kartenmaterials zu unterrichten und gleichzeitig den aktuellen Lehrstoff zu repetieren. Für den Geschichtsunterricht benutzte Zeune Auszüge aus dem Herodot (vermutlich in der Übersetzung Langes) und Excerpte aus Böttgers Biographien nach dem damals noch unumstößlichen Grundsatz, daß große Männer Geschichte machen. Grundübungen im Lesen diente eine vom zweiten Lehrer Bartholdy[172] konzipierte Fibel, deren erhabene Buchstaben die blinden Leseanfänger gut ertasten konnten. Den weiterführenden Deutschunterricht, vor allem in Grammatik und neuerer Literatur behielt sich Zeune vor, dessen Vorliebe Schiller und Theodor Körner, ebenso galt wie Goethe und Klopstock, deren Gedichte auswendig gelernt wurden. Die Teilnahme am Schreibunterricht war freiwillig. Aufgrund der Umständlichkeit des Verfahrens dafür – man spannte Papier zum Schreiben auf ein Brett mit erhabenen Linien und übte sich in deutscher Schrift, wobei die Schüler das Ergebnis nicht selbst kontrollieren konnten – machten »wenig Schüler davon Gebrauch«. Für den Geographie- und Grammatikunterricht hatte Zeune einige Bücher verfaßt, die in Stachelschrift[173] gedruckt waren. Die bereits 1829 von Louis Braille am Pariser Blindeninstitut so genial entwickelte und heute fast ausschließlich gebrauchte Sechs-Punkte-Blindenschrift sollte sich erst 1879 mit einer Verzögerung von 50 (sic!) Jahren in Deutschland durchsetzen; selbst im Ursprungsland der Erfindung, in Frankreich, hatte es bis zur allgemeinen Verbreitung 30 Jahre gedauert. Für den Religionsunterricht stand – trotz Zeunes Abneigung gegen schematische Richtlinien in Glaubenssachen – ein Katechismus zur Verfügung; außerdem konnte das aus zwei Perldruckbänden bestehende Lukasevangelium gelesen werden, da die Stuttgarter Bibelanstalt seit 1839 das Neue Testament in Blindenschrift edierte. Am Ende sollte die gesamte Ausgabe der Bibel den stattlichen Umfang von 64 Bänden erreichen.

Zeune blieb stets bemüht, die Unterrichtsmethoden zu verbessern und moderne Unterrichtsmittel zu beschaffen. So stellte ihm beispielsweise Siemens in späteren Jahren für den Physikunterricht neu entwickelte Apparate zum Telegraphieren kostenlos zur Verfügung.

Kantor Schmidt als erster Lehrer war für den Religionsunterricht und sämtliche Musikstunden zuständig. Sein Orgelunterricht war so hervorragend, daß etliche Schüler – einem langgehegten Wunsch Zeunes folgend – als Organisten ihren späteren Lebensunterhalt verdienen konnten und zum Teil sogar als Komponisten hervorgetreten sind. Orgelstunden und theoretischer Unterricht wurden von 7-8 Uhr morgens erteilt, Klavierstunden parallel zu den Handarbeitsstunden, wobei jeweils 3-4 Schüler abgerufen wurden. Welch hohe Anforderungen erfüllt werden mußten, belegen die Übungsstücke. Neben den auch heute noch gefürchteten Czerny-Étüden versuchte man sich an Kompositionen Diabellis, Clementis, Mozarts und Webers. Nachmittags von 4-7 Uhr erhielten besonders Begabte Unterricht auf den klassischen Streichinstrumenten, Violine, Bratsche und Cello, einige wurden im Flötenspiel und auf dem Waldhorn unterwiesen. Wie qualifiziert der Schmidtsche Unterricht gewesen sein muß, läßt sich gut am Programm des Blindenchores ablesen: Neben Haydns »Vier Jahreszeiten« und seiner Vertonung der »Sieben letzten Worte des Erlösers am Kreuz«, wurden auch größere Passagen aus Händels »Messias« und Mozarts »Requiem« eingeübt und erfolgreich aufgeführt. Bei der Instrumentalmusik brachten es die Schüler neben Quartetten auch zur Interpretation ganzer Symphonien.[174]

Prosaischer ging es in den Handarbeitsstunden zu. Die Mädchen wurden im Stricken unterrichtet, Jungen und Mädchen flochten neben Strohdecken Sitzteile für Stühle sowie Netze und Körbe; besonderer Beliebtheit bei der Kundschaft erfreuten sich Fußdecken. Rechholtz berichtet, daß die ersten Fußdecken für die Waggons der Frankfurter Eisenbahn von der Blindenanstalt geliefert worden seien. Der Erlös

ihrer handwerklichen Tätigkeit wurde den Zöglingen – nach Abzug der Materialkosten – am Jahresende ausgezahlt, so daß auch die Ärmeren über ein Taschengeld verfügen konnten.
Außerhalb des Unterrichtsprogramms kümmerte sich Zeune ebenfalls um seine Schützlinge. Als begeisterter Anhänger des Schachs weihte er sie mit viel Engagement in die Geheimnisse dieses Spiels ein. Die Figuren waren mit kleinen Zapfen für den Halt im Spielbrett versehen, jeder Zug wurde entsprechend der klassischen Brettmarkierung angesagt. Eine weitere sehr beliebte Freizeitbeschäftigung bestand im Buchdrucken. Die Anstalt verfügte seit 1832 über eine eigene Druckerei, so daß die Zöglinge für den Unterricht wichtige Bücher wie Fibeln oder Zeunes Geographielehrbuch sowie seine Sprachlehre selbst in Stachel- oder Linienschrift drucken konnten.
Bei den sportlichen Betätigungen stand das Schwimmen und Baden oben an; von Zeune als passioniertem Schwimmer, der besonders auf Reisen kaum eine Gelegenheit ausließ, sich »im feuchten Element zu tummeln«, besonders gefördert. Ob dazu die »Schwimmlieder« Zeunes und Mendelssohns gesungen wurden, ist nicht überliefert. Man besuchte nach 1842 wohl nicht mehr die Schwimmanstalt, denn Rechholtz schreibt, daß man mit dem Hauswart zu einer öffentlichen Badestelle, dem Schafgraben vor dem Halleschen Tore gewandert sei.
Trotz des umfangreichen Unterrichtsprogramms stand den Zöglingen reichlich freie Zeit zur eigenen Verfügung. Soweit ihre Familien in der Nähe wohnten, konnten sie die Wochenenden dort verbringen, eine wichtige Regelung, um die Kinder ihren Familie nicht zu entfremden. Die übrigen durften mit dem Hausmeister oder einer anderen Begleitperson Excursionen unternehmen. Besonders beliebt waren Ausflüge in die Hasenheide, wo man Musik hörte und sich von Kosan gegen eine kleine Vergütung, nicht selten auch auf seine Kosten einen kleinen Imbiss spendieren ließ, für die Zöglinge eine willkommene Abwechslung bei der recht einförmigen Anstaltskost. Denn bei allem Lob, das man der Hausfrau zollen mußte, blieben deren Kochkünste eher bescheiden. Jedenfalls berichtet Recholtz, das Essen sei dürftig gewesen und die Zöglinge hätten öfter den Verdacht gehabt, man habe schlechte oder gar verdorbene Sachen eingekauft, wobei die schon 1844 einsetzende Teuerung der Lebensmittel eine Rolle gespielt haben mag. In solchen Fällen, hatten sie sich beim Direktor Zeune beklagt, ging der »dann in die Küche (...) und befahl: es soll besser für die Kinder gekocht werden!« Doch scheint dies wenig gefruchtet zu haben, denn unser Zeuge kommt resigniert zu der Feststellung, daß »gegen gewisse Neigungen der Hausfrau auch der beste Wille des Hausherrn nichts ausrichten kann.«

Neben den Ausflügen stellten vor allem Konzertbesuche besonderere Höhepunkte im Schulalltag dar. Zeune hatte schon früh – möglicherweise kurz nach Gründung der Anstalt – für seine Zöglinge freien Eintritt zu allen Generalproben in Zelters Singakademie erwirkt, wahrscheinlich bei Zelter persönlich. Denn schließlich wirkte Zeune bereits seit 1806 als Bassist an vielen Aufführungen mit; wie er auch in späteren Jahren rege am musikalisch-gesellschaftlichen Leben der Singakademie teilgenommen hat.[175] Ob man bereits damals die Freikarten über die Musikhandlung Adolph Martin Schlesinger bezog oder erst später, ist nicht mehr genau festzustellen.[176] Für die Generalproben der Oratorien stellte Schlesinger 12, maximal 25 Freikarten zur Verfügung, ein Privileg, das dann 1847 nach Zeunes Pensionierung erlosch. Neben Zeune begleiteten die Lehrer und deren Bekannte die Blinden ins Konzert. Die Besuche wurden sorgfältig vorbereitet, denn Zeune nahm mit seinen Schützlingen nicht nur die Oratorientexte und Konzertprogramme durch, sondern las ihnen am nächsten Tag aus den Rezensionen vor, um das Urteil der Zuhörer zu schärfen. Besondere Glanzpunkte bildeten Aufführungen durchreisender Solisten wie Vieuxtemps oder Prudent, deren sich die blinden Zuhörer oft noch im Alter erinnerten. Daneben hatte Zeune beim Generalintendanten der Königlichen Schauspiele für die musikalisch besonders Begabten freien Eintritt bei Opern und Schauspielen erwirkt. Schließlich sorgte er dafür, daß seine Schüler bei Familienfeiern, Gottesdiensten oder Beerdigungen als Organisten oder Posaunisten auftreten konnten.

Zeune nutzte auch die guten Verbindungen zu seinem Universitätskollegen im Fach Zoologie, Martin Henrich Lichtenstein, der seit 1813 zusätzlich das Amt des Direktors des zoologischen Museums bekleidete. Er bewog Lichtenstein, den Blinden zumindest sporadisch den Besuch seines Museums zu erlauben, um sie die ausgestopften Tiere und andere Präparate befühlen zu lassen.

Zum Gottesdienst und zur Bibelstunde suchten die Zöglinge den nahegelegenen Saal der Böhmisch-mährischen Brüdergemeinde in der Wilhelmstraße 136 auf, der einzige Weg, der ihnen ohne Begleitung gestattet war. Ob Zeune sich nur auf Grund der räumlichen Nähe für die Brüdergemeinde entschieden hatte oder ob seine religiöse Einstellung in diese Richtung tendierte, muß offen bleiben; doch lassen die Huß-Verehrung, manche sektiererischen Vorstellungen vom Protestantismus und der in seinen Reisetagebüchern häufiger erwähnte Besuch von Gottesdiensten der Quäker und anderer unabhängiger Gemeinden auf eine Geistesverwandschaft schließen. Immerhin stand es den Schülern, sofern sie Begleitung hatten, frei, auch andere Gottesdienste zu besuchen.

Über den Religionsunterricht ebenso über Fragen des Glaubens selbst, entstand häufig Zank zwischen dem ersten Lehrer und seinem Direktor.[177] Zeune hatte sich bereits in früheren Jahren zu abweichenden Auffassungen in Religionsfragen bekannt. Daß Zeune jedoch – wie Schmidt berichtet – »mit seinem Unglauben geprahlt habe« erscheint bei einem eingefleischten Protestanten strenger Observanz wenig glaubhaft. Möglicherweise wollte er seinen Kantor mit der einen oder anderen extremen Äußerung provozieren; bekanntermaßen stand er sowohl dem Katechismus wie einigen nicht zu den Evangelien gehörigen Teilen des Neuen Testaments äußerst kritisch gegenüber.

Seltsam erscheint eine Bemerkung Schmidts, »Zeune habe bis zu der Taktlosigkeit zu versteigen sich nicht entblödet, daß er an einem Charfreitag den Blinden statt der Morgenandacht mit der Verlesung eines Zeitungsaufsatzes traktierte, der die Beschreibung einer Guillotine enthielt«. Was Zeune hierzu bewogen haben mag, ob er seinen Kantor wieder einmal provozieren wollte, läßt sich leider nicht mehr eruieren. Insgesamt fällt Schmidts Urteil über Zeune zwiespältig aus. Zum einen würdigt er durchaus seine Verdienste um das Nibelungenlied, bezeichnet ihn als vielseitigen Gelehrten, auch in den Sprachwissenschaften, als engen Freund des »Linguisten« Bopp, andererseits sieht er in ihm einen, wie er schreibt »oft recht confusen u[nd] über alle Maßen zerstreuten Gelehrten alten Schlages, der vom Blinden- und Erziehungswesen wenig verstand«. Bei diesem sehr kritischen Urteil dürfte die Konkurrenz zwischen dem Leiter der Anstalt und seinem ersten Lehrer mit eine Rolle gespielt haben; vor allem da Schmidt sich eine Zeitlang Hoffnungen gemacht hatte, Zeunes Nachfolger zu werden.

In der letzten Ausgabe des »Belisar« von 1846, ein Jahr vor seiner Pensionierung, wiederholt Zeune seine Vorstellungen über die Leitung der Anstalt, wie er sie bereits in den ersten Auflagen festgehalten hatte: Er legt ein beinahe demokratisches Bekenntnis ab, wenn er von der Verfassung seiner Anstalt spricht und sieht in ihrem Vorsteher eine Person, die »Ordner nach den Gesetzen des Rechts und der Billigkeit ist, und kein(en) Alleinherrscher«.

1846 nahm der inzwischen schon stark Sehbehinderte noch einmal an einer Naturforscherversammlung, diesmal in Kiel, teil. Bei dieser Gelegenheit hielt er seinen letzten Vortrag: »Über die Entstehung des Menschengeschlechts«. Im gleichen Jahr bereiste er in Begleitung seines Schwiegersohns von Platen Dänemark, Norwegen und Schweden, wo sein besonderes Interesse der Blindenanstalt Borgs in Stockholm galt. Seine letzte wissenschaftliche Arbeit wurde ebenfalls 1846 veröffentlicht. Sie befaßte sich mit der Schädelkunde, einem seit Anfang des Jahrhunderts mit den damals heftig diskutierten wie heiß umstrittenen

Thesen Galls[178] sowie den grundlegenden anthropologischen Forschungen Blumenbachs[179] anhaltend aktuelles und auf den Naturforscherversammlungen häufig abgehandeltes Thema. Zeunes Veröffentlichung trug den Titel: »Über Schädelbildung zur festeren Begründung der Menschenrassen«. Gobineau sollte seinen »Versuch über die Ungleichheit der Rassen« zehn Jahre später herausbringen. Zeune versuchte sich hier als Anthropologe und Ethnograph. Seine Veröffentlichung basierte auf einem 1845 in der Gesellschaft für Erdkunde gehaltenen Vortrag. Vorausgegangen waren Untersuchungen in der Schädelsammlung der Berliner Anatomie, die sich ein ganzes Jahr hingezogen hatten.[180] Die Studie unterteilt sich in vier Abschnitte: »Einheit des Menschengeschlechts« (die jüngste genetische Forschungen durchaus bestätigt haben) »Eintheilung der Menschenrassen«, »Schädelpolarität«, wobei er drei Schädelformen in sechs Rassen gefunden haben will, und als Schlußkapitel eine Diskussion über die damals und zum Teil auch heute noch gängige Unterscheidung in »aktive und passive Menschenrassen«, die Zeune ablehnt. Als Randvignette zu Zeunes »Schädelstudie« sei ein Blick in die jüngere Vergangenheit gestattet: Nach der völligen Zerstörung des Blindenmuseums in Steglitz durch den Bombenangriff 1943 konnten einzig drei im Unterricht nationalsozialistischer Rassenkunde verwendete Gipsköpfe unversehrt geborgen werden, die einen »nordischen«, einen »dinarischen« und einen »negroiden« Typus repräsentieren sollten. An ihnen mußten die blinden Schüler, die in einer eigenen HJ-Gruppe organisiert waren, Rassenunterschiede ertasten. Man fragt sich wie Zeune mit seiner Auffassung von grundsätzlich drei Schädelformen dazu Stellung genommen hätte. 1847 stand Zeune im 68. Lebensjahr. 41 Jahre hatte er seine Blindenanstalt mit unermüdlichem Einsatz und – wie es in den Akten heißt – »wahrhaft uneigennützig« geleitet, seine Ziele über Jahre und Jahrzehnte zum Wohl seiner Zöglinge und seiner Mitarbeiter stetig, unbeirrbar und nicht selten starrköpfig verfolgt, seine Verbindungen zum Nutzen des Instituts und der ihm Anvertrauten spielen lassen sowie vieles, wenn auch nicht alles durchgesetzt. Nun jedoch hatte er mit ernsten Schwierigkeiten zu kämpfen. Dem »Blindenvater« drohte – Ironie des Schicksals – selbst die schleichende Erblindung.[181] In einem Brief Zeunes vom Juli 1847 an Klein in Wien findet sich ein Vermerk des Empfängers: »Freund Zeune ist in der Gefahr blind zu werden.«
Zu diesem Zeitpunkt war die schon weit fortgeschrittene Sehbehinderung dem Ministerium bereits seit längerem bekannt. In den Unterlagen findet sich ein Schreiben Eichhorns vom 6. November 1847.[182] Darin hält der Minister fest, daß Zeune auf dem rechten Auge bereits seit mehreren Jahren völlig blind sei und auch das andere Auge zuneh-

mend an Sehkraft einbüße. Hierdurch sei Zeune »zunehmend behindert, den Verpflichtungen des Amtes nachzukommen, vor allem der Beaufsichtigung der Zöglinge und ihrer Beschäftigungen«. Eichhorn schreibt weiter, Zeune habe sich bereit erklärt, zum 1. Oktober des Jahres aus dem Amt zu scheiden. Die Akten zeigen jedoch, daß sich der Blindenvater anfangs heftig gegen seine Pensionierung gesträubt hat. Bereits im Sommer war ihm vom Ministerium – vergeblich – nahegelegt worden, in den Ruhestand zu treten. Nun vergoldete man ihm den Abschied mit einer Pensionszusage in Höhe von 1.500 Reichstalern. Sein letztes Gehalt hatte 1.200 bei freier Wohnung betragen. Außerdem stellte man ihm den Roten Adler Orden dritter Klasse mit der Schleife in Aussicht. Für diese Ehrung war Zeune besonders empfänglich, wie man seiner Äußerung »er habe es immer als das Höchste betrachtet, Laudari a laudato viro«, entnehmen kann. Am 3. Dezember erfolgte dann die offizielle Verleihung.

In seinem Bericht gibt Eichhorn eine kurze Würdigung der Leistung und Persönlichkeit Zeunes: »(Er) hat die Anstalt 41 Jahre mit seltener Hingebung und Treue geleitet. Seine Anstalt ist Veranlassung zur Gründung aller jetzt in der Monarchie bestehenden Blindenanstalten geworden. Zeune geniesst als Begründer des Blindenunterrichts in Deutschland allgemeine Anerkennung und Achtung. Seiner ausgezeichneten Leitung der Anstalt ist es hauptsächlich zuzuschreiben, daß dieselbe die Teilnahme des Publikums in hohem Grade erlangt hat.«

Im Oktober 1847 anläßlich des 41. Jahrestages seiner Blindenanstalt schrieb Zeune folgende Abschiedsworte: »Übrigens spreche ich auch hier den Grundsatz aus, daß die Blinden-Unterrichtsanstalten nicht einseitig verfahren dürfen und entweder Handarbeit oder Tonkunst oder Wissenschaft, sondern alle drei Fächer zugleich ausbilden müssen.« Außerdem griff er eine Anregung Haüys wieder auf, indem er sich für den Unterricht aller Blinden, sowie für einen Gemeinschaftsunterricht normal Sehender zusammen mit hochgradig kurzsichtigen und blinden Kindern ausspracht.

Einundzwanzigstes Kapitel

»Un«-Ruhestand • 48er Revolution • Preußische Nationalversammlung • Pfuel Ministerpräsident • Vermittlungsversuch Zeunes • Völlige Erblindung • Letzte Tage und Tod Zeunes

Zeune, der sein Leben lang jede neue Entwicklung mit wachem Interesse beobachtet und vielfach politisches Engagement gezeigt hatte, konnte sich auch als Pensionär nicht völlig zur Ruhe setzen. Selbst die fortschreitende Erblindung hinderte ihn nicht, erstaunlich aktiv zu bleiben, enge Kontakte mit seinen Freunden zu pflegen, Veränderungen in Politik und Wissenschaft aufmerksam zu verfolgen. Er ließ es sich nicht nehmen, öffentlich zu aktuellen Zeitfragen Stellung zu nehmen, sei es im Vormärz, während der Revolution oder in den Monaten danach. 1845 also wenige Jahre nach dem Regierungsantritt Friedrich Wilhelms IV. begannen sich die u.a. von Bettina von Arnim und Zeune aufgegriffenen sozialen Probleme zu häufen. Wirtschaftliche Schwierigkeiten verschärften die Spannungen erheblich und beeinflußten die weitere politische Entwicklung, indem sie liberalen, linken und später auch linksradikalen Kräften erheblichen Zulauf verschafften. Nach zwei Mißernten 1846 und 1847 traten in Schlesien und Ostpreußen Fälle von Hungertyphus auf, mit deren Untersuchung die preußische Regierung Rudolf Virchow beauftragte.[183] Durch schlechte Erträge stiegen die Nahrungsmittelpreise rasant. Zusätzlich führte die Kartoffelfäule zu einer Halbierung der Ernten und zu Preisanstiegen bis zu 60 Prozent. Verschärfend kam hinzu, daß ein erheblicher Teil der Getreide- und Kartoffelernte in Branntweinbrennereien verarbeitet wurde, was mehr Gewinn versprach. Die preußische Regierung lehnte jedoch ab, gegen dieses Verfahren einzuschreiten. In Berlin brach im April 1847 der sogenannte Kartoffelkrieg aus. Berliner Bürgerinnen, aufgebracht über die exorbitant gestiegenen Nahrungsmittelpreise, vor allem für Kartoffeln, griffen die Markthändler tätlich an, warfen deren Karren um und »bedienten« sich vereinzelt auch an deren Waren. Den handgreiflichen Auseinandersetzungen schlossen sich hungernde Arbeiter, bald aber auch randalierender Pöbel an, der mit Plünderungen begann. Märkte und angrenzende Läden mußten unter militärische Bewachung gestellt werden. 86 Personen wurden zu Gefängnis- oder Zuchthausstrafen verurteilt.[184] Der schlechten Ernte folgte ein Hungerwinter. Es entstand eine hochgespannte Situation, in der sich die Berliner zwar vorerst auf heftige Diskussionen beschränkten, doch im Gegensatz zu früheren Jahren sprang der revolutionäre Funke, der an

vielen Stellen Europas zu glimmen begann, diesmal auch auf Preußen, auf Berlin über.
Den Reigen der europäischen Unruhen eröffneten die Neapolitaner mit der Vertreibung Ferdinand II.; dann verjagten die Pariser im Februar 1848 ihren Bürgerkönig; es folgten Unruhen in den süddeutschen Staaten. Mitte März erhoben sich die Wiener und zwangen den verhaßten Metternich ins Exil. In Berlin kam es zu einer dramatischen Situation, nachdem am 18. März zwei Schüsse auf die am Schloßplatz versammelte bisher friedliche Menge abgegeben worden waren und die aufgebrachten Bürger in der folgenden Nacht überall in der Stadt Barrikaden errichteten, gefolgt von blutigen Kämpfen, der Ehrung der bei den Auseinandersetzungen gefallenen Bürger durch den König, dessen Umritt in Berlin zum Entsetzen konservativer Kräfte mit schwarz-rot-goldener Schärpe, der Flucht des Prinzen Wilhelm nach England, seit den Ereignissen des 18. März, ob zu recht oder unrecht, der »Kartätschenprinz« genannt. Friedrich Wilhelm IV. charakterisierte später die Situation gegenüber Leopold von Ranke mit dem Satz: »Damals lagen wir alle auf dem Bauch.«
Am 22. Mai trat als greifbares Ergebnis der Revolution die preußische Nationalversammlung als Nachfolgerin des Vereinigten Landtages in der Singakademie zusammen. Die Nationalversammlung mit 402 gewählten Abgeordneten zeichnete sich gegenüber dem Frankfurter Parlament durch eine deutliche Verschiebung ins links-liberale Spektrum aus. Einer ihrer Vertreter, der Abgeordnete Julius Berends, beantragte am 8. Juni die »Anerkennung der Revolution«. Erneute Unruhen führten schließlich zum Sturz der Regierung Camphausen. Im Herbst 1848 drang das preußische Parlament auf die Umwandlung Preußens in einen demokratischen Verfassungsstaat, ein Verlangen, das auf eine massive Schwächung der königlichen Macht und der konservativen Kräfte zielte.
Am 8. September trat dann die Regierung Hansemann zurück. Der König ernannte schließlich am 21. September den liberalen General Ernst von Pfuel, dem Zeune einst seine »Schwimmlieder« zugeeignet hatte, zum Ministerpräsidenten. Pfuel, der sich gegenüber seinem Freund Varnhagen später als Republikaner »in abstracto« bezeichnen sollte, versuchte, anscheinend in Unkenntnis der wahren Absichten des Königs, zwischen Krone und Nationalversammlung zu vermitteln und geriet zwischen die Fronten.[185] Dem Herrscher war Pfuels Haltung eindeutig zu liberal. So protestierte dieser nur matt gegen den Beschluß der Nationalversammlung, in der Präambel die Bezeichnung »von Gottes Gnaden« zu streichen, eine Handlungsweise, die ihm der König schwer verübelte. Für die Gegenseite, die radikale Fraktion, aber blieb Pfuel

der Repräsentant der alten Kräfte. Die Volkshaufen verhöhnten ihn in effigie, indem sie an einer Puppe ihren Spott ausließen. Bei Auseinandersetzungen zwischen Arbeitern und Bürgerwehr gab es erneut Tote. Pfuel reichte seinen Rücktritt ein, verbittert über die Haltung des Königs, der Nationalversammlung und der Linken, blieb aber in Preußischer Pflichterfüllung auf Wunsch des Königs bis zur Berufung des Nachfolgers im Amt.

In dieser äußerst gespannten Situation versuchte Zeune zu vermitteln; er verfaßte am 31. Oktober ein Inserat, das aber erst am 11. November in der Beilage der »Berlinischen Nachrichten« abgedruckt wurde. Zeune schrieb in klarer Erkenntnis der Zerrissenheit der Parteien und der heillosen Zerstrittenheit der Volksvertreter: »Der Wurf ist gefallen. Man kann zwar nicht leugnen, daß die National-Versammlung keinen Anklang gefunden hat; die Rechte ist unkräftig, die Mitte schwankend und die Linke voll wüthender Parteiungen. Noch heute wird in der Zeitung das Kleeblatt Berends-Jung-Reichenbach als *ehrlose Lügner und Verläumder* und Waldeck als ein Wahnwitziger bezeichnet, auch Jacoby zu einem Umzuge durch die Stadt auf einem Esel eingeladen.[186] Aber dennoch haben sich 263 Abgeordnete (also $^{2/3}$ weniger 5) und darunter zwei ehrenwerte ehemalige Minister, für das Hierbleiben erklärt. Die Auftritte beim und im Versammlungshause waren allerdings schauderhaft; aber da seit den letzten Tagen die Bürgerwehr sich ermannt und von den eingerückten Truppen kräftige Unterstützung bei ihrem schweren Dienste haben könnte, so legen wir dem wohlwollenden Herzen des Königs und dem Herrn Ministerpräsidenten (zu diesem Zeitpunkt noch Pfuel), den wir überall als einen Ehrenmann haben schildern hören, die Bitte ans Herz, die Versammlung hier zu lassen, jedoch mit völliger Sicherstellung der Beratung. Fortior est, qui se, quam qui fortissima vincit moenia.[187] Am Luthertage Zeune von Wittenberg.«

Doch Zeunes später Vermittlungsversuch blieb, falls die Adressaten ihn überhaupt zur Kenntnis genommen haben sollten, ohne Wirkung, denn einen Tag vor dem Erscheinen des »Insertums«, am 10. November, rückte General Wrangel mit 30.000 Mann in Berlin ein, nachdem die Bürgerwehr sich geweigert hatte, Tagungen der Nationalversammlung in Berlin zu verhindern. Wrangel war bereits Anfang September zum Befehlshaber der Marken ernannt worden, ein Zeichen dafür, daß schon zu diesem Zeitpunkt in Hofkreisen eine gewaltsame Lösung, eine militärische »Reaktion« beschlossene Sache war. Auf den Zuruf, daß man nur Gewalt weiche, antwortete Wrangel in seinem bekannten burschikosem »Berlinisch«: »Dann macht ma' Platz, ick bin die Gewalt!« Am 14. November verhängte der General das Kriegsrecht über Berlin und löste am darauffolgenden Tag eine Versammlung des Rumpfparla-

ments mit 227 Abgeordneten auf. – Der Name Wrangel taucht noch einmal in der Geschichte des Berliner Blindeninstitutes auf. Das Grundstück am Fichteberg, welches 1874 aus den Mitteln der Rothenburgschen Stiftung für den Steglitzer Neubau erworben werden konnte, gehörte zum ursprünglichen Park des »Wrangelschlößchens«, das 1804 von Gilly für den an der Gründung der Berliner Blindenanstalt mitbeteiligten Kabinettsrat Beyme erbaut worden und 1853 in Wrangels Besitz übergegangen war.
Inzwischen drängte Friedrich Wilhelm IV. den Halbbruder seines Vaters, den Grafen Brandenburg[188], das Amt des Ministerpräsidenten mit Bitten wie Drohungen geradezu auf. Dazu Varnhagens böser Kommentar: »Caligula ließ sein Pferd zum römischen Konsul aufnehmen. Warum soll Brandenburg nicht zum Minister ernannt werden?«
Unter dem »Schutz« des Militärs wurde das Rumpfparlament entgegen dem ausdrücklich erklärten Willen der Mehrheit der Abgeordneten (was Zeunes Aufruf eindeutig zu entnehmen ist) am 27. November nach Brandenburg verlegt, am 5. Dezember staatsstreichähnlich aufgelöst. Diese Entwicklung erschütterte Zeune zutiefst, »beugte (nach Freudenbergs Schilderung) den treuen Patrioten tief darnieder und erfüllte sein Herz mit tiefem Schmerz.« Noch am Tag der Parlamentsauflösung wurde eine Verfassung oktroyiert, die – ein geschickter politischer Schachzug Friedrich Wilhelms – neben stark reaktionären Zügen wie der Wiedereinführung der Todesstrafe und dem absoluten Vetorecht des Königs auch liberale, der »Charte Waldeck«[189] entlehnte Züge trug. Sie sollte in Preußen fast unverändert bis 1918 gelten, als der letzte Hohenzoller »von Gottes Gnaden«, Kaiser Wilhelm II., aus der Weltgeschichte verschwand.
Pfuel hinterließ einen so bitteren und kritischen Bericht über seine Zeit als Ministerpräsident und über seinen König samt dessen Kamarilla, daß man es für angezeigt hielt, seine Aufzeichnungen jahrzehntelang unter Verschluß zu halten. Der König von »seinen Berlinern« enttäuscht, die er als »Racaille« (Pack) apostrophierte, sollte noch zehn Jahre regieren, bis er nach mehreren Schlaganfällen und zunehmendem Verfall 1858 von seinem Bruder Wilhelm abgelöst wurde. 1861 ist der »Romantiker auf dem Thron« dann gestorben. Was hatte Heine über ihn gedichtet? »Ich habe ein Faible für diesen König; ich glaube wir sind uns ähnlich ein wenig. Ein vornehmer Geist, hat viel Talent. Auch ich, ich wäre ein schlechter Regent.« Spätere Äußerungen des Dichters über den Preußenkönig sollten dann wesentlich schärfer, teilweise vernichtend ausfallen.
Der bei den parlamentarischen Streitigkeiten so aktive Abgeordnete Behrends wurde in den Jahren nach der Revolution, durch die »Reakti-

on« so in die Enge getrieben, daß er im März 1853 einen – von der Polizeibehörde gerne genehmigten – Antrag auf Auswanderung in die Neue Welt stellte. Bis zu seiner Rückkehr nach Europa vergingen 20 Jahre.
Neben der politischen Entwicklung, die Zeune mit starkem Engagement verfolgte und zu beeinflussen versucht hatte, widmete er sich weiter den Wissenschaften, vor allem der Geographie. So ließ sich selbst der vollständig Erblindete bis wenige Wochen vor seinem Tod regelmäßig zu den Sitzungen der geographischen Gesellschaft führen. Auch wurde ihm in seinen letzten Lebensmonaten die große Ehre zuteil, daß ihm der greise Alexander von Humboldt, der selbst schon im 84. Lebensjahr stand, einen Besuch abstattete. Die beiden kannten sich nun schon fast ein halbes Jahrhundert. Wenn der – nach Goethes Tod – letzte Universalgelehrte auch dem Wissenschaftler und Geographen Zeune reserviert gegenüberstand, zeigt diese Geste Humboldts doch, welchen Respekt er dem so Geehrten zollte.
Neben seiner Korrespondenz, den Besuchen der verschiedenen Gesellschaften, dem Kontakt mit Freunden ließ sich Zeune häufig die antiken Klassiker im Orginal vorlesen, wobei Tacitus, den er einst gemeinsam mit Fichte studiert hatte, an erster Stelle stand, denn das Idealbild vom aufrechten, unverfälschten, tugendhaften, sittenreinen und kampfesfreudigen Germanen, entsprach voll und ganz seinen Vorstellungen vom »Teutschtum«. Daneben beschäftigte sich der in seiner Jugend für das Pastorenamt bestimmte Protestant eingehend mit der Bibel. So findet sich eine Notiz vom Dezember 1850, in der er darum bittet, »seinem Vorleser Freudenberg eine Bibel verabfolgen zu lassen«; von fremder Hand ist auf diesem Zettel vermerkt: »Prof. Dr. Zeune (jetzt ziemlich erblindet).«
In seinen letzten Lebensmonaten erlitt Zeune zwei Schlaganfälle; erholte sich jedoch von dem ersten so gut, daß er seine Familie nach Karlsbad begleiten und sogar noch am 10. November, vier Tage vor seinem Tode, das Stiftungsfest der deutschen Gesellschaft für Sprache besuchen konnte. Das sollte sein letzter Ausgang werden. Danach erlitt er einen zweiten Apoplex und verstarb am 14. November 1853 im Kreise der Familie seiner Tochter, die ihn in den letzten Lebensjahren liebevoll betreut hatte. Der 14. November war auch – wie Zeunes frühere Biographen gerne hervorgehoben haben – der Todestag Leibniz' und Jean Pauls, den Zeune viele Jahre zuvor besucht und der mit ihm das Schicksal, im Alter zu erblinden, teilen mußte.
Die Beisetzung erfolgte am 18. November in der von einem Schinkel-Schüler erbauten Grabkapelle der Zeunegruft auf dem St. Georgen-Kirchhof. Daß eine große Trauergemeinde den »Blindenvater« zu Grabe trug, muß nicht hervorgehoben werden. Beigesetzt wurde er

zwischen seinem frühverstorbenem Sohn Rudolf und seiner Frau Auguste in einem schlichten Eichensarg, der nun zwischen den beiden anderen völlig gleichen Särgen aufgestellt wurde[190]. An der Rückwand findet sich der Spruch aus dem ersten Korintherbrief mit Kreuz, Herz und Anker verziert und wohl zur Hundertjahrfeier der Blindenanstalt angebracht: »Nun aber bleibet Glaube, Hoffnung, Liebe, diese drei aber die Liebe ist die größte unter ihnen.« Unter dem Spruch ist das Gründungsdatum der Blindenanstalt, 13. Oktober 1806 vermerkt.

Erbbegräbnis der Familie Zeune auf dem St. Georgen-Friedhof in der Greifswalder Straße, Berlin-Prenzlauer Berg.

Zweiundzwanzigstes Kapitel (Epilog)

Epilog • Probleme der sozialen und beruflichen Eingliederung Blinder
• Kritische Würdigung Zeunes

Schon in den Jahren vor Zeunes Verabschiedung hatte das öffentliche Interesse an der Blindenbildung deutlich nachgelassen. Der Schwung der ersten Jahre war erlahmt. Besonders ungünstig wirkte sich neben dem erheblichen Mangel an Heimplätzen die fehlende Unterstützung Blinder nach ihrer Entlassung aus, die viele ehemalige Zöglinge wieder ins Elend zurückwarf.
Zum 41. Jahrestag der Berliner Blindenanstalt, kurz nach der Pensionierung hatte Zeune im Vorwort zu einer äußerst kritischen Schrift seines früheren Schülers Freudenberg gravierende Mängel der preußischen Blindenbildung beklagt, vor allem fehlende Anstaltsplätze für eine Vielzahl junger Blinder, und die Forderung erhoben, »daß alle Blinden unterrichtet werden möchten, nicht bloß wie jetzt der kleinste Teil«. 1846 erfaßte die amtliche Statistik bei 16 Millionen Einwohnern Preußens ungefähr 10.000 Blinde, darunter rund 800 im schulfähigen Alter und 1.380 im bildungsfähigen Alter zwischen 15 und 30 Jahren, insgesamt also über 2.000 Blinde, die in irgendeiner Form hätten unterrichtet oder ausgebildet werden können. Bei Zeunes Demission wurden ganze 38 Schüler im Institut erzogen; sicher ein Fortschritt gegenüber früheren Zeiten, vor allem im Vergleich zu den bescheidenen Anfangsjahren, letztlich das Ergebnis des jahrzehntelangen zähen Ringens um jeden zusätzlichen Platz. Dennoch wurden seit Gründung des Blindeninstituts im Schnitt jährlich nur sechs blinde Zöglinge ausgebildet – selbst wenn man die zusätzlichen Tagesschüler berücksichtigt, eine verschwindend kleine Gruppe im Verhältnis zur Gesamtzahl der Blinden.
Zu einem ähnlich niederschmetterndem Ergebnis kam Dr. Ullricy, seit 1856 Direktor der Blindenanstalt. 1858 verfaßte er ein ausführliches Gutachten, in dem er sich eingehend mit dem Schicksal Blinder nach deren Schulabschluß auseinandersetzte. Auch er kam zu dem Ergebnis, daß in den letzten 52 Jahren 327 Zöglinge »durchschnittlich also 6 jährlich ausgebildet« worden seien, mit dem desillusionierenden Fazit, daß die Zöglinge »nach ihrer Entlassung (...) leider zum größten Theile Bettler geworden sind«, und daß das von Haüy gesteckte Ziel, die »armen Blinden...dem Elend und der traurigen Verdienstquelle des Bettelns zu entreißen«, bis heute unerreicht sei.[191]
Hatte sich seit Diderots »Lettre sur les aveugles« im Grunde nichts Wesentliches geändert? Sollte Kotzebue mit seiner ungünstigen Mei-

nung über Blindenbildung im Nachhinein doch Recht behalten haben? Waren alle Bemühungen, alle väterliche Sorge Zeunes und seiner Mitstreiter vergeblich gewesen? War – überspitzt formuliert – am Ende nur der »gebildete« blinde Bettler an die Stelle des dahinvegetierenden getreten? Zeune hatte dieses Problem bereits früh klar erkannt und sich über ein Vierteljahrhundert vergeblich bemüht, es zu lösen.[192]
Selbst wenn der Blinde ein Handwerk gut beherrschte, was bei der teilweise kurzen Ausbildung im Berliner Blindeninstitut nicht immer der Fall war, ergab sich eine Fülle von weiteren Schwierigkeiten. Woher sollte Geld für geeignetes Werkzeug kommen, wer sollte sich um Vertrieb und Verkauf der Waren kümmern, immer vorausgesetzt, daß sie auch wirklich konkurrenzfähig waren und eine hinreichende Nachfrage bestand. Schließlich beschränkte sich die Auswahl auf wenige Artikel. Das althergebrachte Musizieren blieb ein heikles Unterfangen, das häufig nicht weit von der Bettelei entfernt war.[193] Manchen später fast klassischen Blindenberuf gab es noch nicht. Der »blinde Klavierstimmer« oder das »blinde Telephonfräulein«, traten viel später auf den Plan. Erst zu Beginn der 20. Jahrhunderts konnten Blinde eine Berufsschule wie die von Betty Hirsch gegründete und vom Augenarzt Karl Silex tatkräftig unterstützte »Blindenschule für kaufmännische Angestellte« besuchen, einen technischen Beruf erlernen oder ein Studium an der von Prof. Strehl ins Leben gerufenen Blinden-Studienanstalt Marburg aufnehmen.
Auch blieben zu Zeunes Zeiten ebenso wie in den nachfolgenden zwei Jahrzehnten wichtige Fragen offen, etwa das Problem stark eingeschränkter Berufsmöglichkeiten und vor allem soziale Belange wie die Unterbringung, Betreuung und Unterstützung Entlassener, besonders Alleinstehender.[194] Sicher spielte bei der Eingliederung in die Gesellschaft der soziale Status des Zöglings eine erhebliche Rolle. Kam er aus einer gehobenen bürgerlichen Familie, wie Zeunes Lieblingsschüler Knie, dessen Vater Hofzahnarzt war, lagen die Dinge wesentlich einfacher als bei den vielen Kindern, deren Angehörige – soweit sie sich überhaupt um die Blinden kümmerten – schlecht gestellt waren oder gar von der Armenfürsorge unterstützt werden mußten.
Alle Vorschläge Zeunes zur späteren Versorgung seiner Zöglinge waren an der Kostenfrage gescheitert. Zwar standen mit der Rothenburgschen Erbschaft reichlich Geldmittel zur Verfügung, doch griff man aus Sparsamkeitsgründen äußerstenfalls auf die Zinsen zurück. Zu einer weitergehenden staatlichen Fürsorge gleich welcher Form war man nicht bereit, da für die Unterstützung der Armen nach dem Allgemeinen Landrecht immer noch die Gemeinden zuständig waren. Letztlich wurde das Problem der vernünftigen Versorgung erst nach 1873 gelöst,

als die Blinden sich zum »Allgemeinen Blinden-Verein zu Berlin« zusammenschlossen und ihr Schicksal selbst in die Hand nahmen.[195] Von den gravierenden Schwierigkeiten der Blindenversorgung einmal abgesehen stellt sich die entscheidende Frage, ob Zeunes an humanistischen Idealen ausgerichteter Unterricht, der zumindest begabten Schülern eine umfassende Bildung vermitteln konnte, eine hinreichend lebensnahe Vorbereitung für ihre zukünftige Existenz bot. Dies hielt beispielsweise Kantor Schmidt für fraglich, er sah in Zeune einen »zerstreuten Professor« alten Schlages mit unzureichender Qualifikation für Erziehung blinder Kinder. Zweifelsohne bestimmten Zeunes klassische Bildungsideale den Unterricht. Trotz gegenteiliger Bekundungen lagen ihm diese Ziele wesentlich mehr am Herzen als die Vermittlung praktischer Fähigkeiten, die er gerne anderen überließ.[196] Daß Zeunes Unterricht bei einzelnen Schülern reiche Früchte trug, beweist die Entwicklung Knies, der mit diesen Voraussetzungen sogar ein Universitätsstudium abschließen konnte, oder der Lebensweg späterer Blindenlehrer wie Grothe, Engel und Freudenberg. Etliche in hohem Alter befragte »Ehemalige« erinnerten sich dankbar ihrer Schulzeit und Zeunes Unterricht, der ihr weiteres Leben grundsätzlich geprägt und auf Dauer bereichert hatte. Aber bereitete Zeune mit der Aufführung von Oratorien, mit Konzert-, Theater-, Museumsbesuchen, mit Literaturexcursen – so sehr alle diese Unternehmungen auch zur sozialen Integration beitragen mochten – seine Zöglinge nicht auf eine bildungsbürgerliche Existenz vor, die zumeist ein Wunschbild bleiben mußte.

Sicher gab es Ausnahmen; so konnten sich nach 1850 einige Schüler Zeunes auf Grund der hervorragenden Ausbildung ihren Lebensunterhalt als Musiker, vor allem als Organisten verdienen. Dies war nicht nur dem Einbau einer Orgel im neuen Institut, sondern vor allem dem ausgezeichneten systematischen Unterricht des Kantors Schmidt zu verdanken. Aus dem Kreis seiner Orgelschüler gingen etliche beachtliche Talente hervor. Zeunes Absicht, begabte Blinde als Kirchenmusiker zu vermitteln, war früher stets mit dem Argument begegnet worden, daß die Dotierung solcher Stellen für den Lebensunterhalt nicht ausreiche und der Blinde[197] obendrein keine zusätzlichen Aufgaben wie Küsterdienste verrichten könne. Doch durch das starke Anwachsen der Bevölkerung Berlins und durch den von den Hohenzollern fleißig betriebenen Kirchenbau[198] wurden vermehrt Organisten gebraucht. Sogar nach seiner Pensionierung und über seinen Tod hinaus blieb Zeune um »seine« blinden Orgelspieler besorgt. Im Oktober 1852 stiftete er 500 Taler »zur jährlichen Unterstützung der fleißigsten und geschicktesten seiner Zöglinge, vornehmlich aus der Klasse der Organisten, im Hinblick darauf, daß Frl. Paradies [!] aus Wien durch ihre musikalischen Leistungen die erste Anregung zur Ausbildung von Blinden für Musik gegeben und inzwischen die Organistenausbildung manchen günstigen Erfolg gezeigt hat«. Dank Zeunes Legat konnten einige besonders Begabte später beachtliche Erfolge in Berlin, Potsdam und Stettin erzielen[199] und so Zeunes hartnäckig vertretene Meinung, daß das Orgelspiel Blinden eine selbständige Existenz sichern könne, bestätigen.

Für die Sache der Blinden, ihre Interessen stritt Zeune ein Leben lang gradlinig, konsequent und unbeirrt. In anderen Bereichen dagegen haftete ihm oft etwas Zwiespältiges an. Seine politische Haltung war zum einen durch unverbrüchliche Treue zum Herrscherhaus und durch eine sehr persönliche Bindung an den König bestimmt. Auf der anderen Seite trat er für demokratische Prinzipien ein, von denen er sich einen allgemeinen und grundlegenden Wandel versprach. Im sozialpolitischen Bereich schlug er radikale, fast kommunistisch gefärbte Töne an. Doch finden wir nicht nur in Zeunes Brust eine demokratische und eine monarchistische Seele, auch bei anderen bedeutenden preußischen Köpfen mischen sich einander widersprechende Züge. So huldigt der nachhaltig in den Hofdienst eingebundene Alexander von Humboldt als enger Vertrauter des Königs republikanischen Grundsätzen und charakterisiert seine zwiespältige Stellung mit dem Begriff eines »Hofdemokraten«. General Ernst von Pfuel als hoher preußischer Amtsträger schätzt sich selbst als »Republikaner in abstracto« ein. Der Mediziner Hufeland, der Königsfamilie so eng verbunden, daß er 1806 Frau und acht Kinder im Stich läßt, um mit der Herrscherfamilie viele Jahre das Exil zu teilen, vertritt sein Leben lang als Inhaber hoher Ämter mit Nachdruck sozialreformerische Ideen[200] und verweigert für seine Mitwelt fast unvorstellbar aus Bürgerstolz den erblichen Adel. Möglicherweise ist der »königstreue Republikaner« Ausdruck einer für die Zeit und Preußen typischen Persönlichkeitsspaltung, die sich besonders in der restaurativen Periode unter Friedrich Wilhelm III. entwickeln konnte.

Die wissenschaftlichen Leistungen Zeunes müssen sehr differenziert beurteilt werden. Sein Bestes leistet er im angestammten Fachbereich, der Geographie. Hier verwirklicht er früh schöpferische Ideen von der Erdkarte über den Reliefglobus bis zur »physischen« an natürlichen Grenzen orientierten Erdkunde, die ihn schnell als hoffnungsvollen Geographen bekannt machen. Allerdings werden diese Leistungen bald vom Ruhm so bedeutender Wissenschaftler wie Alexander von Humboldt oder Karl Ritter überschattet. Bestenfalls kann man ihn als wichtigen Vorläufer betrachten, einen Vorläufer jedoch, der bald gründlich vergessen wird.

Auf dem Gebiet der Germanistk gerät er zur Freude seiner Widersacher schnell ins wissenschaftliche Abseits. Nach den aufsehenerregenden Anfangserfolgen mit dem Nibelungenlied, die er nicht zuletzt seiner rhetorischen Begabung zu verdanken hat, zeichnen sich seine weiteren Studien ebenso wie die sprachwissenschaftlichen Arbeiten durch einen wachsenden, geradezu verbohrten Dilettantismus aus.[201] An so überragende Gestalten wie Jacob und Wilhelm Grimm reicht er sicher nicht entfernt heran. Deren differenzierte wissenschaftliche Arbeiten drängen den Außenseiter mit seinen teilweise abenteuerlichen Hypothesen ins akademische Abseits. Trotz seiner Meriten als Wegbereiter wird er schnell zur belächelten Randfigur. Auch seine beharrlichen Bemühungen um die Sprachreinigung, die oft ans Skurrile grenzen, fordern mit ihren bekehrungshaft-doktrinären Zügen nicht selten den Spott seiner Mitmenschen heraus. Zeunes Bestreben, die deutsche Sprache von fremden Elementen zu säubern, wurzelt ebenso wie der ans Fanatische grenzende Franzosenhaß in einer extremen deutsch-nationalen Haltung, aus der heraus er sich zu sprachlichen Exzessen hinreißen lässt, die manchen »literarischen Entgleisungen« des ersten Weltkriegs fatal ähneln. Vielleicht verbirgt sich hinter Zeunes Abneigung gegen alles Französische der Wunsch, die eigentlichen Wurzeln seines Instituts zu verleugnen. Dafür sprächen auch seine ständigen Angriffe auf Diderot, dem die Blindenbildung doch so Entscheidendes zu verdanken hat, oder seine häufig wiederholte irrige Behauptung, die Blindenerziehung sei primär deutschen Ursprungs.

Wo sind die Gründe für Zeunes oft extreme Äußerungen zu suchen? Primär in seinem widersprüchlichen Charakter, dessen schwache Seite zu oft kindlicher Naivität, Weltfremdheit, und Nachgiebigkeit tendiert. Anscheinend sollten ein überbetonter Nationalismus, ein strenger Protestantismus und der extreme Haß auf alles Fremde diese Defizite ausgleichen.

Doch verblassen Fehler und Schwächen am Ende vor einer Lebensleistung, die ihn zum »Vater der Blinden« werden lässt. Den ihm Anvertrauten gilt seine lebenslange nie nachlassende Fürsorge. Bis heute ist und bleibt er ein großes Vorbild als unermüdlicher Streiter für die Schwächsten der Gesellschaft, der im täglichen Ringen um den kleinsten Erfolg das hochgesteckte Ziel, den Blinden Anerkennung als gleichwertige Mitmenschen zu verschaffen, nie aus den Augen verliert, der seine Vorgesetzten, Universitätskollegen, Bekannten, Freunde, selbst den König ständig mit neuen Wünschen und Ideen zur Mithilfe auffordert. Listenreich zieht er die Fäden, gewinnt Wohltäter und Stifter, spendet oft sehr freigiebig aus eigenen Mitteln, rührt so geschickt die Werbetrommel für sein Institut, daß seine Person und die Blindenbildung mit der Zeit zu einem Begriff verschmelzen. Christliches Handeln und preußische Pflichterfüllung gemischt mit einem Schuß sächsischer Pfiffigkeit bestimmen sein Wirken. Er wagt es, neue unkonventionelle Wege zu beschreiten, wird so einer der Wegbereiter moderner Sozialtherapie. Er befreit seine Schützlinge und ihre Leidensgenossen aus engem, fast noch mittelalterlichem Dunkel; ihm gelingt der Brückenschlag, der den Blinden die fremde Welt der Sehenden erschließt und den Sehenden die fremde Welt der Blinden. Johann August Zeune: Ein *Aufklärer* im doppelten Sinn.

Johann August Zeune am Reliefglobus, Halbrelief von Georg Meyer anläßlich der Hundertjahr-Feier der Blindenanstalt Berlin, 1906.

Anmerkungen

Abkürzungen:
Archiv des Steglitzer Blindenmuseums = Blindenmuseum
Preußisches Geheimes Staatsarchiv = GStA
Brandenburgisches Landeshauptarchiv = BrLHA

1 Nach P.A.Dufau: *Des aveugles*. Paris 1850, S.13, zit. nach M. Schöffler: *Der Blinde im Leben des Volkes*, Leipzig, Jena 1956.
2 Der heutige Parisbesucher findet auf dem Gelände des »Hopital des Quinze-Vingts« hinter der Opéra Bastille eine Augenklinik und Fürsorgeeinrichtungen mit sozialistischem Charme der 70er Jahre. Aus früheren Zeiten hat sich als ältester Gebäudeteil ein unter Ludwig XIV. errichteter Torbau erhalten. Selbst die übliche Gedenktafel verschweigt die Gründungsgeschichte.
3 Nach P.A. Dufau: *Des aveugles*, a.a.O..
4 Nach Pierre Lepape, *Diderot* Flammarion, Paris 1991.
5 Abdruck in J.A. Zeune: *Belisar*, Berlin 1808 (1.Aufl.).
6 Kempelen hatte vor allem durch seinen 1770 für die Kaiserin gebauten Schachautomaten, den »falschen Türken«, internationale Berühmtheit erlangt. Das Geheimnis des »Türken«, ein geschickt im Inneren der Maschine verborgener Schachspieler, blieb über viele Jahrzehnte unentdeckt. Nach Kempelens Tod ging der Automat in den Besitz des Metronomerfinders Mälzel über. Vgl. Tom Standage, *Der Türke*, Frankfurt/M. 2002.
7 Im Gegensatz zu Valentin Haüy war dessen Bruder, der Abbé René-Just Haüy, als Mineraloge weit über die Grenzen Frankreichs bekannt. Goethe scheint von dem Newtonianer wenig angetan; er äußerte:»Den Haüy müsse man in ein Ragout zerpflücken – diszerpieren – und ihn recht zierlich auf einem silbernen Teller über einer Lampe (...) zurechtemachen«, *Schriften zur Naturwissenschaft*.
8 Bericht im *Hallischen Wochenblatt zum Besten der Armen*. unter dem Titel »Schule für Blindgebohrene«.
9 Hierzu Zeune 1817 in *Über Blinde und Blindenanstalten*: »Den ersten Gedanken zur Anlegung einer Lehrastalt für Bl.[inde] hatte schon früher die Beschreibung der Pariser Bl.[inden] Anst.[alt] in Schmidts Tageblatt für Augenkrankheiten in mir erregt, worüber ich mit meinem verstorbenen Freunde, dem Augenarzte Dr. Flemming, öfter mich unterhielt.«
10 Grapengießer spielt hier auf eine der häufigsten Erblindungsursachen der Neugeborenen in der damaligen Zeit an, die Blenorrhoe, bei der sich die Kinder während der Geburt mit den Gonokokken der geschlechtskranken Mütter infizierten. (Erst 1884 sollte es dem Arzt Credé in Berlin gelingen, die Erkrankung mit einer in das Auge des Neugeborenen getropften zweiprozentigen Silbernitratlösung erfolgreich zu bekämpfen, ein Verfahren, das bald gesetzlich vorgeschrieben werden sollte). Daneben waren die Blattern (sprich Pocken), Scrophulose, Trachom, angeborener grauer Star, schwere Ernährungsstörungen und Verletzungen Hauptursachen der Blindheit bei Kindern und Jugendlichen. Zeune hat in einer nicht datierten Notiz unter dem Titel »Sinnesart, Beobachtungen an 28 Schülern« Angaben über Erblindungsursachen gemacht. Von 28 Schülern sind sechs schwachsichtig; von 22 Blinden sind fünf blind geboren (meist wohl angeborener grauer Star), vier an Pocken, drei an nach der Geburt »zugeschworenen Augen« (mit hoher Wahrscheinlichkeit an einer Gonokokkeninfektion), zwei an einer Augenverletzung, zwei am schwarzen Star (worunter vor Erfindung das Augenspiegels alle Erkrankungen im Augeninnern zählten), und einer an einem mit einer Hautkrankheit kombinierten Augenerkrankung erblindet. Bei fünf Blinden fehlen brauchbare Angaben über die Erblindungsursachen.
11 Johannes von Müller war Anfang 1804 als Hofhistoriograph und Sekretär der Akademie der Wissenschaften nach Berlin berufen worden, ein Ereignis, das Zelter Goethe im Brief vom 5. März 1804 mitteilt: »ich kann Sie (...) ganz frisch mit der Nachricht erfreuen, daß M. der Unsere ist, mit einem Gehalt von 3000 rh.« Er erlag 1807 zum Entsetzen der Altpreußen dem Werben Napoleons und ließ sich zum »Generaldirektor des Unterrichtswesens« im neugegründeten Königreich Westphalen machen. Vor seiner Abreise fand am 29. Oktober noch ein

gemeisames Souper mit Fichte und Zeune statt. Dann zog er, von seinen beiden Freunden bis Zehlendorf begleitet, aus dem besetzten Berlin zuerst nach Tübingen, schließlich an den Hof des Kaiserbruders Jerôme, des »Bruders Lustigk«, zurück. Doch der neugebackene König und dessen Hofschranzen enttäuschten ihn zutiefst. Verbittert, teilweise verlacht starb er 1809 in Kassel.
12 Das »Programm« des Gymnasiums von 1804 weist Zeune als Schulamtkandidaten aus. Er und fünf weitere Seminaristen hatten »als Gehülfen der Bildungsanstalten« jeweils zehn Wochenstunden zu geben; »jeder in dem Objekte, in dem er eine besondere Stärke hat«. Zeune schreibt 1834 an den damaligen Direktor Köpke, »daß er bis 1805 in allen Klassen unterrichtet und Freundschaft mit den ausgezeichneten Lehrern derselben geschlossen habe«. Hierzu dürften Horn, Heinsius und Delbrück, der Bruder des Prinzenerziehers, zu rechnen sein. Zeune übersandte Köpke ein Exemplar der *Gea* und bemerkt dazu: Nehmen Sie die beiliegende Gabe für die Bücherei des Klosters gütig auf. Es sollte mich (und gewiß auch meinen Verleger) sehr freuen, wenn Sie dies Buch, das sich des Beifalls des Kronprinzen erfreut, wie mir Alexander von Humboldt versichert hat, von Ihnen für würdig befunden würde, bisweilen als Belohnung für Schüler erdkundlichen Strebens ausgeteilt zu werden. Das Original des Briefes befindet sich in der Sammlung der Bibliothek des Grauen Klosters in Berlin-Mitte.
13 Nach Zeunes eigenem Lebenslauf unterrichtete ihn anfangs der Hauslehrer Otto, der ihn »auch mit den deutschen Dichtern bekannt machte«, dann dessen Nachfolger Beyer, mit dem er später an die Stadtschule wechselte. Gleichzeitig absolvierte Zeune ein Meßkundeseminar.
14 Eine ausführliche Aufstellung der Dozenten mit ihren Themen bei R. Köpke: *Die Gründung der Königlichen Friedrich Wilhelms Universität zu Berlin*, S. 27 f.
15 Friedrich Schlegel führte aus: »Wichtig ist (...) für die ganze fernere Entwickelung, ja für das ganze geistige Dasein einer Nation ..., daß ein Volk große alte Nationalerinnerungen hat.« Sein Bruder August Wilhelm sprach 1806 von der Notwendigkeit einer »patriotischen Poesie« und rief zur »Begeisterung an den alten Denkmalen unserer Poesie« auf. Hier war die später von Zeune vehement vertretene Idee, die Dichtung müsse zur Nationalentwicklung beitragen, bereits vorformuliert. A.W. Schlegel stellte in seinen *Vorlesungen über die deutsche Literatur des Mittelalters* bereits den Gegensatz zwischen dem »Deutschen Nationalcharakter« und den »entarteten Römern« heraus, den Fichte und Zeune dann in den Gegensatz zwischen dem unverfälschten deutschen und dem entarteten romanisch-französischen abwandeln sollten.
16 Von der Hagen äußerte sich im Vorwort der *Nibelungen* von 1807: »Wie man zu des Tacitus Zeiten die altrömische Sprache der Republik wieder hervorzurufen strebte, so ist auch jetzt, mitten unter der zerreißendsten Stürmen in Deutschland die Liebe zu der Sprache und den Werken unserer ehrenfesten Altvordern rege und thätig, und es scheint als suche man in der Vergangenheit und Dichtung, was in der Gegenwart schmerzlich untergeht.« Er bezeichnet es »als das erhabenste und vollkommenste Denkmal einer so lange verdunkelten Nazionalpoesie« und äußert die Hoffnung »auf dereinstige Wiederkehr Deutscher Glorie und Weltherrlichkeit«.
17 Am 15.10.1859 schreibt Fichtes Sohn Immanuel an den Pfarrer R. Köpke: »... [Die Vorlesungen wurden von Fichte] in den Jahren 1803 und 4 fortgesetzt, in einem vergrößerten Lokal [seine Wohnung war damals an der Neuen Promenade] und ich erinnere mich noch eines großen Zuhörerhaufens, welcher nach dem Schluße die Wohnung verließ. Die Zuhörer gehörten zum Theil den höheren Beamten- und Bildungskreisen an. Beyme und Altenstein, (...) August W. Schlegel, Bernhardi, Zeune, selbst auch Kotzebue waren unter den Zuhörern; wie auch (...) Fürst Metternich.« Aus: *Fichte im Gespräch*, Bd. 6,2 Nr. 1438a.
18 Der Prinzenerzieher Delbrück berichtet in seinem Tagebuch, daß er am 10.4. 1806 Galls erster Vorlesung beiwohnte, einige Tage später an anatomischen Demonstrationen Galls teilnahm. Delbrück hörte im gleichen Jahr auch Fichtes Vorträge über »Gottlehre, Sittenlehre und Rechtslehre« .Wie eng man auch privatim verkehrte, zeigt Delbrücks Eintrag vom 31.12.1804: »Konnte dem letzten Vortrag von Prof. Fichte beiwohnen. Beschloß das Jahr bei Geheimrath Hufeland in angenehmer Gesellschaft. Lehrreich waren Fichte und Müller [der Historiker Johannes von Müller, d. Verf.], zwischen welchen ich saß.«
19 Die Vorträge fanden im Kiesewetterschen Hörsaale statt, wahrscheinlich der Hörsaal, den der Kantianer Kiesewetter für seine Philosophievorlesungen benutzte. Nach Köpke lehrte Kiesewetter am med. Institut Philosophie, nach dem man ihn auf Kosten der Regierung zu Kant in die Schule geschickt hatte.

20 Auszug aus Delbrücks Tagebuch vom 18.2.1806: »Während der Fechtübung [der Prinzen] kam Herr Zeune gesandt von Herrn von Humboldt; ein sehr unterrichteter Mann, besonders im Fache Geographie. Er hat ein Planiglobium gezeichnet, wie die Erde vom Mond aus gesehen erscheinen muß. Ich zeigte ihm Charten von Götterer [wahrscheinlich Gatterer]. Er wird an dem Basrelief die von Humboldt vorgeschlagene Vorrichtung anbringen.« Am 27.3.1806: »Auch erhielt ich von Zeune die Scala der Höhen unseres Continents, bestimmt für das Basrelief, und dessen Berichtigung der Nachweisungen (...) Beydes wurde mir sehr interessant durch die Erläuterungen, welche Zeune am Nachmittag mündlich gab.«
21 Laut Programm des Grauen Klosters vom April 1805.
22 Johann Friedrich Blumenbach (1752-1840), 1776-1840 Professor der Medizin in Göttingen, Begründer der Anthropologie. Seine Forschungen umfaßten Mineralogie, Botanik, Zoologie, vergleichende Naturgeschichte. In Zeunes Nachlaß fand sich als Zeichen der Verehrung ein Kupferstich mit dem Porträt Blumenbachs.
23 Friedrich Hornemann büßte 1800, nachdem er als erster wissenschaftlicher Reisender die Route Kairo-Mursuk-Tripolis erforscht hatte, sein Leben ein – ebenso wie der Schweizer Johann Ludwig Burckhardt (1784-1817), der auf Empfehlung Blumenbachs von Sir Joseph Banks und Hamilton gefördert, 1806 in den Dienst der afrikanischen Gesellschaft in London getreten war, um Hornemanns Forschungen fortzusetzen. Er verfaßte eine ausführliche und heute noch wichtige Studie über die Pilgerströme nach Mekka und verstarb 1817 »am hitzigen Fieber« in Kairo (ADB). Nach Unterlagen im Archiv des Blindenmuseums Berlin konkurrierten Zeune und Burckhardt sogar 1806 um eine freie Stelle bei der »African Association«.
24 Haüys Gründung von 1784 waren im letzten Jahrzehnt des 18. Jahrhunderts Anstalten in Großbritannien gefolgt: Liverpool 1791, Edinburg 1792, Bristol 1793, London 1799 und 1805 Norwich. In Wien hatte der Armendirektor Johann Wilhelm Klein, ein Jurist aus Schwaben, in Eigeninitiative 1804 mit dem Unterricht eines blinden Knaben begonnen und damit den Keim zur späteren Wiener Blindenanstalt gelegt.
25 Der Brief vom 22. August beginnt: »Oui, Mon Cher Fils, j' ai résolu de vous qualifier toujours de ce doux nom, parceque je me flatte que vous continuerez de faire toujours ce quil faudra pour vous en rendre digne.« (»Ja, mein lieber Sohn, ich habe mich entschlossen, Sie immer mit diesem trauten Namen zu bedenken, da ich fühle, daß Sie sich dessen würdig erweisen.«)
26 Inserat vom 4. Oktober 1806 in der *Haude & Spenerschen Zeitung*: »Das Institut für Blinde ist so weit zustande, daß sowohl die Wohnung eingerichtet, als auch die nöthigen Vorkehrungen zum Unterricht gtroffen sind; auch haben sich schon eine hinlängliche Anzahl von Blinden gemeldet. Soviel sich auch arme Blinde finden sollten, werden sie auch unentgeltlich unterrichtet. Die Gegenstände des Unterrichts teilen sich, um mit den Griechen zu reden, in Musik, Ausbildung geistiger Kräfte und Gymnastik, Ausbildung körperlicher Kräfte. Dorthin wird die Entwicklung der religiösen Gefühle, der Zahlenverhältnisse (Rechnen), der Formenverhältnisse (Geometrie), Geographie, Geschichte, Naturkenntnis, Musik, Sprachunterricht (vor der Hand nur im Deutschen) gehören, hierher Handarbeiten, Lesen, und Schreiben. Für Gesundheit der Blinden werde ich durch Baden, körperliche Bewegung, kräftige Kost, reinliche Kleidung ganz besonders sorgen.«
27 Karl Hermann August Hahn (geb. 1778 zu Zeitz) ging nach dem Studium der Theologie als Rector der Garnisonsschule nach Berlin, gründete 1804 eine nach Pestalozzi ausgerichtete Elementarschule für Kinder bis zum 8. Lebensjahr [nach D. Ritterhausen: *Geschichte des Berliner Elementarschulwesens*, Berlin. 1865] verkehrte mit dem Erzieher der preußischen Prinzen, Delbrück, avancierte 1805 zum Erzieher des Prinzen Wilhelm zu Solms-Braunfels und wechselte nach Bayreuth. 1817 war er Schulrat in Erfurt, wo er in eigener Initiative und ohne staatliche Unterstützung im Schullehrerseminar eine Taubstummenanstalt gründete (GStA Rep.89 22574 Taubstummenanstalt S.8), ab 1826 in Magdeburg. 1850 trat er in den Ruhestand und starb am 10.4.1854 zu Groß-Wanzleben in Sachsen. Hahn ist durch zwei wichtige pädagogische Schriften hervorgetreten: *Die Familie Bendheim* 2 Bde., Berlin 1800, und *Stoff zur Bildung des Geistes und Herzens*, 3 Bde., Berlin 1802-1804. Beide Publikationen verwandte Delbrück 1803-1804 für den Unterricht des Kronprinzen Friedrich Wilhelm und seines Bruders Wilhelm.
28 Laut Eintrag im Kirchenregister der Ev. Kirchengemeinde St.Stephan-Nicolai (Jg.1773, S.49, Nr.16) waren ihre Taufpaten Johann August Hahn, Stiftsprediger in Altenburg und die

Großmutter, Johanna Sophie Oestreicherin, Witwe eines Zeitzer Spitzenhändlers
29 Nach Ribbe: *Geschichte Berlins*. Bd.1, S.435ff.
30 Nekrolog Zeunes, verfaßt von Bonnell, gedruckt bei Haude und Spener.
31 Mit großer Wahrscheinlichkeit nicht der Augenarzt, sondern der spätere Gründer der Dresdner Blindenanstalt, Emanuel Gottlieb Flemming aus Jüterbog, der bei Zeune volontierte. Flemming war wahrscheinlich ein Vetter bzw. naher Verwandter des Augenarztes Friedrich Ferdinand Flemming, dessen Vater, der Pastor Gottfried Benjamin Flemming, ebenfalls aus Jüterbog stammte. Vgl. *Weberiana*, Heft 11, S. 54ff.
32 Golo Mann: »Geschichte des 19.Jahrhunderts«, in *Propyläen Weltgeschichte*, Bd.8.
33 Aus denTagebüchern von Müllers: »Am 29. September 1807: S(ouper) Schadow, Zeune, Fichte oder am 29. Oktober: Fichte m(it) Fr(au) und S(oh)n, Dr.Zeune(...) Collation.« Die freundschaftliche Beziehung Fichtes und Zeunes dokumentiert auch eine durch Varnhagen überlieferte Anekdote: »Fichte spielte einmal mit Prof. Zeune Schach. Letzterer gab nicht acht, und führte nebenher mit andern Personen allerlei Gespräche. Fichte sagte ihm, wenn es sich verstreue werde er verlieren. – O, rief Zeune, man kann mehrerlei zugleich thun, Cäsar diktierte in mehre(n) Sprachen verschiedene Briefe zugleich! – Aber doch nicht, entgegnete Fichte kräftig, weil ers gelesen hatte?« Aus: *Fichte im Gespräch*, Bd.4, Nr.2117.
34 Varnhagen: »Humboldt erzählte gestern auch von der Zeit, wo er im George'schen Garten wohnte (...). Das war 1807, grade vor fünfzig Jahren; ich habe das Magnetenhäuschen damals oft gesehen, wenn ich Johannes von Müller, der auch in einem Seitenhause wohnte, und Fichte'n, der in einem Gartenhause mitten im Garten wohnte, zu besuchen pflegte. Wenn der alte George – reicher Branntweinbrenner – seinen Garten Fremden zeigte, (...) so versäumte er nicht mit ,seinen Gelehrten' zu prahlen. Hier hab ich den berühmten Müller, hier den Humboldt, hier auch den Fichte, der aber nur ein Philosoph sein soll.«
35 Briefe Humboldts an Varnhagen von Ense vom 24.Oktober1834, aus dem *Briefwechsel zwischen Alexander von Humboldt an Varnhagen von Ense* aus den Jahren 1827 bis 1858, Leipzig 1860.
36 *Belisar*. Gedruckt bei Johann Friedrich Weiß 1808 Berlin. Dem Oberschulrat Eschke, Leiter der Taubstummenanstalt gewidmet.
37 1767 erschien der Roman *Bélisaire* von J.-F.Marmontel, der vermutlich durch ein Gemälde van Dycks dazu angeregt wurde; weitere künstlerische Darstellungen des Themas gibt es von J.-J. David und dem Dresdner Maler G. v. Kügelgen. (vgl. Drewes, S. 272-273). Als Titelkupfer hatte Zeune den an der Straße einer antiken Stadt sitzenden Feldherren gewählt. Der ihn begleitende Knabe erheischt Almosen mit dem Helm Belisars. Motto: »Date Obolum Belisarii«.
38 So sprach sich Zeune gegen den Katechismusunterricht aus und wollte sich beim Neuen Testament hauptsächlich auf die Evangelien beschränken. Mit dem Rückgriff auf die Evangelien als alleinige Grundlage des Glaubens finden wir Zeune in der unmittelbaren Tradition Luthers und Erasmus' von Rotterdam.
39 Aufsatz vom 17. Oktober 1809 im *Preußischen Hausfreund* Nr. 84.
40 Folgende Annonce erschien in den *Berlinischen Nachrichten von Staats- und gelehrten Sachen* Nr. 152 am 21.12.1809: »Zur Folge eines Recripts der Königl. Churmärk. Regierung mache ich hierdurch bekannt, daß in jeder Woche Mittwochs, Vormittags die Stunde von 9-10 Uhr festgesetzt worden ist, zu welcher sich alle Blinde und Augenkranke in der Königl. Blindenanstalt (Gipsstr. Nr. 11) melden können, um von mir untersucht zu werden, ob sie geheilt werden können, oder unheilbar blind sind, in welchem letzteren Falle sie sich dann dem Herrn Director Zeune vorstellen können, um geprüft zu werden, in wie fern sie sich zum Unterrichte eignen (...) Flemming.«
41 Das Phänomen der Basaltpolarität ist nach heutigen Erkenntnissen durch die Veränderungen des Magnetfeldes im Laufe der Erdgeschichte und die Umkehrung der Magnetpole bedingt.
42 In der 2. Auflage der *Gea* (Goea) empfiehlt Zeune im Anhang seine »Erdbälle für Sehende und Blinde«, in sechs Farben, tastbar, von Menke und Schwitzky (hiesigen Künstlern) aus Holzteig oder Pappe hergestellt. Eine genaue Beschreibung der ersten Erdkugel, die Zeune 1806 von Bils herstellen ließ, findet sich in einem am 1. August 1841 in der Geographischen Gesellschaft gehaltenen Vortrag: Die erste Erdkugel ließ Zeune 1806 von Bils herstellen. Sie hatte vier Fuß Durchmesser (ein preuß. Fuß = 0,3139 Meter) und bestand aus starker doppelter Pappe. Länder und Gebirge waren aus Gips aufgetragen. Die höchsten Erhebungen maßen

einen Zoll. Das war im Verhältnis zum Durchmesser natürlich zu hoch, worauf Zeune selbst hinweist. Um aber überhaupt Höhenunterschiede bemerkbar zu machen, war diese Übertreibung notwendig. Die Flüsse waren eingekratzt. Um dem Blinden die Unterscheidung zwischen Land und Meer noch zu erleichtern, war das Land mit Sand bestreut. Aufgeleimte Tuchstückchen deuteten die Städte an. Um die verschiedenen Arten der Erdoberfläche fühlbar zu gestalten, wurden später die Wüsten durch Sand, Wälder durch aufgeklebtes Moos angedeutet. Es entsprach dies seiner Forderung: »Man muß soviel Sinne als möglich in Tätigkeit setzen, um der inneren Welt einen festen Eindruck zu geben«.
43 Nach L. Geiger, Berlin 1688-1840, S. 305.
44 M. Gregor-Dellin: *Richard Wagner*, 1980 (2.Aufl. 1995), S.233.
45 Interessanterweise griff ein führender Kopf der von Zeune später so heftig befehdeten burschenschaftlichen Bewegung, Karl Follen (auf seinen Einfluß ging die Ermordung Kotzebues durch den Studenten Sand zurück), Zeunes Ideen wieder auf. Auch er vertrat den einheitlichen Reichsgedanken (wenn auch mit einem gewählten Staatsoberhaupt und Reichsrat), die Auflösung stehender Heere und eine einzige christliche-deutsche Kirche. Es ist sehr wahrscheinlich, daß Follen über den ihm nahestehenden Jahn das *Thuiskon* Zeunes kannte. Vgl. A.Hoffmann: *E.T.A. Hoffmann*, S.148 f.
46 Weitere Gedichte und andere kleinere Beiträge Zeunes finden sich in Friedrich Horns [Kollege Zeunes am Grauen Kloster] *Luna* (1804), Friedrich de la Motte-Fouqués und Wilhelm Neumanns *Musen* (1814), Gubitzens *Gesellschafter*, in dem bevorzugt Goetheverehrer zu Wort kamen, denen Zeune eindeutig zuzurechnen ist (ab 1817), Symanskys *Leuchte* (1818) und F.W.Goedickes *Berlinische Zeitschrift für Wissenschaft und Literatur* (1824). Vgl. Meusel: *Das gelehrte Deutschland*, Berlin 1827, sowie *Berlinische Blätter für deutsche Frauen*, Wochenschrift von Friedrich de la Motte-Fouqué´, Maurer 1829.
47 Wilhelm Harnisch 1787-1864 (?), Anhänger Pestalozzis, Lehrer am Plamannschen Institut, unterhielt nach 1810 enge Kontakte zu Fichte, Schleiermacher, Klöden, Zeune und Jahn. Er war beteiligt an der Errichtung des Fechtbodens, des Turnplatzes und der Schwimmanstalt in Berlin. Nach 1813 Leiter des Schullehrerseminars in Breslau, 1822 wegen »Eifers für die Turnsache« entfernt. Später verschiedene leitende Ämter im Schuldienst, ab 1842 Pfarrer zu Elbei. Er starb 77-jährig in einer Heilanstalt in Berlin.
48 Friedrich Friesen, »fleißiger Zuhörer Fichtes sowie der Vorlesungen v. d. Hagens über altdeutsche Sprache (...)«, vgl. W. Harnisch: *Mein Lebensmorgen*.
49 Goethes Gedicht datiert vom Mai 1816, in: *Sämtliche Werke*, Bd 1., München 1991, Kommentar S.483.
50 Nach Varnhagen wurde Gruner in Prag durch die österreichischen Behörden verhaftet und als Staatsgefangener nach Peterwardein in Ungarn überführt. Durch Gruners Gefangennahme wurde der Plan in ganz Deutschland die französischen Waffenmagazine niederzubrennen vereitelt. Eng mit Gruner arbeitete der Jugendfreund Zeunes und Studienkollege aus Wittenberger Tagen Karl Müller zusammen, von dem Varnhagen berichtet, daß er Zeune durch gleiche Gesinnungen und Arbeiten später noch näher verbunden gewesen sei. Vgl. Bd. 4 von Karl Müllers Varnhagen-Biographie, Frankfurt/M. 1990, S. 223.
51 Brief Zeunes an von der Hagen vom 6.12.1812, Original im Archiv des Steglitzer Blindenmuseums, Archiv III/R2/Schr.4 Zeune/1.F.Mappe 1.
52 Zit. nach: *Der fremde Götzendienst. Eine Vorlesung, als Einleitung zu dem Vortrage über das Nibelungenlied etc.*, 1813. William Congreve (1772-1828), Erfinder der C. Brandraketen.
53 Zit. nach: Karl Simrock: *Walter von der Vogelweide*, Berlin 1870.
54 Auszug aus Zeunes Brief an von der Hagen vom 8.3.1815: »Ich gebe jetzt eine Taschenbuchausgabe [des *Nibelungenliedes*] heraus.« Gleichzeitig teilt er mit, daß Arndt ein Wörterbuch der *Nibelungen* ediert. 1814 hatte Zeune bereits das *Nibelungenlied* ins Neudeutsche übertragen und 1815 *Das Nibelungenlied, Die Urschrift, nach den besten Lesarten neubearbeitet und mit einer Einleit[ung] und Wortbuch zum Gebrauch der Schulen versehen,* mit Holzschnitten von Gubitz herausgebracht. Wie beliebt die *Nibelungen* Zeunes bei den Kriegsteilnehmern waren, belegen die Erinnerungen von Willibald Alexis: »Ich (...) wählte die Nibelungen, weil sie eine deutsche Nationallecture waren, vom Kriege handelten, und in der Zeuneschen Ausgabe (...) auch nur dünn waren. Sie haben mich durch Deutschland und Frankreich begleitet« (S.67).

55 August Wilhelm Schlegel, Brief von 1806 an Friedrich de la Motte-Fouqué.
56 Zeune veröffentlichte 1837 *Nibelungen in Mainz*, in der Gesellschaft für Erdkunde trug er über »Erdkundliches im Nibelungenlied« vor.
57 Ludwig Uhland: Dramenentwürfe von 1817, Ernst Raupach: *Der Nibelungen-Hort, Tragödie in 5 Akten und einem Vorspiel*, 1834, Friedrich Hebbel: *Die Nibelungen, Drei Abteilungen*, 1855, Emanuel Geibel: *Brünhild*, 1857, Richard Wagner: *Der Ring des Nibelungen*, 1869 ff.
58 Eigenhändiger Lebenslauf, Blindenmuseum III/R2/Schr.4/1.F./Mappe 2A.
59 Laut Tagebuch der Verlobten Flemmings, Friederike Koch, Musikabteilung Staatsbibliothek Berlin (D-B Mus.ms.autogr.theor. F.Koch 1).
60 Briefwechsel zwischen Goethe und Zelter, Brief Nr. 206.
61 GStA Rep. 76VaSekt.2 Tit.IV Nr.5 Bd. III S.161/162.
62 Ein Brief der Prinzessin Marianne, Gemahlin Prinz Wilhelms von Preußen, datiert auf den 17.April 1815 (archiviert III/R2/Schr. 4 Zeune. 1.Fach. Blinden-Museum), belegt das unmittelbare Interesse der königlichen Familie am Schicksal der in der Blindenanstalt untergebrachten erblindeten Freiwilligen: »(...) so willfahre Ich doch gern Ihrem Mir bekanntgewordenen Wünschen in Betreff der Jäger Gramzow und Dupslaff und übersende Ihnen beigehend für dieselben eine Gratification von 20 Rthlr. Ich bin mit Achtung Ihre wohlgeneigte Freundin Marianne PWvP.« Auch andere Schichten konnte Zeune für die Sache gewinnen: Herr Rosenberg sendet Kleidung und einen Thaler zu einem Huth. Er dankt »für den wohlthätigen Beitrag, den Sie der Menschheit durch die Bildung des erblindeten freiwilligen Jaegers Johann Dubslaff gaben.«
63 Daß Zeune auch in späteren Jahren für den Unterricht blinder Invaliden verantwortlich war, belegt ein Gesuch Zeunes an den König vom 20.2.1836 (GStA Rep.I/89 22582 Blindenanstalt S.64f.), aus dem hervorgeht, daß der General Major von Held bei Zeune wegen des Unterrichts von 40 im Invalidenhaus befindlichen Blinden nachgefragt hat.
64 August und Ottilie von Goethe hielten sich vom 8.Mai bis zum 1.Juni 1819 in Berlin auf. S.a. Brief Zelters an Goethe vom 26.4. und 2.6.1819, sowie Goethes Brief an Zelter vom 29.5.1819.
65 Brief vom Januar 1814 an unbekannt (wie Anm. 61).
66 Am 20.Januar 1814 sandte Zeune ein Gesuch um Aufnahme in die Liedertafel an Prof. Woltmann, den amtierenden Schreiber der Liedertafel (Staatsbibliothek Berlin, Musikabt., 1.Bd N Mus SA 280, S. 178 f.). In diesem Brief beruft er sich neben Martin Luther auf König Artus, dessen Runde er mit der Zelters vergleicht und indirekt auf den verstorbenen Flemming und den seinem Gedenken geweihten Flemming-Pokal, dem Erinnerungsbecher, den er als »heiligen Becher« bezeichnet. Trotz dieser Empfehlungen und eines beigefügten achtstrophigen Weih-Gedichts mit dem Titel »Der heilige Gral« gelingt es Zeune nicht, in den exclusiven Kreis der Liedertafel aufgenommen zu werden.
67 Schreiben Zeunes an das Ministerium des Inneren vom 21.2.1815, GStA Rep 76 Va Sekt 2 Tit. IV Nr.5 Bd III S. 34 f.
68 GStA Rep.76 VaSekt.2 Tit.IV Nr.5 Bd.III S.161 ff.
69 Zeune hatte den Ablauf des hohen Besuchs akribisch festgelegt: Alle Zöglinge hatten zu Beginn den Eingangschor des geistlichen Singspiels *Athalia* mit eigener Instrumentalbegleitung vorzutragen. Dem folgte ein von Knie verfaßter Lobgesang auf die Majestäten. Dann schlossen sich verschiedene Demonstrationen im Wechsel mit einzelnen von den Blinden auf den verschiedensten Instrumenten vorgetragenen Musikstücken an.
70 Zeune schreibt am 8.3.1815 an von der Hagen (achiviert wie Brief FN 54, s. Anm. 61): »Es hat sich hier seit Neujahr eine deutsche Sprachgesellschaft gebildet, zu der, Jahn, Wolke, ich (...). Ich habe dich zum auswärtigen Mitgliede vorgeschlagen.«
71 Heinrich Heine: »Lobgesänge auf König Ludwig« (*Monarchen Satiren* 1843/1844), in: Heinrich Heine: Gesamtausgabe, Düsseldorf 1997, Bd.II, S.144.
72 Vgl. Anm. 61.
73 FriedrichWilhelm Gubitz: *Bilder aus Romantik und Biedermeier*, S. 423.
74 In allen Heeren der kriegsteilnehmenden Mächte grassierten hochinfektiöse Augenkrankheiten. Als besonders gefährlich erwies sich das Trachom, das die französischen Truppen vom Napoleonischen Ägyptenfeldzug eingeschleppt hatten (ähnlich den Rittern Ludwigs des Heiligen ein halbes Jahrtausend zuvor), da diese ansteckende Erkrankung zur Erblindung führte. Mit den grassierenden Augenkrankheiten beschäftigten sich die Mediziner in vielen Abhand-

lungen unter ihnen der Berliner Stadtarmenaugenarzt Dr.Helling mit der Schrift *Beobachtungen über die im letzten Kriege 1813 und 1814 bei den Preuss. Soldaten gleichsam epidemisch gewordene Augenkrankheit*, Berlin 1815.
75 Ein Schreiben des Vereins zur Militär Blinden Unterstützung Marienwerder vom 7. März 1819 belegt, daß in der Zeit von April 1816 bis zum 1. Juli 1818 69 Ganz- und 38 Halb-Militär-Blinde, 15 Krüppel und 16 ganz oder halbblinde Waisen durch den von Zeune im Jahr 1816 ausgebildeten Oberlehrer von Sassen unterrichtet worden sind.
76 Hierzu ein Briefzitat von Jakob Grimm an Lachmann 7.7.1820: »(...) auch ihre Rezension des Wartburgkrieges kam mir zu Handen; Sie haben den Zeune tüchtig durchgenommen. Hoffentlich ihm und ähnlichen zur Warnung.« Lachmann zählte zu den bedeutendsten Germanisten seiner Zeit. Der Bruder Karl Lachmanns, Wilhelm, hatte in Münster eine Blindenanstalt eingerichtet.
77 Brief von Lachmann an Grimm vom 23./24. Juli 1820. Zeune stellte seinem Opus das Gedicht: »Der Teufel auf der Wartburg, vorgetragen am dritten Stiftungsfest der Berlinischen Gesellschaft für Deutsche Sprache den 8. Jänner 1818« voran: »Jetzt sind es wieder dreihundert Jahr, seit Luther auf der Wartburg war, und in allen Zeitungen ist zu lesen, daß der Teufel wieder dort los gewesen. Denn zeigt sich freudige Männerkraft, der Teufel sogleich einen Unfug schafft; wenn schön die junge Saat aufgeht, der Teufel hinein sein Unkraut sät. Drum wollen wir beten, wachen und kämpfen, in uns den bösen Geist zu dämpfen.«
78 Dorothea Viehmann aus Niederzwehrn (1755-1815). Von ihr stammen u.a. *Der Teufel und seine Großmutter* und *Die kluge Bauertochter*.
79 Brief Jakob Grimms an Lachmann vom 10.August 1820.
80 Falk hatte für die Betstunden das sizilianische »O sanctissima« in »O du fröhliche« übersetzt und umgedichtet (und sich damit eine kleine »Weihnachtsunsterblichkeit« gesichert). Auch in unseren Tagen ist die Erinnerung an den bedeutenden Philanthropen noch wach. So wird das Familiengrab auf dem Neuen Friedhof in Weimar bis heute besucht und gepflegt.
81 GStA: Rep.76 Va, Sekt.2 Tit.XII.Nr.6.
82 Der von Hoffmann abgezeichnete Beschluß, Zeune zur Vernehmung vorzuladen, datiert vom 27. November 1819.
83 In den Akten der Mainzer zentralen Untersuchungskommission findet sich ein Eintrag über die Vernehmung Zeunes: »Der Prof. Zeune behauptet, Friesen sey an 1812 im Auftrag des Bundes mit d. damaligen (!) Rector d. Berl. Universität zusammengetroffen u. habe ihm Vorschläge vorgelegt, wie die akademische Jugend für die Zwecke des D(eutschen) B(undes) zu gewinnen wäre. Von d. Verhandlungen wiße er nichts, sondern nur daß Jahn und Friesen es übernommen in dieser Hinsicht einen Aufsatz auszuarbeiten.« Bayer. Hauptstaatsarchiv München, Geh. Staatsarchiv MA 7688/2, zit. nach: *Fichte im Gespräch*, a.a.O., Bd. 4, Nr. 2237.
84 Nach einem Erlaß Schuckmanns vom 7.5.1825 war Jahn nach seiner Freilassung die Niederlassung in Berlin und im Umkreis von 50 Meilen ebenso untersagt wie der Aufenthalt in einer Universitäts- oder Gymnasialstadt. BrLHA Pol. Rep. 30 C 94 10871, S. 15.
85 ADB: Stein zum Altenstein (S. 656).
86 Ähnliches gilt für die Psychiatrie. Ab 1810 wurden »Anstaltsreisen« nach Frankreich und England fast obligatorisch. Nach: K. Dörner: *Bürger und Irre*, Hamburg 1995, S. 237.
87 Am 12. Oktober 1820 schreibt Haüy aus Paris an Zeune: Er nennt ihn hier »mon juste successeur« (meinen wahren Nachfolger) und lädt ihn zum Essen ein.
88 Zeune blieb auch in späteren Jahren in Sachen Strafgefangener engagiert. Der Adreßkalender für Berlin und Potsdam von 1844 und 1845 weist ihn u.a. als Mitglied des Vereins für die Besserung der Strafgefangenen (gegr. 1827) aus, dem sein Vorgesetzter, Staatsminister Dr. Eichhorn, vorstand.
89 So findet sich in den Akten der Blindenanstalt (GStA Rep.I/89 22582, S.52) eine Anweisung an den Intendanten der Schauspiel Cammern Graf von Redern vom 2.12.1831, in dem ein Gesuch Zeunes nicht mehr brauchbare Blasinstrumente an die Blindenanstalt abzugeben, bewilligt wird.
90 Durch die Einführung der Gewerbefreiheit 1810 verschlechterte sich die wirtschaftliche Situation der Kleinmeister so dramatisch, daß zehn Jahre später 3/4 der selbständigen Handwerker auch den niedrigsten Gewerbesteuersatz nicht mehr aufbringen konnte. Nach Ribbe betrug 1828 der Anteil der »Berliner Familien in Armut« 16,5 %. 1830 waren 10.103 Famili-

en in Berlin, etwa 20 % aller Berliner Familien, wegen Armut von der Mietsteuer befreit.
91 Zeune schreibt am 20.April 1820, daß Schüler der Anstalt, aber auch andere Blinde sich als Zöglinge der Anstalt ausgeben und »auf den Namen der Anstalt betteln. Schüler sind solche Blinde, welche nur die Lehrstunden in der Anstalt, die jedem armen Blinden unentgeldlich offenstehen, besuchen (...) aber unter Aufsicht der Ihrigen sind. Für die Sittlichkeit dieser letzteren Klasse kann ich um so weniger einstehen, da manche von ihnen die Anstalt nur sehr unordentlich besuchen, und bisweilen Wochen, ja Monate lang nicht erscheinen. Um allen Mißverständnissen vorzubeugen, habe ich jetzt die Einrichtung getroffen, daß jeder Zögling eine Erkennungskarte mit meinem gestochenen und seinem von mir geschriebenen Namen führt.
92 Johann Carl Bürger war 1824-1826 in Zeunes Institut. Seine Autobiographie erschien 1838. Bei Bürger handelte es sich um einen Sonderfall, da er erst mit 24 Jahren in die Anstalt aufgenommen wurde und dort auch nur zwei Jahre verblieb.
93 Aus den zwanziger Jahren datieren etliche Ehrenurkunden Zeunes: 9.8.1821 von der Accademia Pistoiense, 2.10.1822 von der Königl.-Sächsischen Oberlausitzschen Ges.der Wissenschaften zu Görlitz, Sept. 1824 vom Thüringisch-Sächs. Verein für Erforschung des vaterländ. Alterthums etc.und aus dem gleichen Jahr von der Literarischen Montaggesellschaft zu Berlin, 28.8.1825 vom L'Ateneo di Brescia, 23.12.1827 von der Deutschen Gesellschaft zur Erforschung vaterländischer Sprache und Alterthümer in Leipzig, 10. Juli 1830 vom Apotheker-Verein im nördlichen Deutschland.
94 Hans Ulrich Wehler: *Deutsche Gesellschaftsgeschichte*, S. 406
95 Ernst Raupach (1784-1852), Schriftsteller und Dramatiker, seit 1824 in Berlin, Verfasser von Stücken aus der Historie Preußens und einer Nibelungendramatisierung. Heine scheint von Raupachs Talent wenig überzeugt, wenn er 1831 schreibt: »Ich bin gewiß ein großer Verehrer des Doktor Raupach, ich bin immer ins Theater gegangen, wenn die *Schülerschwänke* oder die *Sieben Mädchen in Uniform* (...) von ihm gegeben wurde; aber ich kann doch nicht leugnen, daß der Untergang Warschaus mir weit mehr Kummer macht, als (...) wenn der Doktor Raupach mit seinem Kunsttalent unterginge.«
96 Roland Berbig: *Handbuch literarisch-kultureller Vereine, Gruppen und Bünde 1825-1933*. Stuttgart, Weimar 1998, S. 326 ff., und Ludwig Geiger: *Berlin 1688-1840*, Bd. 2, S. 387.
97 Arnold Schmidt: *Fouqué und einige seiner Zeitgenossen*, Darmstadt 1959.
98 Daß Zeune eine wichtige Position im literarischen Leben Berlins einnahm, belegt der Tagebucheintrag Varnhagens vom 24. März 1824: »Am 21. März wurde Jean Pauls Geburtstag hier im englischen Hause gefeiert, die Mittagsgäste waren 150, worunter viele Damen. Zeune wurde zum Vorsitz ernannt; Fouqué (...) und viele Andre trugen Trinksprüche und Verse vor.«
99 Zeune erwähnt im *Belisar*, daß er 1824 auch die 1809 vom Kantons-Arzt Hirzel gegründete Blindenanstalt in Zürich besucht hat. Für vorausgegangene enge Kontakte zwischen Zürich und Berlin spricht auch ein Brief von Orell (vermutlich der spätere Präses Heinrich von Orell) vom 28.3.1819 aus Zürich, aus dem hervorgeht, daß etliche Zürcher Studiosi Zeunes Institut besuchten, um sich mit dem Blindenunterricht vertraut zu machen und daß man seinen Rat in Fragen des Geographieunterrichtes speziell der Verwendung von Globen und Karten aus Gips suchte.
100 Werner Schmidt: »Zeune und Johann Wolfgang Klein« in: *Der Blindenfreund* 48/1928, Nr. 5/6.
101 Goethes Begeisterung über das Werk hielt sich in Grenzen.So äußerte er gegenüber Eckermann: »(...) er habe von Tiedges Urania nicht wenig auszustehen gehabt; denn es gab eine Zeit, wo nichts gesungen und nichts deklamiert wurde als die Urania. Wo man hinkam, fand man die Urania auf allen Tischen; (...) Ich ärgerte sie aber indem ich sagte: es könne mir ganz recht sein, wenn nach Ablauf des Lebens uns ein abermaliges beglücke; allein ich wollte mir ausbitten, daß mir drüben niemand von denen begegne, die hier daran geglaubt hätten«. Goethes abschließendes Urteil: »ich wollte wetten, wenn der gute Tiedge ein besseres Geschick hätte, hätte er auch bessere Gedanken.«
102 Krause schreibt in einem Brief vom 25.6.1814 aus Berlin: » (...) ob ich auch weiss, daß ich der Universität wenigstens ebenso nützlich werden würde als Fichte. So ist auch Zeune überzeugt, als einer der größten Verehrer Fichtes.«
103 Auch in späteren Jahren sollte die Verbindung Zeunes mit Tieck nicht abreißen; so zählte er als Gast des Festmahls zu Ehren Tiecks im Jahre 1841 zu den »Notabilitäten der Kunst und Wissenschaft«.

104 1828 las Tieck im Haus am Frauenplan in Abwesenheit des Hausherren den *Clavigo*.
105 Karl Lachmann schreibt am 16.8.1831 spöttisch an Grimm: »Sein [Zeunes] mütterlicher Ahn (...), der ihn gerade von Wolfram und Walter von Eschenbach und den sämtlichen würtembergischen Eschenbachs abstammen läßt«.
106 Kügelgen galt als einer der bekanntesten Historienmaler und Porträtisten seiner Zeit. Er hatte 1809 das Bildnis Goethes gemalt, welches den Dichterfürsten sehr realistisch mit gelichtetem Haar und Ansatz zum Doppelkinn zeigt. Eine Darstellung des *Belisar* stammt ebenfalls von Kügelgen.
107 Bei dieser Gelegenheit las Tieck zu Ehren des Gastes dessen *Attila Schmelzle*. Jean Paul war begeistert, sein Kommentar: »Heute habe ich erst mein Werk kennenlernen.«
108 In einem Brief vom 6.12.1812 schreibt Zeune an von der Hagen: »Dass der wackere Künstler Kornelius am Rein in Albrecht Dürers Art Begebnisse daraus [aus dem vorher erwähnten *Nibelungenlied*] darstellt, weißt Du wohl?« Cornelius hatte 1812 sieben großformatige Zeichnungen zu den *Nibelungen* angefertigt, die ebenso wie Zeunes Nibelungenvorlesungen die patriotische Stimmung der Zeit wiederspiegeln. Die Nibelungenzeichnungen erschienen 1817 bei Reimer in Berlin. Vgl. Thieme Becker, Bd. VII.
109 1808 erschien in München Albrecht Dürers Christlich-mythologische Handzeichnungen zum Gebetbuch Kaiser Maximilians I. (1514/15). Sie wurden durch Lithographien Johann Nepomuk Strixners wiedergegeben.
110 Zeunes Silvestergedichte sind im Archiv des Blindenmuseums für den Zeitraum 1823-1832 mit einer Lücke für 1831 erhalten (III/R2/Schr.4/Zeune 1.Fach Mappe 2A).
111 Heinrich Heine: *Briefe aus Berlin*: Zweyter Brief vom 16. März 1822, Düsseldorfer Ausgabe 1997, Bd. VI, S. 19. Tyrtäen: Kriegsdichter nach dem spartanischen Dichter Tyrtaios.
112 GStA Rep.89 22582 Kgl. Blindenanstalt, S. 43: Schreiben vom 2.7.1823. Zeune nahm des betrüblichen Ereignis zum Anlaß, seine »Armbruchlieder, als Besuchskarte für meine Freunde. Im Brachmonat 1823« zu dichten und herauszugeben.
113 Hartnäckig hielten sich über Jahrzehnte Gerüchte, Alexander sei entgegen den offiziellen Verlautbarungen damals nicht gestorben, sondern habe sein weiteres Leben als Eremit verbracht, wofür einige Indizien sprechen. Als man nach der Oktoberrevolution seinen Sarg aufbrach, zeigte sich, daß niemand darin bestattet war.
114 Eine ähnlich Gesinnung spricht aus Zeunes zum Lob Friedrich Wilhelms verfaßten Gedicht »Reise in den Thüringer Wald«, 1828.
115 C(K)arl Ritter (1779-1859), Mitbegründer der wissenschaftlichen Geographie, Vertreter der Physikotheologie; dazu die ironisierende Bemerkung Alexander von Humboldts: »Die äußere Natur wirke unter göttlicher Leitung auf den Menschen.« Lenz (*Geschichte der Berliner Universität*, S. 290) schreibt: »Er war kein Kämpfer, aber er fand auch keine Gegner; denn mit Zeune war nicht zu rechnen; weder bei den Studenten noch bei der Regierung hatte dieser noch etwas zu bedeuten.«
116 Nach Kummer: *Beschreibung von erhaben gearbeiteten oder Relief-Erdkugeln und Landkarten*, Berlin 1822. Die Farbgebung erfolgte nach Zeunes und Ritters gemeinschaftlichen Angaben. In Hinterindien ist das Hochland nach Herrn Prof. Ritter weiter vorgerückt.
117 Briefwechsel zwischen Jakob Grimm, Karl Lachmann und Fromann, 1927, der Brief Lachmanns vom 31.10.1825 findet sich auf S. 470
118 Franz Bopp (1791-1861), entdeckte Übereinstimmungen des Sanskrit mit der griechischen, lateinischen, persischen und germanischen Sprache und wurde so zum Begründer der vergleichenden indogermanischen Sprachwissenschaft. Besondere Förderung erfuhr er durch Wilhelm von Humboldt. Seit 1822 war er Mitglied der Akademie der Wissenschaften. Am 19.2.1825 wurde er (ebenso wie Karl Ritter) zum Ordinarius ernannt.
119 Johann August Zeune, aus dem Vorwort zu den *Schwimmliedern*: »Möge diese kleine Sammlung von Liedern Anlaß zu mehren (!) geben, und ein schwimmkundiger glücklicher Händelsohn (Felix Mendelson?) dieselben sangbar machen. Keinem aber konnten sie wohl besser zugeeignet werden, als dem Wiederhersteller der deutschen Schwimmkunst, dem Manne, der in einem Pfuhl zu einem Pfühle der Erfrischung macht, und der, wie er einst dem Verfasser sagte, die heitersten Stunden seines Lebens dem feuchten Elemente verdankt.«
120 Die Zöglinge der Blindenanstalt wurden eine zeitlang zweimal wöchentlich in das Marianenbad geführt. Vgl. Hoffmann-Halbach: *Der Blindenfreund* 1953, S.169.

121 Nach Ragnhild Münch: *Gesundheitswesen in Berlin.*
122 Nach: Allgemeine Deutsche Biographie (ADB), Bd. 25, S. 707.
123 Eduard Devrient: *Meine Erinnerungen an Felix Mendelssohn-Bartholdy* (1.Bd.) 1869.
124 Hensel hat Zeunes Porträt in einer auf den 12. Juli 1820 datierten Federzeichnung festgehalten. Es ist mit einer Widmung Zeunes »Deutsche Treue, deutsche Liebe« versehen. Die Zeichnung befindet sich im Besitz der Nationalgalerie Berlin.
125 Gedruckt in Felix Mendelssohn: *Sa vie et ses oevres*, Paris 1868. Der Autograph als Einkleber von S. 5: Forschungsstelle Leipziger Mendelssohn Ausgabe; persönliche Mitteilung von Dr. Ralf Wehner.
126 Heinrich Berghaus (1797-1884), Geograph und Kartograph, früh von Alexander von Humboldt gefördert, unterrichtete an der Berliner Bauakademie und gründete 1839 in Potsdam eine bald weit über die Grenzen hinaus berühmte Lehranstalt für angehende Kartographen, die Geographische Kunstschule, in der Zeune gern verkehrte.
127 Nach Karl Lenz: »150 Jahre Gesellschaft für Erdkunde in Berlin«, in: *DIE ERDE* 109. Jg./ 1978, nahm Heinrich Berghaus, Freund und Mitarbeiter Alexander von Humboldts das 50-jährige Jubiläum der kartographischen Tätigkeit von D.G. Reymann am 18. April 1828, zu dem über 50 Persönlichkeiten geladen waren, zum Anlaß, »die heutige Zusammenkunft als Anfang eines permanenten Vereins der Geographen Berlins zu betrachten (...). Der Vorschlag (fand) allgemeinen Beifall und es wurde einstimmig die Stiftung eines Vereins für Erdkunde beschlossen.« Zu den bekanntesten Mitgliedern zählten Alexander von Humboldt und Leopold von Buch (beide Ehrenmitglieder), der Zoologe und Afrikareisende Heinrich Lichtenstein, Adalbert von Chamisso, Dichter und Naturwissenschaftler, C. G. Ehrenberg, der die Nilländer bereist hatte, sowie Johann August Zeune, von dem bereits zu Beginn des Jahrhunderts eine geographische Vereinigung gegründet worden war, die sich jedoch nicht entwickeln konnte. Carl Ritter, der bei dem Gründungsbeschluß nicht anwesend war, jedoch an den späteren Beratungen mitwirkte, wurde zum Direktor gewählt. Er blieb bis zu seinem Tod 1859 Mittelpunkt der Gesellschaft.
128 W. Koner: *Zur Erinnerung an das fünfzigjährige Bestehen der Gesellschaft für Erdkunde zu Berlin*, Berlin 1878. Nach Helmut Preuß: *Johann August Zeune in seiner Bedeutung für die Geographie* (Inaugural-Diss. Univ. Halle/Wittenberg, Halle/Saale 1950) beschränkte er sich später weitgehend auf Buchbesprechungen und eigene kleine Untersuchungen. Eine Ausnahme dürfte sein Vortrag »Über Schädelkunde« von 1845 gebildet haben, dem eine sich über ein Jahr hinziehende Forschungstätigkeit vorausgegangen war.
129 Die Jahre 1828/1829 zeichneten sich durch extreme Wetterlagen und Unwetter aus. Im Juli 1828 hatte es schwere Orkanstürme in Wien, Lyon und Le Havre gegeben. Goethe hatte am 27. Juli an Zelter von einem Regenguß berichtet, »dergleichen ich auch nie erlebt habe.« In einem Brief führt er aus: »Ich habe nach meiner Himmelskenntnis gewaltige Wasserströme für diesen Sommer angekündigt und ich fürchte es wird noch schlimmer.« Goethe – wie auch viele andere Naturwissenschaftler – versuchten den Witterungsphaenomenen mit der Auswertung ihrer Barometermessungen auf die Spur zu kommen. Goethe sandte einen ausführlichen Bericht über seine Beobachtungen der Atmosphäre an Zelter, dem er gleichzeitig zur Anschaffung eines guten Barometers und zu intensiver Wolkenbeobachtung riet. In diesem Rahmen müssen auch Zeunes Untersuchungen gesehen werden. Über das Wetter im darauffolgenden Jahr berichtet Zeune im Silvestergedicht 1829: »Es war ein rauhes Jahr, voll Regen, Schnee und Eis, / im Winter gar zu kalt, im Sommer gar nicht heiss.«
130 Begleitbrief Zeunes an Goethe vom 14.8.1828 Weimar: »Ew. Exellenz wollte ich persönlich in Weimar im Namen der Maurerschen Buchhandlung sowol als im Namen des Übersetzers beifolgenden Abdruck der Manzoni Ode überreichen, und Ihr Kennwort darüber vernehmen. Da ich Ew. Exellenz leider hier nicht treffe, und werde bei meiner Rückkehr nach Berlin in einigen Tagen in Dornburg Ihnen meine Aufwartung machen. Auch vom Geh.Rath Streckfuß und Professor Zelter überbringe ich Begrüßung, die freilich schon vier Wochen alt sind. Mit Hochachtung Ew. Exellenz wärmster Verehrer Zeune.« Original im Goethe- und Schiller Archiv Weimar.
131 Die Italiener – vor allem im Norden – sahen in Napoleon einen Vorläufer ihrer Einigung, wobei die Besetzung und Aufhebung des Kirchenstaates, die Wilhelm von Humboldt zur Rückkehr in die Heimat zwang, die Krönung des Sohnes Napoleons zum König von Rom und die

Erhebung Eugen Beauharnais', des Stiefsohns des Kaisers, zum König von Italien besonders ins Gewicht fielen.

132 Man erinnere sich an das Entsetzen der Weimarer Hofgesellschaft, als er nach dem Sturz des Kaisers beim Empfang Carl Augusts erschien – mit dem Kreuz der Ehrenlegion geschmückt, das ihm Napoleon kurz vor der Schlacht bei Jena verliehen hatte.

133 Schleiermacher betreute auch die nachgelassene Fossiliensammlung von Goethes Jugendfreund Johann Heinrich Merck, über dessen Sammelleidenschaft – oft in Konkurrenz mit dem Dichter – Goethe schrieb: »Mit habsüchtiger Liebhaberei bemächtigte er sich mancher vorzüglicher Exemplare.«

134 In Goethes eigener Übersetzung: »Freudig trete herein und froh entferne dich wieder! / Ziehst du als Wanderer vorbei, segne die Pfade dir Gott.« Goethe hatte während seines Aufenthaltes im Sommer 1828 im alten Schloß von Dornburg oben genannten Distichon folgendermaßen abgewandelt: »Schmerzlich trat ich hinein, getrost entfern ich mich wieder; / Gönne dem Herren der Burg alles Erfreuliche Gott.«

135 Goethe schreibt dazu an Zelter (Brief vom 6. 9.-5. 10. 1828, Nr. 624): »Mehrer einzelne Glieder jener stattlichen Gesellschaft sind schon bei mir vorübergegangen, und es ist nur eine und allgemeine Stimme vollkommenster Zufriedenheit.«

136 Die Geldmittel, die ihm nach seiner epochalen Südamerikareise verblieben waren, hatten die jahrelange Abfassung und überaus kostspielige Drucklegung des umfangreichen Reiseberichtes verschlungen und nun schien der Gelehrte auf die Zuwendungen aus der königlichen Schatulle angewiesen. Er bekleidete seit 1806 das Kammerherrenamt, in den vorangegangenen zwanzig Jahren praktisch eine Sinekure.

137 Wilhelm Olbers, Arzt und (Amateur-) Astronom, entdeckte sechs Kometen und die Planetoiden Palls und Vesta; Samuel Thomas von Sömmering: Anatom, Physiologe und Biologe.

138 Literatur zur Cholera: Barbara Dettke: *Die asiatische Hydra*, Berlin, New York 1995, Veröffentlichung der Historischen Kommission zu Berlin, Bd. 89.

139 Erst über ein halbes Jahrhundert später, im August 1873, sollte die Stadt Berlin mit dem Ausbau eines Abwassersystems beginnen. Eine entscheidende Rolle hatte dabei der berühmte Berliner Mediziner (Pathologe) Rudolf Virchow gespielt, der kurz zuvor die wichtige sozialhygienische Schrift *Canalisation oder Abfuhr* publiziert hatte.

140 Im Gegensatz zum Blindeninstitut zählten das Arbeitshaus und die Kottwitzsche Anstalt 122 Erkrankte mit 52 Toten, darunter viele Kinder.

141 »Der Gast aus der Ferne: Vom fernen Osten kam herbeigezogen, / ein fremder Gast mit ernstem Blick, / nicht einst wie Bakchos frohem Rausch gewogen, / scheucht allen Jubel er zurück. / Schauerlich tönet ein Angstgewirr / bei unseres Gastes Flügelgeschwirr. // Denn Flügel hat das wunderbare Wesen, / es flieget fort von Land zu Land, / und hat es einen Erdfleck sich erlesen, / so sitzt es drin wie festgebannt. / Schauerlich tönet ein Trauergekrächz, / bei der Gefallenen Sterbegeächz. // Auch unsre Stadt hat dieser Gast besuchet, / schon seit vier Monden haust er hier, / und Mancher hat den Fremdling arg verfluchet, / wo er verweilte im Quartier. / Schauerlich tönte manch Trauergetön / auf zu des Himmels azurenen Höhn. // Doch lehrt er uns auch festes Gottvertrauen, / Behutsamkeit und Mässigkeit, / auf diese Pfeiler kann man sicher bauen / und manche Wunde heilt die Zeit. / Feierlich schalle der Preisgesang / bei unsers Gastes Abschiedsgang.«

142 Nikolaus Joseph von Jaquin hatte bereits zu Zeiten Maria Theresias eine Schiffsexpedition unternommen, die primär dem Ziel diente, den Park in Schönbrunn mit neuen exotischen Tieren und Pflanzen auszustatten.

143 William Hodges geb. 1744 in London, begleitete Cook als Zeichner und Maler in die Süd see, bereiste später u.a. Indien und gab zwischen 1780 und 1786 *Indische Ansichten* in zwei Serien heraus.

144 Karl Friedrich Klöden (1786-1856), seit 1824 als Direktor an der Berliner Gewerbeschule tätig, hatte 1829 seine Publikation *Beiträge zur mineralogischen und geognostischen Kenntnis der Mark Brandenburg* durch Vermittlung Zelters Goethe zukommen lassen. Zeunes Vortrag dürfte sich mit dem Inhalt dieser Schrift beschäftigt haben. Klöden war ebenso wie Zeune Gründungsmitglied der seit 1828 bestehenden Gesellschaft für Erdkunde.

145 »3. Oct. Um 5 Uhr Abfahrt. Polkwitz, schöner neuer Thurm, Klopschen, zahmer Marder und Kettenhund, schlechter Kaffee. Neustädtel, wißbegieriger Berliner und Wirthsstube voll

Fliegen. Neusalz, Herrnhuter, guter Kaffee. Grünberg, 3 Berge, schöner Gasthof, Wandeln beim Mondschein, Rothwein. 4. Oct. Um 5 Uhr Abfahrt. Logau, halber Weg und Schlesiens Gränze. Mittag in Krossen, Herzog der Normandie in Paris gefangen. Ziebingen, Kaffee, Finkenstein-Tiekscher Park, Harfenspielerinnen. Frankfurt, goldener Löwe. 5. Oct. Früh 5 Abfahrt. Petershagen, Oberamtmann Karbes schönes Gut. Mittag in Müncheberg, 3 Kronen, zahmes Reh, Feuersbrunst der vorigen Nacht, Verbindungsstraße noch nicht fertig. Tasdorf, Kaffee, zahmer Rabe, der die Hunde grüßt. Um 10 in Berlin.«
146 Oro-/Hydrographie: Gebirgs- und Wasserlaufbeschreibung.
147 August Krause, Kandidat der Theologie, dessen mit zwölf Jahren erblindeter Bruder Friedrich Zögling Zeunes gewesen war, hatte 1833 eine Blinden-Bewahr-Erziehungs- und Beschäftigungsanstalt in Halle gegründet, die trotz ideeller und finanzieller Unterstützung durch Zeunes Freund Friedrich de la Motte-Fouqué Ende 1849 aufgelöst wurde.
148 Träger dieser wohl einmaligen Institution war der Evangelische Missionshilfsverein zu Naumburg, der es sich zum Ziel gesetzt hatte, Zigeunerkinder in einer eigenen Anstalt zu unterrichten und dem christlichen Glauben zuzuführen; die Kinder konnten notfalls mit Polizeigewalt von ihren Eltern entfernt werden – ja den Eltern drohte, falls sie keinem ehrlichen Erwerb nachgehen sollten (was praktisch unmöglich war, da nach Zeunes Bericht »sich die Männer durch Musik und Seiltänzerkunst, die Frauen durch Wahrsagekünste und Bettelei« ernährten), die Einweisung in eine Zwangsarbeitsanstalt. Nach Zeunes Beobachtung waren 23 Zigeunerkinder und zwei erwachsene Frauen in der Schule, darunter – für Frauenschönheit ist Zeune immer empfänglich – »eine hübsche Sibillengestalt«.
149 Friedrich Wilhelm Schadow (1788-1862) war seit 1826 Direktor der Akademie in Düsseldorf.
150 Immanuel Herrmann Fichte (1796-1876) übernahm 1836 eine Professur für Philosophie in Bonn.
151 John Murray II, hatte 1824 zwei Bände mit Byrons Erinnerungen dem Feuer übergeben.
152 1835 kam es (nach 1830) erneut in einigen deutschen Ländern zu Aufständen. Der sog. Frankfurter Putsch führte auch in Preußen zu einer Welle neuer Demagogenverfolgungen, obwohl in Berlin der Anlaß zu Unruhen mehr als banal erscheint, da es vordergründig um das Verbot ging, am Geburtstag des Königs, dem 3. August, zu knallen und zu schießen. Bei den folgenden Straßenkrawallen gab es jedoch ziemlich blutige Auseinandersetzungen. Das schnelle Erlöschen der »Bewegung« kommentierten die Berliner in bekannter Schnoddrigkeit: »Wegen Unpäßlichkeit eines Schusterjungen kann heute die Revolution nicht stattfinden.«
153 Bereits vom 16.2.1817 datiert ein Begleitbrief Zeunes an Brönner zu einer Lieferung von sechs Erdkugeln.
154 Zeune schreibt am 22.8.1836 an Klein in Wien: »Zugleich sende ich (...) ein Bild von mir und meiner Frau, der wiederkehrender Seelenfride nöthig ist, weshalb ich auf morgen nach Sachsen mit ihr reisen will.«
155 Im Sommer 1830 hatte Schleiermacher seine Vorlesung »Leben Jesu« vor 251 Zuhörern gehalten.
156 Goethe datierte seine Erkenntnis, »daß die Gesichtsknochen gleichfalls aus Wirbeln abzuleiten seien«, ins Jahr 1791, angeregt durch Betrachten eines zerschlagenen Schöpsenkopfes auf dem Judenfriedhof von Venedig.
157 Im Dezember 1831 hatte I.B. Boussingault wiederholte Versuche unternommen, den Gipfel des Chimborazzo zu bezwingen, und Alexander von Humboldt in einem Brief, der dann in seinen *Kleineren Schriften*, Bd.I, S. 175 ff. publiziert wurde, ausführlich Bericht erstattet. Humboldt referierte in der Sitzung vom 26.9. nach Zeunes Aufzeichnungen über »seine und Boussingaults Besteigung des Chimborassos, wobei lezterer (!) 64 Klafter höher gekommen, aber gleichfalls bei einer Kluft an einem Grate habe umkehren müssen.« Die Naturforscherversammlung von 1836 war die letzte, bei der Humboldt als Referent auftrat.
158 Zeunes Tochter Emma hatte inzwischen den Major bei der Artillerie von Platen geheiratet.
159 GStA Rep.89 22582 KglBl.A. S.72
160 1840, im Todesjahr Altensteins, gab es in Berlin sechs Gymnasien, acht höhere Bürgerschulen, 14 Mittelschulen für Knaben und 35 für Mädchen (denen der Besuch des Gymnasiums verwehrt war), die von Klöden geleitete Berliner Gewerbeschule, sowie das Taubstummeninstitut und die Blindenanstalt. Nach: Ribbe/Mieck: *Geschichte Berlins*, a.a.O.

161 Heinrich Heine: »Lobgesänge auf König Ludwig«, II Strophe Nr. 6.
162 Es erhob sich ein sich über viele Jahre hinziehender Verfassungsstreit, ob ein Blinder seine Herrscherfunktion ausüben könne oder abdanken müsse, ein Streit der nach byzantinischem oder mittelalterlichem Recht gegen den blinden Herrscher entschieden worden wäre, war es damals doch ein beliebtes Mittel Kronprätendenten durch Blendung von der Thronfolge auszuschließen.
163 Wie Friedrich Wilhelm Gubitz, der seit November 1839 dem Komitee zur Vorbereitung der »Jubelfeier« vorstand, in seinen Erinnerungen berichtet, gab es bereits im Vorfeld erhebliche Probleme mit amtlichen Stellen, insbesondere dem Leiter der Polizeiabteilung, von Puttkammer. Anscheinend war man dort bemüht, den öffentlichen Teil der Feier weitgehend einzuschränken. Gubitz schreibt dazu: »(...) so daß bei diesem Druckereifest, das ein Volksfest hätte sein sollen, offenbar vom Druck anderer und schwärzerer Art zu reden wäre«. Um so bedeutender erscheinen vor diesem Hintergrund die zitierten freiheitlichen Äußerungen Zeunes.
164 Johann Huß (Text:) *Oratorium*, Berlin 1869. Loewe schreibt am 27. Juli 1841 an Zeune: »Recht sehr will mich freuen, wenn Sie mir den dritten Teil des Johannes senden wollen, denn bis jetzt habe ich noch kein Urtheil über Ihr Werk [anscheinend hatte Zeune einen neuen Oratoriumstext in Arbeit, d. Verf.]. – Ich wünsche sehr, dass wir nächsten Winter den Huss zur Aufführung bringen.« Gubitz berichtet in seinen Erinnerungen: »Daß aber der Dichter sich Angriffe zuzog vom einseitig priesterlichen Standpunkt wird leicht erklärlich« und zitiert: »Der Wiklef hat in Wahrheit nichts gelehrt, / Was nicht mit Christi Lehre stimmen sollte. / Wo hat denn Christus einen Papst verordnet? (...) Wo hat er denn verordnet, daß ein Bischof / Kann ohne Sakrament mit Weibern leben?«
165 In der Zeit von 1840 bis 1845 erweiterte sich alleine das preußische Eisenbahnnetz von 185 auf 1.106 km.
166 Lichtenstein hatte 1844 den Berliner Zoo gegründet, Lenné dafür die Anlagen entworfen.
167 Es ist allerdings fraglich, ob es der König je richtig gelesen hat, denn Alexander von Humboldt berichtet, Friedrich Wilhelm habe Bettinas Buch nur müßig durchgeblättert und es in Wahrheit nicht verstanden.
168 Der Bericht von Emil Rechholtz ist zwar erst ein halbes Jahrhundert später, am 9. Februar 1901, in Vorbereitung der Hundertjahrfeier der Blindenanstalt 1906 abgefaßt, schildert aber mit verblüffender Frische die Verhältnisse nach 1842, dem Aufnahmejahr Recholtz': Archiviert im Archiv des Blindenmuseums Steglitz: Mappe IV/12.
169 Carl Wilhelm Schmidt (1806-1891) war vom Juli 1839 bis Oktober 1872 als Kantor und erster Lehrer an der Berliner Blindenanstalt tätig (Lebenslauf von unbekannter Hand in Mappe IV/12 des Blinden-Museums archiviert).
170 Neben der Hausmeisterwohnung und dem Orgelsaal waren noch die Direktorenwohnung, sowie die Räume für die blinden Schülerinnen im Vorderhaus untergebracht. Im Gartenhaus fanden sich im Erdgeschoß die Schlafsäle und Waschräume der Jungen, gegenüber der Handarbeitssaal und das Schulzimmer für die II. Klasse, eine Treppe höher das der I. Klasse und die Wohnung des ersten Lehrers, des Kantors Schmidt.
171 Ein anderer ehemaliger Zögling Zeunes, Wilhelm Sehring, berichtet: »Zeune wußte seine Unterrichtsstunden so einzurichten, daß, wie verschiedenartig Alter und Bildungsstufe der Kinder auch sein mochten, doch jedes seinen Gewinn haben konnte.«
172 Bartholdy wurde später zum Leiter der Blindenanstalt in Düren (Rheinland) ernannt, die am 13. November 1845 zum Geburtstag der Königin Elisabeth, der Gemahlin Friedrich Wilhelm IV., eröffnet wurde. Nach: *Geschichte der Blindenbildungsanstalten Deutschlands*, hrsg. von Franz Jurczek, Berlin 1957.
173 In der Frage der Nützlichkeit, Blinde im Lesen zu unterrichten, ist Zeunes Auffassung erheblich von Klein beeinflußt worden. In der 1. Ausgabe des *Belisar* hatte er sich im Gegensatz zu Haüy vehement gegen den Leseunterricht ausgesprochen, später aber (so in der letzten Ausgabe des *Belisar*) »den großen Nutzen des Lesens auch für Blinde« betont und das Verdienst, eine brauchbare Stachelschrift (nach Zeune: Stechschrift) entwickelt zu haben, Klein zuerkannt.
174 H. Wollheim: *Versuch einer Topographie und Statistik von Berlin*, Berlin 1844. An gleicher Stelle wird berichtet, daß die »Kenntnis der Noten durch Satzbretter erlernt wird, auf denen zwischen den erhabenen Linien die Noten in Gestalt von kleinen Metallknöpfen beliebig versetzt werden können.«

175 So trat er als Dichter neben Bornemann beim »Richtschmauß« für die von Schinkel entworfene Singakademie am 11. Dezember 1825 (Zelters Geburtstag) in Erscheinung. Vgl. Schünemann: *Singakademie*, S.41.
176 Sicher ist, daß Zeune zu Schlesinger seit langem gute Verbindungen hatte. Als Zeune nach Berlin zog, betrieb Schlesinger in der Spandauer Straße eine Buch-, Musik- und Landkartenhandlung. Vielleicht kannte man sich schon aus dieser Zeit, da Zeune immer lebhaft an der Kartographie interessiert war. 1810 wurde die A. M. Schlesingers Musikhandlung in die Breite Straße verlegt. Etwas später gelang es dem rührigen Schlesinger, Hauptverleger Carl Maria von Webers zu werden, sodaß unter anderem die Originalausgabe von Carl Maria von Webers *Freischütz* bei ihm erschien. 1823 weihte man dann die neuen Räume Unter den Linden ein, deren Innenausstattung Schinkel übernommen hatte.
177 Vgl. die Lebensbeschreibung des langjährigen Kantors (Blinden-Museum) Carl Wilhelm Schmidt.
178 Franz Joseph Gall (1758-1828), Begründer der Phrenologie, bei der geistig-seelische Anlagen aus der Schädelform abgeleitet werden, hielt 1802 (?) Vorträge in Berlin. Auch Zeunes Freund F. F. Flemming befaßte sich 1805 in einer Arbeit mit Galls Schädellehre mit dem Titel: *Ideen zu einer künftigen Beurtheilung der Gall'schen untersuchungen über die Verrichtungen des Gehirns*. Gall prägte auch den Begriff des »Nationalschedels«. Gall hatte 1805 in Berlin Vorträge mit anatomiachen Demonstrationen gehalten, an denen auch der Prinzenerzieher Delbrück, Grapengießer und Hufelands Assistent Meyer teilnahmen.
179 Blumenbach unterscheidet in seinem *Handbuch der Naturgeschichte* von 1782 (2. Aufl.) insgesamt fünf Menschenrassen. In seiner Arbeit *Geschichte und Beschreibung der Knochen des Körpers* von 1786 setzt er sich mit dem menschlichen Schädel und seinen Rassenmerkmalen auseinander. Zit. nach Heinz (Hg.): *Der sympathetische Arzt*, o.J. 1998.
180 In einem Brief an einen unbekannten Empfänger vom 10.6.1844 teilt Zeune mit, daß »nach den neuesten Entdeckungen Dr. von Tschudis, der 5 Jahre in Peru war, die neue Welt ihre Bevölkerung aus Peru unabhängig von Adam hat. Die 3 Urstämme der Chinchas, Aymaras, Xuanias entsprechen in Hinblick der Schädelbildung den Kaukasiern, Mongolen, Negern, nur daß jene einen Knochen mehr im Hinterschädel haben, den kein Menschenkind der alten Welt, sondern nur Raubtiere und Wiederkäuer haben.«
181 Schon Jahre zuvor finden sich in den Reiseberichten und anderen Unterlagen immer wieder Hinweise auf Augenerkrankungen. So bricht Zeune seine Vorlesung im Winter 1814 wegen einer Augenentzündung ab. Fast 20 Jahre später, Anfang September 1833, berichtet er, daß ihm Dr. Strauß in Jüterbog Arnica und Potentilla gegen sein krankes Auge empfohlen habe. Kurz danach findet sich im Reisetagebuch der Eintrag, er habe in Dresden Dr. Anton besucht, »der mit gewohnter Breite nach meinen Augen fragte und mir den berühmten Dr. Weller empfal (!), der mit Nadeln über dem kranken Auge Einstiche macht«. Anscheinend handelt es sich hier um einen frühen Vorläufer der Akupunktur.
182 GStA Rep 89 22582 S. 83.
183 Virchows Bericht über die Flecktyphusepidemie in Oberschlesien enthält scharfe Kritik an den Versäumnissen der Regierung. Im darauffolgenden Revolutionsjahr bekennt er: »Als Naturforscher kann ich nur Republikaner sein.«
184 Ribbe/Mieck: *Geschichte der Stadt Berlin*, a.a.O., S. 600 ff.
185 Theodor Fontane verbürgt das durchaus januzköpfige seiner Position. In seinen Erinnerungen *Der Achtzehnte März* zitiert er aus der Rede des »Urwählers«, des Schullehrers Schaefer, zur Bestimmung der Wahlmänner (die dann wieder die Volksvertreter zu wählen hatten): »Also meine Herren, Männer von verbürgter Königs-, aber zugleich von verbürgter Volkstreue: Jahn, Arndt, Boyen, Grolmann, vielleicht auch Pfuel.«
186 Zeunes Aufruf folgte in gleicher Spalte ein konservativ-antidemokratisches »Insertum«:

W ird	I n jüdischer
A delslästerung	A usverschämtheit
L ange	K önigen
D einen	O hren öffnen
E bärmlichkeits-Neid	B estätigt
K itzeln?	J akobinersinn

Der Abgeordnete Benedikt Waldeck hatte entscheidend am Verfassungsentwurf mitgewirkt, der schon am 22. Mai 1848 der Preußischen Nationalversammlung vorgelegt wurde und unter dem Begriff der »Charte Waldeck« bekannt wurde. Der liberale Abgeordnete Johann Jacoby hatte bereits 1841 eine politisch brisante Schrift, in der er vom König bisher verweigerte Rechte der Stände einforderte, veröffentlicht. Der Kommentar Friedrich Wilhelms IV: »Der Beschnittene gehört an den Galgen.« Neben Waldeck und Jacoby taten sich als Abgeordnete des linken Flügels der Preußischen Nationalversammlung vor allem folgende drei Abgeordnete hervor: Julius Behrends (1817-?), Buchdruckereibesitzer und 1848 Führer des Berliner Handwerkervereins, Eduard Graf Reichenbach (1812-1869), schlesischer Demokrat und Georg Jung (1814-1886), Publizist.

187 »Stärker ist der, der sich, als der der die stärksten Mauern besiegt.«

188 Er entstammte der Verbindung Friedrich Wilhelms II. mit Wilhelmine Encke alias Gräfin Lichtenau, der Tochter des königlichen Stabstrompeters Encke.

189 Daß man auch nach dieser staatsstreichähnlichen Aktion bemüht war, konservative Tendenzen mit allen Mitteln zu fördern, zeigen zwei Verfügungen vom 28. und 30. Dezember 1848, die sich im Archiv des Blindenmuseums erhalten haben: Die erste betrifft die »Beeinflussung der Urwähler gegen antimonarchistische Tendenzen«, die zweite enthält die Aufforderung, diese Verfügung sämtlichen Volksschullehrern zur Kenntnis zu bringen, »damit diese die Bevölkerung, insbesondere auf dem Lande, entsprechend beeinflussen«. Die Berliner Blindenanstalt diente bei der Wahl der Abgeordneten zur 1. und 2. Kammer als Wahllokal. Außerdem findet sich noch ein Rundschreiben an die Provinzialschulkollegien vom 20. Dezember 1848 betr. »Erziehung zu Staatsbürgern und Ahndung verfassungsfeindlicher Tätigkeit der Lehrer«.

190 Alle drei Eichsärge sind inzwischen von der Ehrengrabstelle auf dem St. Georgen Friedhof verschwunden. Soweit rekonstruierbar, bestanden zu DDR-Zeiten Pläne, den Friedhof zumindest teilweise einzuebenen. Bei den Vorbereitungsarbeiten wurden anscheinend auch die Särge der Familie Zeune entfernt.

191 Bereits elf Jahre zuvor war Freudenberg zu einem ähnlich düsteren Ergebnis gekommen. Freudenberg stellte in seiner »Gründliche Hülfe für Blinde« betitelten Abhandlung fest: »Drei und sechzig Jahre sind bereits verflossen, seitdem der menschenfreundliche Hauy, um die Nichtsehenden der Bettelei, dem Spotte und der Verachtung zu entreißen und sie zu nützlichen Mitgliedern der menschlichen Gesellschaft zu machen, den damals kühnen Entschluß faßte, eine für ihren Zustand passende Lehr = Anstalt zu gründen. Indessen ist man bis jetzt, obwohl bereits sieben und vierzig ähnliche Institute bestehen, dem vorgesteckten Ziele fast noch gar nicht näher gerückt, so daß das Gelingen des Unternehmens sehr leicht in Abrede gestellt werden könnte.«

192 Im Vorwort zu Freudenbergs Schrift: »daß nach Ausbildung der Blinden der Staat auch ihr Fortkommen fördere, und nicht, wie jetzt häufig geschieht, sie in ihren Bestrebungen hindere.«

193 Im Nachlaß Zeunes findet sich hierzu ein Brief der Armendirektion vom 11. Juni 1826, in dem Zeune eine Verfügung des Königlichen Polizeipräsidiums bekanntgegeben wird, daß die mehren Blinden erteilte Erlaubnis zum Musizieren auf den Höfen und in den Straßen wieder entzogen wird. Es wird dringend empfohlen, den Musikunterricht nur auf die Begabtesten zu beschränken, die übrigen mit handwerklichen Arbeiten zu beschäftigen, damit sie nicht ganz der Armenkasse zur Last fallen.

194 Dieses Problem hatte bereits Haüy in seinem Brief vom 26. Juli 1806 an Zeune angeschnitten. Er schreibt daß »die Arbeiten der Kinder auch nach vollendeter Ausbildung überwacht werden müssen. Man kann nicht behaupten, daß die Blinden auf Grund ihrer Begabung mit den Sehenden konkurrieren können.«

195 Ziele des Allgemeinen Blindenvereins zu Berlin (der auch die Feier zum 100-jährigen Geburtstagsjubiläum 1878 ausrichtete) waren: Geistige und sittliche Hebung der Mitglieder, Förderung ihrer äußeren Lage, Beistand aus Vereinsmitteln in Krankheits- und Sterbefällen. Einen weiteren wesentlichen Schritt zur Selbständigkeit der Blinden stellte die Gründung des Vereins zur Förderung der wirtschaftlichen Selbständigkeit der Blinden durch den Schulrat Wulff, einen späteren Nachfolger Zeunes 1886 dar, der zur Einrichtung von Arbeitsheimen und Blindenwerkstätten führte.

196 Das bestätigt auch Freudenberg in seiner Festrede von 1878. Hier hält er zum einen fest, daß die Berliner Blindenanstalt wegen der Handarbeiten von manchem geringschätzig beurteilt

wurde und daß es Zeune bei den handwerklichen Tätigkeiten mehr um die Schulung des Tastsinns als um die Bildung zum künftigen Handwerker ging.
197 Zeune hatte sich bereits 1821, ein Jahr nach seiner Studienreise, an den Oberbürgermeister und den Rat der Stadt Berlin mit der Bitte gewandt, im Orgelspiel geschickten Blinden Organistenstellen zu vermitteln. Zwar erhielt er die Zusage, daß man in der Sache bemüht bleiben werde, jedoch mit dem Vermerk, daß das Diensteinkommen der meisten Organisten so gering sei, daß davon ein Mensch allein nicht bestehen könne.
198 Schließlich war die protestantische Kirche eine der Hauptstützen des preußischen Staates und unterstand – eingebunden in einen anachronistischen Caesaropapismus – bis 1918 dem preußischen König als oberstem Bischof.
199 Elisabeth Kull-Groepler führt in ihrer Festrede zum 150. Geburtstag Zeunes (Abschrift im Archiv des Blinden-Museum, III/R2/Schr. 4/Zeune/2. Fach/Mappe 8) folgende Organisten aus der Schule Schmidts auf: Carl Friedrich Voigtländer und seinen Nachfolger Adolf Friedrich an der Bethlehemkirche, Mauerstraße, Otto Gehrke als freien Orgelspieler in Berlin sowie den Stettiner Organisten und Blindenlehrer Ferdinand Zimmermann.
200 So wies Hufeland bereits auf das sich abzeichnende Problem der Vermassung und die Gefahr des Untergangs des Einzelnen hin. Als Gegenmittel empfahl er die Zuteilung von Land an die Armen (*Journal*, XII Stück, Berlin 1809, S. 2ff.).
201 Karl Lachmann, einer der schärfsten Kritiker Zeunes (der aber auch mit Schlegel, Tieck und von der Hagen scharf ins Gericht geht), brandmarkt dessen »unredliche Trägheit und Eitelkeit, (...) seine unbegränzte (!) Selbstliebe und (...) endlich eine unglaubliche Unwissenheit«, Brief vom 23/24. Juli 1820 an Grimm. Von seinen Biographen wird Lachmann als schroff und absprechend gegen Vorgänger und Mitstrebende, unduldsam gegen Mittelmäßiges und unbarmherzig gegen Verfehltes beschrieben (nach M. Hertz' Biographie zit. in: Geiger, Berlin, S. 604f.). Im Gegensatz zu Lachmanns Auffassungen gewinnt Max Lenz Zeunes Dilettantismus durchaus positive Seiten ab (1. Bd., S. 250 : »(...) daß die naive Begeisterungsfähigkeit, welche Zeune in allem, was er trieb, an den Tag legte, auch auf diesem Felde (der germanischen Philologie) ihm einen großen Wirkungskreis verschafft hat, wenigstens solange noch die vaterländische Bewegung in der deutschen Jugend hohe Wellen schlug, außer Fichte, in dessen Haus er intim verkehrte, ward niemand von den Studenten lieber gehört.«

Literaturverzeichnis

100 Jahre Blinden-Museum 1891-1991. Ein Museum zum Anfassen. Katalog und Materialien, Berlin 1991.
Willibald Alexis (d.i. Wilhelm Haering): *Erinnerungen,* hrsg. von Dr. Max Ewert, Berlin 1905.
E.Bonnell: Nekrolog, *August Zeune. Schulblatt für die Provinz Brandenburg,* Berlin 1854 I/II.
Walter Bußmann: *Zwischen Preußen und Deutschland. Friedrich Wilhelm IV.,* Berlin 1990.
Friedrich Delbrück: *Die Jugend des Königs Friedrich Wilhelm IV. von Preußen und des Kaisers und Königs Wilhelm I., Tagebuchblätter ihres Erziehers Friedrich Delbrück (1800-1809).* Mitgeteilt von Georg Schuste, 3 Teile, Berlin 1907.
Barbara Dettke: *Die asiatische Hydra,* Berlin, New York 1995.
Friedrich Dreves: »*... leider zum größten Theile Bettler geworden ...«. Organisierte Blindenfürsorge in Preußen zwischen Aufklärung und Industrialisierung (1806-1860),* Freiburg 1998.
Johann Peter Eckermann: *Gespräche mit Goethe in den letzten Jahren seines Lebens,* Berlin und Weimar 1987.
Karl Georg Faber: *Deutsche Geschichte im 19. Jahrhundert, Restauration und Revolution von 1815 bis 1851,* in: *Handbuch der Deutschen Geschichte,* hrsg. von Leo Just, Wiesbaden 1979.
J.G. *Fichte im Gespräch, Berichte der Zeitgenossen,* hrsg. von Erich Fuchs, Stuttgart, Bad Canstatt 1978-1992.
Ludwig Geiger: *Berlin 1688-1840, Geschichte des Geistigen Lebens in der Preußischen Hauptstadt,* Berlin 1895, Aalen 1987.
Johann Wolfgang Goethe: *Sämtliche Werke,* München, Wien 1991.
Herbert Greiner-Mai, Klaus G.Beyer: *Weimar,* Berlin und Weimar 1979.
Friedrich Wilhelm Gubitz: *Bilder aus Romantik und Biedermeier,* hg. v. Paul Friedrich, Berlin 1922.
Erich Haenel, Eugen Kalkschmidt (Hg.): *Das alte Dresden,* Frankfurt/M. 1977.
Heinrich Heine: *Sämtliche Schriften,* München 1995[3].
Heinrich Heine: *Sämtliche Werke,* Düsseldorf 1997.
E.T.A. Hoffmann: *Juristische Arbeiten,* hrsg. von Friedrich Schnapp, München 1973.
E.T.A.Hoffmann: *Leben und Werk in Briefen, Selbstzeugnissen und Zeitdokumenten,* hrsg. von Klaus Günzel, Berlin 1984.
Alexander von Humboldt: *Über die Freiheit des Menschen,* Frankfurt/M., Leipzig 1999.
Rudolf Köpke: *Die Gründung der Königlichen Friedrich-Wilhelms-Universität zu Berlin,* Berlin 1860.
Gerard Koziolek: *Ideologische Aspekte der Mittelalter-Rezeption zu Beginn des 19. Jahrhunderts,* in: *Mittelalter-Rezeption. Ein Symposion,* hrsg. von Peter Wapnewski, Stuttgart 1986.
Otto Krätz: *Goethe und die Naturwissenschaften,* München 1992.
Werner Lauterbach: *Berühmte Freiberger,* Teil 2., *Mitteilungen des Freiberger Altertumsvereins,* 85.Heft 2000.
Max Lenz: *Geschichte der Königlichen Friedrich-Wilhelms-Universität zu Berlin,* Halle/S. 1910.
Pierre Lepape: *Denis Diderot. Eine Biographie,* Frankfurt/M., New York 1994.
Albert Leitzmann (Hg.): *Briefwechsel der Brüder Jacob und Wilhelm Grimm mit Karl Lachmann,* 1927.
Heinrich Lutz: *Zwischen Habsburg und Preußen, Deutschland 1815-1866,* Berlin 1985.
Ilja Mieck: *Von der Reformzeit zur Revolution (1806-1847),* in: Wolfgang Ribbe (Hrsg.): *Geschichte Berlins,* 1. Bd.: *Von der Frühgeschichte zur Industrialisierung,* München 1987.
Ragnhild Münch: *Gesundheitswesen im 18. und 19. Jahrhundert,* Berlin 1995.
Heinz Ohff: *Preußens Könige,* München 1999.
Hans Ostwald: *Kultur- und Sittengeschichte Berlins,* Berlin-Grunewald o.J.
Max Pfannenstiel (Hg.): *Geschichte der Gesellschaft Deutscher Naturforscher und Ärzte,* Berlin, Göttingen, Heidelberg.
Werner Pöls (Hg.): *Deutsche Sozialgeschichte, Dokumente und Skizzen,* Bd. I (1815-1870), München 1973.

Luise von Preußen: *Briefe und Aufzeichnungen 1786-1810*, München, Berlin 1995.
Max Schöffler: *Der Blinde im Leben des Volkes*, Leipzig, Jena 1954.
Thomas Stamm-Kuhlmann: *König in Preußens großer Zeit: Friedrich Wilhelm III.. Der Melancholiker auf dem Thron*, Berlin 1992.
Karl August Varnhagen von Ense, *Werke in fünf Bänden*, hrsg. von Konrad Veilchenfeld, Frankfurt/M. 1987-1994.
Ludwig Freiherr Vincke: *Die Tagebücher des Oberpräsidenten Ludwig Freiherrn Vincke 1813-1818*, bearb. von Ludger Graf von Westphalen, Münster 1980.

Johann August Zeune: Werke in chronologischer Folge:

De Historia Geographiae, Dissertatio historica. Vitebergae 1802.
Gea. Versuch einer wissenschaftlichen Erdbeschreibung, Berlin 1808 (insg. 3 Aufl.: *Goea, Versuch einer wiss. Erdbeschreibung*, 2. Aufl., Berlin 1811, *Gea. Versuch die Erdrinde sowohl im Land- als Seeboden mit Bezug auf Natur- und Völkerleben zu schildern*, 3. Aufl., Berlin 1830).
Über Blindenunterricht, 1808.
Nachtrag über Blindenunterricht, 1808.
Belisar. Über den Unterricht der Blinden. 1. Aufl. Berlin, 1808 (insg. 7 Aufl., 1821: 2. Aufl. Vereinigung des *Belisar* mit der 1817 erschienenen Schrift: *Über Blinde und Blindenanstalten*; 3. Aufl. 1829, 4. Aufl. 1833, 5. Aufl. 1838, 6. Aufl. 1843 und 7. Aufl. 1846).
Über Basaltpolarität, Berlin 1809.
Thuiskon. Über Deutschlands Einheit, Berlin 1810.
Vorrede zu : *Die blinden Tonkünstler* von Johann Christoph Wilhelm Kühnau, Berlin 1810.
Erdbälle für Sehende und Blinde. Allg. Geographische Ephemeriden, Weimar 1810.
Anhang zu Wilhelm Jungius *Ausführlicher Nachricht über meine dritte Luftreise* am 19. August 1810, in: *Begleitung des Herrn D. Zeune*, Berlin 1810.
Einfache teutsche Sprachlehre, Berlin 1811.
Erdtafel zum Gebrauch für Bürgerschulen (1 Bl. Schrift und 1 Karte), 1812.
Kleeblatt dreier gefallener Krieger, Nachruf 1813 auf von Blomberg, Kühnau und Körner.
Flugschrift: *Der fremde Götzendienst. Eine Vorlesung als Einleitung zu dem Vortrage über das Nibelungenlied zu Berlin im Christmond 1813*.
Flugschrift: *Der Reinstrom, Deutschlands Weinstrom, nicht Deutschlands Rainstrom. Gedruckt am Rein im 2. Jahr der deutschen Freiheit 1814*.
Die beiden Volker, in: *Die Musen*, Berlin 1814.
Das Nibelungenlied, ins Neudeutsche übertragen, Berlin 1814 mit 1 Kupfer.
Erdansichten oder Abriß einer Geschichte der Erdkunde vorzüglich der neuesten Fortschritte dieser Wissenschaft, nebst 6 Kärtchen und auf Bestellung mit einer Tasterdkugel, 1. Aufl. Berlin 1815, 2. Aufl. Berlin 1820.
Das Nibelungenlied. Die Urschrift nach den besten Lesarten neu bearbeitet, und mit Einleit und Wortbuch zum Gebrauch der Schulen versehen, Berlin 1815.
Bericht über die Blindenanstalt zu Berlin. Bey Gelegenheit des hohen Besuchs Ihrer Maj. Des Kaisers Alexander I. und des Königs Friedrich Wilhelm III. von Preußen, 1815.
Über Blinde und Blindenanstalten, 1817.
Einfache deutsche Lese- und Singlehre, 1817.
Der Krieg auf der Wartburg, nach Geschichten und Gedichten im Mittelalter herausgegeben 1818.
Die neuen Assassinen im Deutschen Beobachter Nr. 726, 1819 und: *Über neue Assassinen. Zwei Schreiben von Otto Schulz und Karl Giesebrecht an August Zeune nebst dessen Antwort*, Berlin 1819.
Über den Wartburgkrieg. Germania, Berlin 1820.
Armbruchlieder, als Besuchskarte für meine Freunde. Im Brachmonat 1823, Berlin.
Blindenanstalten, in: *Allgemeine Encyklopädie der Wissenschaften und Künste*, 1. Section, 11. Theil, Leipzig 1823.
Gothische Sprachformen und Sprachproben, Berlin 1825.
Schwimmlieder von Frischmuth Wellentreter (d.i. August Zeune), Berlin 1826.
Der fünfte Mai. Ode auf Napoleons Tod von Alexander Manzoni. In der Italischen Urschrift

nebst Übersetzungen von Goethe, Fouqué, Giesebrecht, Ribbeck, Zeune. Berlin in der Maurerschen Buchhandlung, Burg-Straße Nr. 6, 1828.
Der Blindenunterricht im preußischen Staate, in: *Das Inland* 1, 1829.
Warta und Weichsel, die alten Grenzflüsse zwischen Germanen und Sarmaten, in: *Annalen der Erd-, Volks- und Staatenkunde*, 4. Bd., Berlin Sept. 1831, Heft 6.
Vorwort zu: *Bilder aus Griechenland und der Levante* von E. v. Byern, 1833.
Der Seeboden um Europa, Berlin 1834.
Über Anschauung beim Unterricht in der Erdkunde, in: *Annalen der Erd, Völker- und Staatenkunde*, hrsg. von H. Berghaus, 3. Reihe, 3. Bd., Berlin 1836.
Nibelungennot und Klage, hg. von Johann August Zeune, 2. Aufl., 1836.
Über Erdkundliches im Nibelungenliede. Der Seidenhandel im Mittelalter, o.O. 1836, 15 S., aus: *Germania*, hrsg. von Friedrich Heinrich von der Hagen.
Hebungen und Senkungen des Erdbodens, in: *Annalen der Erd-, Völker- und Staatenkunde*, 3. Reihe, 3. Bd., Berlin 1837.
Nibelungen in Mainz, in: *Germania*, 2. Bd., Berlin 1837.
Vorwort zu: *Versuch über den leiblichen, sittlichen und geistigen Zustand der Blindgeborenen* von Pierre Armand Dufau, übertragen von J.G.Knie.
Die Kunst der Geschichtsschreibung unter den Deutschen, in: *Germania*, 3. Bd., Berlin 1839.
Über die Erdbildung, in: *Zeitschrift für vergleichende Erdkunde*, 1. Bd., Magdeburg 1842.
Flugschrift: *Ein Wort Friedrich des Großen über die Naturgränze von Deutschland und Frankreich*, anonym, 1840.
Die drei Stufen der Erdkunde für höhere und niedere Schulen, Berlin 1844.
Die Ursachen und Heilung der Arbeiternoth. Dem Berliner Ortsvereine gewidmet, 1845.
Über Schädelbildung zur besseren Begründung der Menschenrassen, Berlin 1846.
Vorwort zu: *Gründliche Hülfe für Blinde* von G. Freudenberg, Berlin 1848.
Johann Huß (Text gedichtet von Dr. August Zeune, in Musik gesetzt von Dr. Karl Loewe, Vorrede E. Grell), Berlin 1869.

Zeunes Lebensdaten

1778	12. Mai: Johann August Zeune als erstes von drei Kindern in Wittenberg geboren. Eltern: Eleonore Christiane Dorothea, geb. Eschenbach aus Leipzig und Johann Karl Zeune, Professor der griechischen Sprache an der Universität Wittenberg. Jüngere Geschwister: Johann Friedrich (geb. 1780), später Kreisphysikus in Schwarzenberg (von diesem Zweig leben noch Nachkommen) und Eleonore Christiane Sophie (geb.1784).
1788	8.11.: Tod des Vaters.
1791	Unterricht durch Hauslehrer, später Aufnahme in die Stadtschule.
1795	Beginn des Theologiestudiums in Wittenberg.
1801	8.2.: Tod der Mutter. Beendigung des Theologiestudiums, vorübergehende Hauslehrerstelle in der Familie Prof. Wiesands, Bekanntschaft mit Auguste Hahn in Zeitz, seiner späteren Frau.
1802	Mit seiner Abhandlung *De historia geographiae* Ernennung zum Magister legens, Vorlesungen über Erdkunde an der Wittenberger Universität.
1803	1.1.: Wechsel nach Berlin, Eintritt in das Seminar für gelehrte Schulen und »Unterrichts-Gehülfe« am »Grauen Kloster«. Beginn öffentlicher Vorträge über Erdkunde im Kiesewetterschen Hörsaal.
1804	Teilnahme an Fichtes Vorlesungen; Beginn der Freundschaft mit Fichte, Veröffentlichung einer Höhenschichten-Erdkarte, *Gea oder die Erde vom Monde aus gesehen*; Mitglied der »Herzogl. Societät für die gesamte Mineralogie« in Jena.
1805	April: Beendigung der Seminaristentätigkeit; Forschungsreise in die deutschen Mittelgebirge als Privatgelehrter; geologische Untersuchungen. Besuche bei Gottlob Abraham Werner in Freiberg und Unterstützung durch Johann Friedrich Blumenbach in Göttingen; Bewerbung bei der African Association in London um die Teilnahme an einer Expedition nach Zentralafrika.
1806	Förderung durch Alexander von Humboldt; Bekanntschaft mit dem Erzieher der preußischen Prinzen Friedrich Delbrück und dem Hofmedicus und Armenaugenarzt Johann Christian Grapengießer. Enger Kontakt mit Fichte und dem Historiker Johannes von Müller. Juli: Begegnung mit dem Gründer der Pariser Blindenanstalt, Valentin Haüy, bei dessen Besuch in Berlin. 13.10.: Gründung der Berliner Blindenanstalt. Arbeiten am Reliefglobus (Tasterdball), 31.12.: Verheiratung mit Auguste Hahn aus Zeitz, geb. 24.9.1773 als älteste Tochter des Steuerprocurators Ludwig August Hahn.
1807	Reise zum Baltischen Meer; Existenzbedrohung der Blindenanstalt. Sprachstudien mit Fichte und Zusammenarbeit bei der Vorbereitung von Fichtes *Reden an die Deutsche Nation*.
1808	Reise ins Erzgebirge, Erstveröffentlichung der *Gea* und des *Belisar*.
1809	Reorganisation des Blindeninstituts durch Wilhelm von Humboldt, Reise ins Riesengebirge; *Über Basaltpolarität*.
1810	Extraordinariat für Geographie an der Berliner Universität, Reise ins Erzgebirge; Gründung des »Teutschen Bundes« gemeinsam mit Jahn; *Thuiskon; Über Deutschlands Einheit*; Ballonfahrt mit Wilhelm Jungius; 20.8.: Geburt des ersten Kindes, der Tochter Emma.
1811	Reise nach Bunzlau. *Einfache teutsche Sprachlehre*; 2. Aufl. der *Gea*.
1812	Umzug des Blindeninstituts in das ehemalige Winningsche Lazarett, »Auf dem Georgenkirchhof« 19; Teilnahme am Widerstand gegen die Franzosen; Reise über Dresden und Prag nach Wien; Lehrstuhl für Germanistik, aufsehenerregende Vorlesungen über das *Nibelungenlied*; 3.12.: Geburt des zweiten Kindes Rudolf; *Erdtafeln zum Gebrauch an Bürgerschulen*.

1813	Hauptmann beim Landsturm; konspirativ-militärische Fahrten (u.a. mit Jahn nach Dresden(; Tod Flemmings; vergeblicher Versuch der Einnahme Wittenbergs mit 500 Mann; Besuch in Blüchers Hauptlager; Vorlesungsverbot nach der »Bernadotte Affaire«.
1814	Neues Anstaltsreglement; Zensurverbot zweier Flugschriften *Der fremde Götzendienst* und *Der Reinstrom*; *Nibelungenlied neudeutsch*.
1815	*Erdansichten, Nibelungenlied in der Ursprache*; Mitbegründer der Gesellschaft für deutsche Sprache und Alterthumskunde.
1816	Rheinreise, Nibelungenvorträge; Organisator des preußischen Kriegsblindenwesens.
1817	Reformationsfest in Wittenberg, Grundsteinlegung für das Lutherdenkmal.
1818	Wiederaufnahme der Vorlesungen, *Der Krieg auf der Wartburg*; Reise nach Pyrmont, Kassel (Brüder Grimm) und Weimar.
1819	Assassinenstreit, *Über neue Assassinen*; Demagogenverfolgung, Untersuchung gegen Mitglieder des Teutschen Bundes (Jahn, Zeune u.a.) durch die »Immediatkommission« (E.T.A. Hoffmann).
1820	Dienstreise in Begleitung seiner Frau zu den wichtigsten Anstalten Englands, Hollands und Frankreichs gefördert von Minister Altenstein. Pläne für eine Blindenversorgungsanstalt.
1821	Errichtung des Lutherdenkmals in Wittenberg; Wiederaufnahme erdkundlicher Vorlesungen (parallel mit Karl Ritter).
1822	Ausgedehnte Reise mit Auguste nach Süddeutschland bis München.
1823	Schwerer Unfall mit Verletzung der rechten Körperhälfte; *Armbruchlieder*.
1824	Reise in die Schweiz; Begegnung mit dem Freiherrn von Laßberg am Bodensee und mit Pestalozzi, nach der Rückkehr Mitglied der »Literarischen Gesellschaft« von Ernst Raupach und Hitzigs »Mittwochsgesellschaft«.
1825	Vorlesungen über »Gothische Sprache«.
1826	Reise nach Wien, Begegnung mit Johann Wilhelm Klein; erster Besuch bei Goethe; veröffentlicht unter dem Pseudonym »Frischmuth Wellentreter«: *Schwimmlieder*, Vertonung durch Felix Mendelssohn-Bartholdy, *Gothische Sprachformen und Sprachproben*.
1828	Gründungsmitglied des »Vereins der Freunde der Erdkunde« (später: »Gesellschaft für Erdkunde«); Reise nach Thüringen, Weimar, Besuch bei Goethe in Dornburg (*Manzoni Ode* auf Napoleon); Teilnahme an der Versammlung der deutschen Naturforscher und Ärzte in Berlin.
1830	Reise nach Rügen, Hamburg und Braunschweig.
1831	Cholera in Berlin; Silberhochzeit Zeunes.
1832	Reise nach Wien, Naturforscher-Versammlung.
1833	Reise nach Breslau, Naturforscher-Versammlung, Johann Knie und »Fritz« von Stein; Tod des Rittmeisters von Rothenburg; die Rothenburgsche Erbschaft fällt an das Blindeninstitut.
1834	Reise zur Naturforscher-Versammlung in Stuttgart; 28.10.: plötzlicher Tod des Sohnes Rudolph.
1835	Reise über Köln, Düsseldorf (W. Schadow, I.Fichte) nach Bonn, Naturforscher-Versammlung.
1836	Reise nach Thüringen, Naturforscher-Versammlung in Jena, näherer Kontakt mit Alexander von Humboldt, Empfang beim Großherzog von Weimar. Umzug der Blindenanstalt in das ehemalige Plamannsche Institut, Wilhelmstr. 139, in der Folge deutliche Erweiterung der Anstalt.
1839	Reise nach Belgien. Text zum Oratorium *Huß*, vertont von Karl Loewe und unter dessen Leitung in Stettin uraufgeführt.
1840	Nach dem Regierungsantritt Friedrich Wilhelms IV. Rehabilitierung Jahns,

	Arndts und anderer Opfer der Demagogenverfolgung; Hoffnung auf Demokratisierung; Zeune als Festredner bei der Jubiläumsfeier der Buchdrucker. *Ein Wort Friedrichs des Großen über die Naturgränze zwischen Deutschland und Frankreich.*
1841	Berliner Erstaufführung des Oratoriums *Huß* in der Singakademie unter Karl Loewe.
1842	Reise zur Naturforscher-Versammlung in Mainz, Teilnahme am Kongreß liberaler Wissenschaftler in Straßburg mit Hoffmann von Fallersleben.
1843	Verleihung des Roten Adler Ordens IV. Klasse.
1844	Reise über Braunschweig nach Bremen, letzter Vortrag auf einer Versammlung der Naturforscher über »Vergleiche zwischen Sprachen und Völkern beider Westen«.
1845	*Die Ursache und Heilung der Arbeiternot*; 30.8.: Tod Auguste Zeunes.
1846	Reise nach Stockholm (Borgs Blindenanstalt) in Begleitung des Schwiegersohns von Platen. Zeunes letzte wissenschaftliche Publikation: *Über Schädelbildung zur festeren Begründung der Menschenrassen.*
1847	Zunehmende Erblindung; 1.10.: Pensionierung; Verleihung des Roten Adler Ordens III. Klasse.
1848	März: Revolution; Mai: Zusammentreten der preußischen Nationalversammlung, September: von Pfuel preußischer Ministerpräsident, Oktober: Vermittlungsversuch Zeunes.
1849/50	Studium lateinischer Schriftsteller und der Bibel, fast völlige Erblindung.
1852	Stiftung Zeunes für die begabtesten Zöglinge der Anstalt, insbesondere für Organisten.
1853	14.11.: Tod nach zwei Schlaganfällen im Kreise der Familie seiner Tochter. 18.11.: Beisetzung auf dem St. Georgenfriedhof in der Zeunegruft. Dezember: Gedächtnisfeier für den »Dichter Prof. Johann August Zeune« in der Singakademie.

Dank

Daß dieses Buch zustande kommen konnte, verdanke ich vor allem dem ehemaligen Direktor der Johann-August-Zeune-Schule und jetzigem Leiter des Blindenmuseums und Archivs, Herrn Uwe Benke, sowie seinen Mitarbeitern, die mir nicht nur den gesamten Nachlaß Zeunes zugänglich gemacht, sondern auch an manchem kritischen Punkt mit Rat und Tat weitergeholfen haben. Obendrein stellte mir Herr Benke aus dem Bildarchiv des Museums freundlicherweise den überwiegenden Teil der Abbildungen zur Verfügung. Besonders verpflichtet fühle ich mich auch dem Leiter des Bundes-Blindenerziehungsinstituts in Wien, Herrn Prof. Franz Haslinger, in dessen Archiv ich zwei überraschende Entdeckungen machen konnte. Seine freundliche Unterstützung meiner Arbeit bestätigte erneut die seit Klein und Zeune bestehende alte Verbundenheit zwischen dem Wiener und dem Berliner Institut. Bei den Forschungen im Brandenburgischen Landeshauptarchiv und im Preußischen Geheimen Staatsarchiv unterstützten mich freundlicherweise Stefan Lindemann, sowie bei der Suche nach wichtiger Literatur die Bibliothekarinnen des Instituts der Geschichte der Medizin (FU), Frau Kliesch und Frau Buchin.

Last not least darf ich zwei Zeitgenossen nicht vergessen, die die Arbeit an diesem Buch von der Entstehung bis zur Vollendung kritisch begleitet haben: Heinz Ohff, der mir als »alter Hase« häufig mit gutem Rat zur Seite stand, und meinen Freund Wolfram Eberhard, der sich mit akribischer Gründlichkeit durch das halbfertige Manuskript gekämpft und etliches als korrekturbedürftig angemerkt hat. Beiden gilt mein besonderer Dank, ebenso wie meiner Frau und den Kindern, die meine Arbeit durch fleißiges Korrekturlesen und viele Anregungen unterstützt haben.

Zum Autor

Dr. Hartmut Mehlitz, Jg. 1942, war nach einem Medizinstudium über drei Jahrzehnte als Augenarzt in seiner Geburtsstadt Berlin tätig. In Zusammenarbeit mit der Carl Maria von Weber-Gesellschaft hat er eine Publikation über den Komponisten und Gründer der ersten Berliner Augenklinik, Friedrich Ferdinand Flemming, veröffentlicht.

Personenregister

Alexander I. 15, 33, 60, 62, 82, 84
Alexis, Willibald 53
Altenstein, Karl Freiherr vom Stein zum 22, 40, 70f., 74, 83f., 103, 106f.
Armin, Achim von 34, 50
Arnim, Bettina von 43, 54, 104, 110, 113
Arndt, Ernst Moritz 60, 67f., 109
August, Friedrich 50

Bach, Carl Philipp Emanuel 29
Banks, Sir Joseph 27, 29
Behaim, Martin 81
Behrends, Julius 123-125
Berghaus, Heinrich 87, 90
Bernadotte, Jean Baptiste Jules 55, 59f.
Bertuch, Friedrich Justin 66, 91
Beyme, Karl Friedrich 22, 30, 34f., 70, 125
Blücher, Gebhard Leberecht von 47, 54, 62f.
Blumenbach, Johann Friedr. 26f., 41, 77, 94
Böckh, August 75
Börne, Ludwig 67
Bonaparte, Napoléon 14, 31, 33, 39, 44, 49, 53, 59, 62, 79, 91f.
Bonnell, E. 35, 45, 102, 113
Bopp, Franz 88, 104, 119
Borg (Leiter Blindenanstalt Stockholm) 119
Boyen, Hermann von 63, 70, 109
Braille, Louis 72, 115
Brentano, Bernhard von 61
Brönner (Buchhändler, Verleger) 104
Buch, Leopold von 26, 86, 102
Bürger, Johann Carl 75
Bülow, Friedrich Wilhelm Graf von 55
Büsching, Johann Gustav Gottlieb 45
Burckhardt, Johann Ludwig
Byron, George Gordon Noel Lord 103

Camphausen, Ludolf 123
Carl August v. Sachsen-Weimar 20, 91, 93, 105
Carus, Carl Gustav 77
Chamisso, Adalbert von 58, 77
Charlotte von Preußen 83
Clausewitz, Carl von 49, 74
Cook, James 27
Cornelius, Peter 80f.
Cranach, Lucas d.Ä. 65, 80

Dalberg, Karl Theodor Freiherr von 45
Dante Aligheri 35, 51
Daveson, Alexander 33
Delbrück, Friedrich 23, 28, 30, 37
Devrient, Eduard 78, 90
Devrient, Emil 78
Diabelli, Anton 116
Dickens, Charles 73
Diderot, Denis 12f., 38, 128, 132
Dülon, Friedrich Ludwig 29

Dürer, Albrecht 80
Dufau, Pierre Armand 42

Eckermann, Johann Peter 51, 79, 92f.
Eichendorff, Joseph von 58, 77
Eichhorn, Karl Friedrich 109, 120f.
Einsiedel, Gräfin von 101
Elisabeth von Bayern 83
Engel, Wilhelm 31f., 41, 130
Ernst August von Hannover 110
Eschenbach, Dorothea 79
Eschenbach, Wolfram von 79
Eylert, Rulemann Friedrich 71

Falk, Johannes Daniel 66
Ferdinand II. 123
Ferdinand VII. 82
Ferdinand von Preußen 28
Fichte, Immanuel 35, 103
Fichte, Johann Gottlieb 20-22, 29, 35f., 43, 50, 53f., 59, 66, 68-70, 78, 96f.
Flemming, Emmanuel Friedrich 112
Flemming, Friedrich Ferdinand 16, 19f., 29, 34, 41, 43, 54, 59
Fontane, Theodor 70
Fournier, Alexandre 28
Freudenberg, Gumbrecht 34, 108, 126, 128, 130
Friedrich II. 44, 51, 107
Friedrich August von Sachsen 58
Friedrich Wilhelm I. 107
Friedrich Wilhelm III. 9, 19f., 28, 43, 48, 52, 60, 63, 65, 84, 94, 107f., 131
Friedrich Wilhelm IV. 60, 107f., 110, 122f., 125
Friedrich Wilhelm Graf von Brandenburg 125
Friesen, Friedrich 36, 45-47, 59, 68f., 89
Froriep, Ludwig Friedrich 91

Gall, Franz Joseph 23, 120
Geibel, Emanuel 52
Giesebrecht, Karl 45, 68, 91
Gneisenau, Neidhardt Graf v. 49, 59, 67, 96
Gobineau, Joseph Arthur Comte de 120
Goethe, August von 58
Goethe, Johann Wolfgang v. 20, 26f., 29, 48, 51, 54, 66, 77, 79, 91-94, 101, 104-106, 115, 126
Goethe, Ottilie von 104, 106
Goldschmidt, Michel 104
Grapengießer, Johann Christian 16, 19f., 23, 28-31, 41, 54, 59
Grimm, Jacob 45, 50, 61, 66, 110, 132
Grimm, Wilhelm 50, 66, 110, 132
Grolmann, Karl Wilhelm Georg von 67, 70
Großherzog von Oldenburg 105
Groth (Schwester Auguste Zeunes) 114
Grothe, Heinrich 41, 74, 130
Gruner, Justus von 39, 49
Gubitz, Friedrich Wilhelm 61

Hagen, Friedrich v.d. 22, 43-45, 50f., 87f.
Hahn, Karl 66
Hahn, Ludwig August 32
Hardenberg, Karl August Freiherr von 74f.
Harnisch, Wilhelm 45
Harrach, Auguste Gräfin 84
Haüy, Valentin 14-16, 28-32, 38, 40, 42, 67, 71f., 121, 128
Haydn, Joseph 30, 116
Hebbel, Friedrich 52
Hegel, Georg Wilhelm Friedrich 88, 96
Hegel, Maria 58
Heim, Ernst Ludwig 57
Heine, Heinrich 61, 67, 83, 110, 125
Heinrich Prinz von Preußen 28
Heinsius, Theodor 23, 48, 60
Hensel, Wilhelm 90
Herder, Johann Gottfried 93
Herodot 45, 62, 115
Herwegh, Georg 110
Herz, Henriette 28
Herzl, Theodor 104
Herzog v. Sachsen Gotha u. Altenburg 106
Heuß, Theodor 9
Himly, Karl 16
Hirsch, Betty 129
Hitzig, Eduard 77, 79
Hodges, William 100
Hoffmann, E.T.A. 68f., 79
Hoffmann v. Fallersleben, August Heinrich 112
Homer 50f., 53, 62
Hosemann, Theodor 114
Howe (Gründer Blindenanstalt Boston) 42
Hufeland, Wilhelm Christoph 20, 22, 42f., 57, 89, 131
Humboldt, Alexander v. 9, 21-23, 26, 28f., 31, 33, 35, 37, 41, 77, 85-88, 90, 93f., 100, 105, 126, 131
Humboldt, Wilhelm v. 28, 38-40, 42f., 70, 75

Jacoby, Johann 124
Jacquin, Nicolaus Joseph von 98
Jahn, Friedrich 31, 35f., 44-48, 50, 54, 58, 60f., 65, 67-70, 105, 109
Jung, Georg 124
Jungius, Wilhelm 46
Justinian I. 37

Kamptz, Karl von 69, 80, 94, 108
Karl VI. 11
Karl X. 95
Karl von Preußen 67, 83
Keller, Gottfried 75
Kempelen, Wolfgang von 13
Kircheisen, Friedrich Leopold von 69
Klein, Johann Wilhelm 29, 77, 88, 97-99, 120
Kleist, Heinrich von 28
Klingemann, Carl 90
Klöden, Karl Friedrich 100
Klopstock, Friedrich Gottlieb 115

Knie, Johann 41, 100, 102, 129f.
Koch, Robert 96
Körner, Theodor 44, 55, 58, 79, 115
Konstantin Großfürst von Rußland 95
Kosan (Hauswärter) 107, 114f., 117
Kotzebue, August von 15f., 66, 68, 128
Kräuter (Sekretär Goethes) 105f.
Krafft, Adam 80
Krause, Karl Christian Friedrich 60, 78, 103
Kügelen, Gerhard von 79
Kühnau, Johann Christoph Wilhelm 55

Lachmann, Karl 61, 65f.
Lange, Friedrich 45, 49f., 115
Leibniz, Gottfried Wilhelm 126
Lettow, Friedrich Gotthold 31
Lichtenstein, Martin Heinrich 105, 112f., 118
Littrow, Joseph Johann 98
Loewe, Karl 111f.
Ludwig IX. 11
Ludwig XI.
Ludwig XVI. 14
Ludwig XVIII.
Luise von Preußen 20, 28, 30, 33, 44, 46
Luther, Martin 21, 58, 64f.

Macchiavelli, Nicolo 35
Mandelsloh (Geologe) 26
Mann, Golo 35
Mann, Thomas 26
Manzoni, Alessandro 91f.
Maria von Orléans 106
Maßmann, Ferdinand 61, 65, 109f.
Maximilian (Kaiser) 80
Mehmet Ali 84f.
Melanchthon 21
Mendelssohn-Bartholdy, Felix 89f., 117
Metternich, Clemens Graf v. 22, 67, 98, 123
Meyendorff (Russ. Gesandter)
Motte-Fouqué, Friedrich de la 44f., 47, 51, 58, 61, 68, 77f., 91, 103
Mozart, Wolfgang Amadeus 13, 116
Muck, Ferdinand 64, 88
Müller, Joh. v. 20, 23, 28, 34-36, 50, 59
Müller, Karl 49
Müller, Wilhelm 79
Murray, John M. II. 103
Myller, Christoph Heinrich 51

Nicolovius, Ludwig 39, 43, 50
Niebuhr, Barthold Georg 53, 75
Niesen, Christian 14
Nikolaus I. 82, 95
Nolte, Johann Wilhelm Heinrich 36, 40, 55, 59, 64
Novalis (d.i. Friedrich von Hardenberg) 26

Oken, Lorenz 67, 77, 94
Olbers, Wilhelm 94

Paradis, Maria Theresia von 13f., 29, 130
Park, Mungo 27
Paul, Jean (d.i. Hans Paul Richter) 80f., 126
Pestalozzi, Johann Heinrich 35, 37, 70, 77, 114
Pfuel, Ernst von 28, 53, 89f., 123-125, 131
Platen (Schwiegersohn) 61, 106, 119
Polo, Marco 91
Preuß, Otto 49
Prinz Georg 106
Prudent, Emile Beunie 118

Ranke, Leopold von 75, 123
Raumer, Karl von 36
Raupach, Ernst 52, 77
Réaumur, René-Antoine 13
Recholtz, Emil 114, 116f.
Recke, Elise von 78
Reichenbach, Eduard Graf 124
Reil, Johann Christian 43, 54
Reimer, Georg Andreas 49, 53, 68f.
Reuter, Fritz 109
Riemer, Friedrich Wilhelm 91
Ritter, Karl 37, 42, 61, 87, 90, 100, 131
Robespierre, Maximilien de 14
Rothenburg, Friedrich Ernst v. 58, 101-103
Rugendas (Tropenmaler) 105
Sachs, Hans 80
Sack, Johann August 48
Sand, Karl Ludwig 67, 69
Saunderson, Nicolas 13
Savigny, Friedrich Karl 43, 67, 110
Schadow, Gottfried 33, 56, 65, 103
Schadow, Wilhelm 28
Scharnhorst, Gerhard Joh. David v. 49, 52f.
Schelling, Friedrich 105
Schill, Ferdinand von 38, 44
Schiller, Friedrich 20, 91
Schinkel, Karl Friedrich 21, 54, 56, 65, 75
Schlegel, August Wilhelm 22, 28, 35, 50f.
Schlegel, Friedrich 20, 28
Schleiermacher, Daniel 20
Schleiermacher, Friedrich 28, 43, 49, 53, 67, 92f.
Schlesinger, Adolph Martin 118
Schlotheim, Baron von 92
Schmidt, Adam 16
Schmidt, Carl Wilhelm 107, 114, 116, 119, 130
Schmidt, Friedrich Wilhelm August 34
Schopenhauer, Arthur 58, 104
Schubert, Franz 79
Schuckmann, Kaspar Friedrich von 43, 48, 55, 60, 64, 69
Schulz, Otto 68
Shakespeare, William 51, 53, 78f.
Silex, Karl 129
Simrock, Karl 51, 104
Sömmering, Samuel Thomas von 94
Stein, Charlotte von 100
Stein, Friedrich Freiherr vom 39, 49, 75, 89

Strauß, David Friedrich 105
Strehl, Carl 129
Süvern, Johann Wilhelm 39, 43

Tacitus 35, 126
Tieck, Ludwig 78-80
Tiedge, Christoph August 78
Tinius (Erzieher am Russ. Hof) 37, 105
Trattner, Edler von 98
Trützschler und Falkenstein, Friedrich v. 68

Uhden, Wilhelm 39, 43, 60
Uhland, Ludwig 52
Ullricy (Leiter Blindenanstalt Berlin) 128

Varnhagen von Ense, Karl August 37, 45, 67, 69, 77, 83, 110, 123, 125
Vieuxtemps, Henri 118
Vincke, Ludwig Freiherr von 63
Virchow, Rudolf 122
Völker (Arzt, Blindenanstalt Berlin) 55
Voigt (Botaniker) 105
Voltaire (d.i. Franzois Marie Arouet) 12, 44
Vulpius, Christiane 91

Wagner, Richard 44, 52
Waldeck, Benedikt 124
Weber, Carl Maria von 54f., 116
Wegener, Johann 96
Werner, Gottlob Abraham 26, 41
Wette, Wilhelm Martin Leberecht de 67
Wiedemann, Christian Rudolf 16, 19
Wiesand (Prof. in Wittenberg) 22
Wilhelm I. 60
Wilhelm II. 107, 125
Wolf, Friedrich August 36, 54
Wolke, Christian Hinrich 48, 60
Wolzogen, Karoline Freifrau von 91
Wrangel, Friedrich Heinrich Ernst Graf v. 124f.

York von Wartenberg, Johann David Ludwig 52

Zelter, Carl Friedrich 22f., 28, 54, 59, 90, 92, 118
Zeune, Auguste 32, 40, 56, 63f., 71, 77, 81, 103, 112-114, 127
Zeune, Emma Auguste 46, 103, 106, 126
Zeune, Johann Friedrich 34, 79, 81
Zeune, Johann Karl 21
Zeune, Rudolf 50, 98, 102, 113, 127